北京高校卓越青年科学家计划项目（BJJWZYJH01201910034034）

国家社科基金重大项目（22&ZD070）

国家社科基金青年项目（19CJL038）

中央财经大学中央高校基本科研业务费专项资金资助

数字经济驱动下
中国文化产业发展的路径与机制研究

田子方　著

人 民 出 版 社

序　言

党的十八大以来,以习近平同志为核心的党中央高度重视发展数字经济,实施网络强国战略和国家大数据战略,拓展网络经济空间,支持基于互联网的各类创新,充分发挥超大规模数据和丰富应用场景的优势,推动互联网、大数据、人工智能与实体经济深度融合,建设数字中国、智慧社会,推进数字产业化和产业数字化,打造具有国际竞争力的数字产业集群,我国数字经济发展进入了快车道。

数字经济以数字技术为核心驱动力,以数字化的信息为生产要素,以现代化信息网络为重要载体,通过与实体经济的深度融合,提高了我国各个产业的数字化、网络化和智能化水平。当今社会万物互联,数字经济深刻影响着传统经济的价值创造和运行模式,开拓了文化产业的新空间、新业态、新市场、新政策。以"文化+数字技术"为技术逻辑,数字经济广泛地作用于文化产品的需求端、供给端和流通端。可见,数字经济及其技术运用已成为挖掘我国文化产业发展潜力和促进文化产业贸易的重要驱动力量。

在新一轮科技革命和产业变革的背景下,在数字经济的驱动下,文化产业的发展呈现出一系列新现象:第一,从需求侧来看,相较收入约束,时间约束和注意力约束成为影响文化消费的主要原因。在网络效应、长尾效应、社群效应的影响下,文化消费从排浪型消费向个性化消费模式转变,受众的文化认同是影响文化需求的决定性因素。相对于本地市场效应,文化产业的发展取决于需求方规模经济。第二,从供给侧来看,知识成为新的生产要素,厂商、消费者和电商平台的协同合作使文化产业实现价值共创,新一代信息技术促进文化与科技、创意的深度融合,供给创造需求。第三,从供求匹配来看,文化市场的平台化、共享化、寡头化趋势明显,更有效地解决了传统文化市场中的供求不匹配现象,降低了信息不对称性和不完备性,提高了搜寻匹配效率。这些问题都有待我们进一步研究解决。

整体来看,关于数字经济驱动下中国文化产业的研究既要考虑到文化商品的特殊性,也要考虑数字经济对需求端、供给端和流通端的异质性影响。基于此,本书主要从以下六个章节展开系统性的分析。

第一章为理论框架与发展历程。具体而言,本章从以下三个方面展开论述:一是从数字经济拓展新的文化消费空间、引领文化产业新业态、开启新的文化市场和推动完善文化产业政策四个角度对文化产业的数字化变革展开了分析。二是依据文化产业政策导向、发展特征等主要因素对新中国成立以来我国文化产业的发展历程进行了梳理和总结。研究发现,我国在不同发展阶段能适应经济发展的特征制定出相应的文化产业政策。三是归纳提出了本书的研究对象、研究思路和研究内容。

第二章为数字经济对文化产业的影响机理。大数据、物联网、区块链等数字技术的发展与应用极大地丰富了经济发展形态,给文化产业的变革带来了机遇。因此,本章基于文化产业与数字技术的融合,讨论数字经济影响文化产业发展的机理。首先对数字技术从强连接、强平台、强数据、强智能四个方面促进文化产业发展进行了分析。其次,从需求端、供给端和流通端三个角度分别论述了数字经济对文化产业的影响机制。其中,数字经济的广泛应用能通过强化网络外部性、提升消费体验影响文化需求端;通过降本增效和创新引领文化产业升级影响文化供给端;通过提高搜寻匹配效率和创新传播渠道与交易模式影响文化流通端。

第三章至第六章是本书的实证检验与分析部分,也是本书的核心章节。

第三章研究了数字经济下的居民文化消费行为。随着物质层面的需求得到满足,大众对文化层面的消费需求日益迫切。文化产品或服务不同于一般商品,具有“无人知晓”“消费黏性”“文化资本边际效应递增”等特征,因此,文化消费在数字经济的驱动下体现出与传统经济的明显差别。本章聚焦文化商品的需求端,基于中国家庭追踪调查(CFPS)微观数据库研究了我国家庭使用互联网行为对家庭文化消费水平的影响。研究发现,居民对互联网的使用能够显著提升家庭的文化消费水平。缓解流动性约束、提高支付便利性、优化社会网络是可能的机制。并且,数字经济对文化消费的促进作用在低收入家庭和高认知能力家庭中更为显著,这为有针对性地提升我国国民文化消费水平提供了重要思路。

第四章探究了文化产业上市公司的数字化转型对企业绩效的影响。数字化浪潮推动了文化产业的深刻变革,企业作为文化产品的供给者,实现数字化转型是推动数字技术与文化产业深度融合的关键步骤,同时也是提升自身核心竞争力的重要途径。本章基于 2010—2019 年中国文化产业 A 股上市公司的数据,运用文本分析方法构建企业数字化指标,探究了文化产业上市公司的数字化转型与企业绩效的关系。结果表明,文化产业上市公司的数字化转型对企业绩效有显著的提升作用。其中,CEO 没有学术经历的和非国有的企业数字化建设对企业绩效的提升作用更为显著。本章为构建企业层面数字化指标提供了新的方法,并为研究文化产业上市公司的数字化转型与其绩效之间的关系提供了微观经验支持。

第五章探究了数字经济对我国文化产品出口的影响及机制。数字技术与文化产业的结合打破了物理空间的限制,能极大地提高文化产品的可贸易性。本章分析了国别层面的中国核心文化产品出口数据,结果表明,出口目的地和本国的数字经济发展程度对我国文化产品出口均具有显著的正向影响,并从降低贸易中的固定成本和可变成本两个渠道验证了数字经济发展对双边贸易的推动作用。在此基础上，本章还得出我国与数字化程度较高国家间的数字鸿沟将促进本国文化产品出口的结论，从理论和实证两个方面论证了数字经济发展对一国文化产品出口具有重要推动作用，这为政府加强数字化建设、降低贸易成本、促进文化产品出口提供了丰富的实证经验。

第六章梳理了数字经济驱动下文化产业的发展战略。数字技术与文化产业的融合不断加速，推动了文化产业的数字化升级，并催生出各种文化产业新业态。一国的文化产业不仅浓缩了一国文化的发展历史，而且能够带来经济效益，这也决定了文化产业发展实践的特殊性：要统筹兼顾，不能顾此失彼。本章从理论层面论述了政府干预文化产业发展的必要性，并对中国各发展阶段的文化产业政策进行了梳理和总结。

本书的主要创新之处在于：

一是以文化产业这样一个新兴产业为切入点，研究数字经济为产业发展带来的机遇和挑战，为产业结构优化升级提供科学的经验证据。本书从需求端、供给端和流通端三个方面深入挖掘数字经济时代文化产业发展的一系列新现象，从实证和理论两个方面展开分析。将数字经济的本质界定为基于互联网以电子商务为核心的市场交易，具有数字化、平台化、共享化的典型特征，并以人工智能、云计算、大数据为技术支撑，从需求端、供给端和流通端影响各个产业发展的新型商业模式；将文化产业界定为那些包含创作、生产和销售“文化内容”的产业。

二是从需求端来看，数字经济驱动下文化需求取决于需求方规模经济而非本地市场效应，其中受众的文化认同是决定性因素。传统经济中影响文化需求的主要因素包括经济、文化、制度等方面。消费者的购买能力越强，对本国文化的认同感越高，对文化商品的需求量越大。而在数字经济社会，需求方规模经济是引致文化消费、影响文化产业发展的重要原因。也就是说在网络效应、聚集效应、社群效应的影响下，文化产业发展的关键在于利用信息技术培养颇具规模的受众群体。

三是从供给端来看，数字经济拓宽了生产要素，变革了科学技术，为文化、创意与科技深度融合提供了技术保障，供给刺激多样化的文化需求。传统经济中影响文化商品供给的主要因素是资本、劳动等生产要素。而在数字经济社会，文化创意也作为生产要素被引入生产函数中。技术水平也聚焦在云计算、人工智能和大数据等关键性的信息技术层面上。

四是从流通端来看，电商平台的出现改善了传统经济中文化市场流通不完善的现状，降低了信息不对称性，提高了搜寻匹配效率。由于文化商品具有“无人知晓”的特性，这种数字化、平台化、共享化交易平台的出现使文化商品更容易被人知晓，进一步引发需求方规模经济。传统经济中文化产业的发展依赖于文化市场，而在数字经济背景下文化产业的发展更多地依赖于电商平台。此外，由于文化商品创作成本高、复制成本低、确权难，在缺乏知识产权保护和有效的政策支持的情况下会阻碍文化产业的发展，亟须相应的政策支持和有效的产权保护。

田子方

2024 年 11 月 26 日

于中央财经大学沙河校区

目　录

第一章　理论框架与发展历程

数字经济是技术和经济两者的结合，整体未来的发展前景将会是一个比较复杂的局面，但新科技的诞生必然是其推动力之一。

——爱德华·普雷斯科特，新商业周期理论之父

数字经济以数字技术为核心驱动力，以数字化的信息为生产要素，以现代化信息网络为重要载体，通过与实体经济的深度融合，提高了我国各个产业的数字化、网络化和智能化水平。① 当今社会万物互联，数字经济深刻影响着传统经济的价值创造和运行模式，开拓了文化产业的新空间、新业态、新市场、新政策。以“文化+数字技术”为技术逻辑，数字经济广泛地作用于文化产品的需求端、供给端和流通端。可见，数字经济及其技术运用已成为挖掘我国文化产业发展潜力和促进文化产业贸易的重要驱动力量。

① 中国信息通信研究院：《中国数字经济发展白皮书》（2020 年），见 http://www.caict.ac.cn/kxyj/qwfb/bps/202104/t20210423_374626.htm。

第一节　数字经济与文化产业变革

一、数字经济的概念及测度

党的十八大以来,党中央高度重视发展数字经济,将其上升为国家战略。党的十八届五中全会提出,实施网络强国战略和国家大数据战略,拓展网络经济空间,促进互联网和经济社会融合发展,支持基于互联网的各类创新。党的十九大提出,推动互联网、大数据、人工智能和实体经济深度融合,建设数字中国、智慧社会。党的十九届五中全会提出,发展数字经济,推动数字产业化和产业数字化,推动数字经济和实体经济深度融合,打造具有国际竞争力的数字产业集群。在此背景下,数字经济的内涵是在不断丰富和发展的。党的二十大指出,要加快发展数字经济,促进数字经济和实体经济深度融合,打造具有国际竞争力的数字产业集群。

一般认为,数字经济(Digital Economy)这个概念最早是由加拿大的企业家、学者唐·泰普斯科特(Don Tapscott)于 1997 年提出的。在其著作《数字经济时代》中,使用“数字经济”这个术语来刻画互联网如何塑造现代生活,以及先进的信息技术给社会带来了什么挑战。

近年来,数字技术飞速发展使数字经济超越了信息产业部门的范围。数字技术作为一种通用目的技术,可以成为重要的生产要素,广泛应用到各行各业,促进全要素生产率的提升,培育经济增长新动能。2015 年,二十国集团(G20)成员领导人在安塔利亚峰会上达成共识,认为当前所处的互联网经济时代给全球经济增长带来的机遇和挑战并存。2016 年,在中国担任 G20 轮值主席国期间通过的《二十国集团数字经济发展与合作倡议》提出:“数字经济是指以使用数字化的知识和信息作为关键生产要素、以现代信息网络作为重要载体、以信息通信技术的有效使用作为效率提升和经济结构优化的重要推动力的一系列经济活动。”2021 年，国家统计局正式发布《数字经济及其核心产业统计分类(2021)》，对数字经济的定义进行了修订和完善，强调数字经济是“以数据资源作为关键生产要素、以现代信息网络作为重要载体、以信息通信技术的有效使用作为效率提升和经济结构优化的重要推动力的一系列经济活动”。那么，数字经济包括哪些经济活动呢？联合国《2019 年数字经济报告》认为，数字经济包括三层内容，即核心层、中间层和广义的数字经济。核心层是指数字产业，包括硬件生产、软件和 IT 咨询、信息服务业和电信业；中间层是指经济产出当中完全或主要来源于以数字技术为基础的数字商品或者服务；广义的数字经济是指信息与通信技术(ICT)在所有领域的使用。

数字经济定义的提出为构建数字经济测度框架提供了重要的理论基础。

在国际层面，联合国对数字经济规模的测度主要针对狭义的数字经济定义，即只统计核心层和中间层。美国商务部经济分析局对数字经济的统计包括三个部分：数字化基础设施、电子商务、数字媒体。欧盟认为，数字经济应该从宽带接入、人力资本、互联网应用、数字技术应用和数字化公共服务程度五个方面进行刻画，并据此构建了数字经济与社会指数(Digital Economy and Society Index，DESI)。二十国集团于 2018 年发布了《衡量数字经济的工具箱》，提出的指标体系包括基础设施、赋权社会、创新与技术应用、就业与增长 4 个一级指标和 36 个二级指标。[①] 经济合作与发展组织(OECD)发布的《数字经济展望》和《衡量数字经济——一个新的视角》建议以 38 个二级指标衡量数字经济发展程度，并将其划分为类似的 4 个一级指标——投资智能化基础设施、赋权社会、创新能力、信息和通信技术促进经济增长与增加就业岗位。由于数字经济发展的基础在于信息化程度，部分国际组织从信息技术领域着手，

① 基础设施包括移动和固定网络连接、下一代互联网发展、家庭和企业互联网应用；赋权社会包括互联网与数字技术应用、数字教育、数字金融普惠及电子政务；创新与技术应用包括数字化商业模式、信息和通信技术作为创新引擎的作用，以及企业对信息和通信技术和其他新兴技术的采用；就业与增长包括劳动力市场、创造就业、对信息和通信技术的投资和增值、国际贸易、电子商务，以及与生产率有关的指标。

提出了较为权威的数字经济相关指数，如国际电信联盟（ITU）发布的信息和通信技术发展指数（IDI），从信息和通信技术接入、使用、技能三个方面设立了11项指标，衡量了信息通信技术的基础设施建设、产业应用和人力资本情况；世界经济论坛（WEF）从2002年开始发布的网络就绪指数（NRI）从信息化环境、准备度、应用三个方面测度数字技术的驱动力，并对其产生的经济和社会影响进行了综合考量（徐清源等，2018）①。

在国内层面，为贯彻落实党的二十大关于加快发展数字经济相关部署要求，加强对数字经济核心产业专利规模、结构、质量的统计监测，《数字经济核心产业分类与国际专利分类参照关系表（2023）》沿用《数字经济及其核心产业统计分类（2021）》的做法，将数字经济产业范围确定为5个大类：数字产品制造业、数字产品服务业、数字技术应用业、数字要素驱动业和数字化效率提升业。其中，前4类为数字产业化部分，为产业数字化发展提供数字技术、产品、服务、基础设施和解决方案，以及完全依赖于数字技术、数据要素的各类经济活动。第5类为产业数字化部分，应用数字技术和数据资源为传统产业带来的产出增加和效率提升，是数字技术与实体经济的融合。相关部门将其与国际专利分类进行对照，最大限度覆盖与数字经济核心产业相关的专利，为开展专利统计国际比较奠定基础。中国信息通信研究院为观测全国数字经济发展状况，选取了许多具有时代特色、中国特色的指标，构建了数字经济指数（DEI），该指数包括先行指数、一致指数和滞后指数三大类，充分考虑了数字经济发展所需的基础条件，以及数字经济、数字产业化、产业数字化对经济社会带来的影响。

综合前述分析，可以看出数字经济与信息经济、互联网经济一脉相承。可以说，数字经济起源于信息经济，成形于互联网经济，互联网是其发展的基础与根本，也是最重要的传播媒介和手段。本书所研究的数字经济对文化产业

① 徐清源、单志广、马潮江：《国内外数字经济测度指标体系研究综述》，《调研世界》2018年第11期。

发展的影响,更符合"产业数字化"的范畴,即研究数字技术是否为传统的文化产业带来产出的增加和效率提升,并推动数字技术与实体经济相融合。

二、文化产业的数字变革

(一)数字经济拓展新的文化消费空间

第一,数字经济增强了文化消费的网络外部性。对于以往传统的文化消费,其本身不但具有"惯性",胡乃武和田子方(2015)①还证实了文化消费存在"消费惯性",得出了消费者上一年文化消费每增加1%,当年文化消费将增加约4‰,文化消费占消费性支出的比重增加约1‰的结论。数字经济快速兴起对文化产品的生产、传播、消费、贸易都产生了极大影响,催生了新业态和新模式。沃茨和多兹(Watts 和 Dodds,2007)②指出,诸如电影、图书、音乐等一类的文化产品,总会有一些"爆款"或"明星产品"取得大规模的成功。其原因是文化产品具有较强的社会属性,人们在消费某类文化产品时,往往更看重的是其他人的消费,与网络中的其他人一起品鉴同一种文化产品就可以获得更高的效用,经济学中这种社会属性被称为网络外部性。信息理论中的梅特卡夫定理认为,网络的价值等于该网络内节点数的平方,而与联网用户数的平方成正比。相较于传统的文化产品而言,数字经济下"互联网+文化产品"具有更强的网络外部性,即从消费者的角度看,如果某种数字化文化产品的消费基数越大,那么它对潜在新增消费者的吸引力就越强。

第二,随着电子商务的发展,文化消费更具灵活性。国际电信联盟发布的《衡量数字发展:2023 年事实与数字》显示,2022 年固定宽带服务占全球互联网流量的 80%以上,而在低收入国家,每 100 个人中只有 1 个固定宽带用户;

① 胡乃武、田子方:《我国文化消费及其区域差异》,《经济问题》2015 年第 7 期。

② Watts D. J., Dodds P. S., "Influentials, Networks, and Public Opinion Formation", *Journal of Consumer Research*, Vol. 34, No. 4, 2007.

2022年,全球范围内每个移动宽带用户的月平均数据使用量为11GB,而低收入国家仅为1GB;与互联网数据流量一样,5G移动网络的分布也不均衡,高收入国家89%的人口已被5G网络覆盖,而低收入国家几乎没有5G服务。因此,在全球化时代,低收入国家的互联网普及程度加深及互联网技术发展空间的巨大潜力,将持续为传统的文化贸易带来活力。此外,数字经济加速融入我国文化产业链,大幅拓宽了文化产业领域边界,数字技术的进步促使了部分文化从产品形态向“无形”转化。在文化产品的制造、分销和传播中,传播介质、媒体与数字经济的结合使文化产品的载体更加丰富,对文化产品贸易产生了较大影响。比如CD/DVD光碟、纸质图书报刊等传统文化产品销量下降,取而代之的是购买并下载音乐或视听产品(如MP3、MP4)、电子图书等更为丰富、更为可得的数字文化产品(或版权)。

此外,数字经济拓展了文化创意产业相关领域消费空间。据《中国文化报》报道,联合国教科文组织(UNESCO)于2016年发布的研究报告《文化时代:全球文化创意产业总览》显示,数字经济的发展虽然对某些传统行业如平面媒体、实体书店等造成了影响,但也为更多的文化创意产业相关领域注入了发展活力。如创造出的消费空间不仅带动了宽带通信服务需求,还为数字广告创作、数字文化终端设备销售、数字化文艺作品网络销售、文化媒体网站广告创造了可观收入,产值共计约2000亿美元。以微信读书、QQ音乐、网易云音乐等App为代表的线上知识文化产业在短期内吸引了大量文化消费者,并形成了“扎堆消费”数字文化产品的聚集地,引导形成了以音频、直播、自媒体等方式为主的文化产业内容变现途径。2023年,世界文化名城全球大会发布的《世界文化创意中心城市报告》指出,因创意产业迅猛发展和文化繁荣而受到认可的城市,在数字经济方面也具有相应优势,且技术创新和互联互通水平较高。数字生产工具的颠覆性应用,改变了音乐、电影、游戏等现有创意内容的制作、发行和体验方式,也催生了沉浸式娱乐等全新的创意内容。

（二）数字经济引领文化产业新业态

数字经济时代下，数字技术赋能文化产业，推动产生的新业态呈现出在线、智能、交互、跨界四大特征（花建，2021）①，是文化产业增长的新动能。

第一，大数据技术使文化产品数字化成为现实。大数据技术的发展推动数据成为除资本、劳动、土地、技术之外的第五大生产要素，数据要素具有可以被重复使用和被多人使用的特性，因此可以使文化产品的生产成本不断下降，存在规模报酬递增效应。除此之外，数字化的文化产品和服务可以通过互联网进行传输，这大大降低了文化产品的交易限制，如数字出版、电竞游戏、动漫等。

第二，数字经济的发展为文化产业的发展提供了场景再造能力。在人工智能、大数据和5G等数字技术的推动下，文化产业的发展打破了空间限制，实现了线上、线下的有机整合，能够满足跨区域甚至跨国界的消费者需求。如抖音直播带货、腾讯会议上课、云展览、云游学等都为消费者提供了更加便捷的消费通道。除此之外，数字技术为文化产业提供的场景再造能力还能高度惠及人民，如在线政务、在线法律服务、互联网金融等服务的出现与发展给人民和企业提供了更加便利的服务。

第三，数字经济的发展为文化创意产业的发展提供了平台。一方面，数字技术的运用能提高文化创意产业的孵化率。如韩国曾通过数字技术搭建互联网平台，鼓励人们将头脑中的创意资源进行孵化，并将分散的成果串联到一个产业链上，实现从创意到落地的转化，其中的典型代表有故事主题公园、素材检索网站和数据库等（鄢葵，2017）②。另一方面，互联网平台与内容制造者和传播者相结合后，产生了诸如自媒体、短视频、网络综艺等新的内容创作模式，这吸引了很多受众。

---

① 花建：《在线新经济与中国文化产业新业态：主要特点、国际借鉴和重点任务》，《同济大学学报（社会科学版）》2021年第3期。

② 鄢葵：《创意经济语境下的韩国创新平台》，上海人民出版社2017年版。

（三）数字经济开启新的文化市场

当前，我国正处于产业迈向中高端的关键时期。按照胡乃武（2017）①所述三次产业演进规律与我国产业结构变动趋势，当前我国正处于产业迈向中高端的关键时期。"十三五"期间，文化产业逐渐成为我国国民经济支柱产业。一般认为，支柱产业的增加值应占 GDP 比重的 5%以上，从这个层面来看，我国文化产业仍需加速发展。② 因此，不断开辟新的市场是促进文化产业规模扩大、产值增加的有力保障。

第一，数字经济的发展拓展了传统的文化产品贸易市场。一般认为，文化产品贸易过程受限于物理形态，在运输、传播、推广等方面存在制约贸易达成的因素。因此，我国东南沿海地区（贸易条件优越）、首都（政治、文化中心）历来文化贸易较为发达。从 2022 年我国各省份文化产品贸易情况来看，广东、山东、浙江、上海、江苏、福建、湖南位居前 7，文化产品贸易总额 1584.2 亿美元，占全国文化产品贸易总额的 87.9%。其中，文化产品出口总额 1456.9 亿美元，占全国文化产品出口贸易总额的 89%。

与此同时，基于当前数字经济在全国发展和普及的现状，曾燕（2021）③编制了我国各省份数字经济发展指数。其中，前 8 位是广东、江苏、北京、浙江、山东、四川、上海、福建。不难发现，数字经济发展水平较高的地区与文化贸易产值较高的地区高度一致。借鉴薛薇（2016）④的方式，将 2019 年我国各省份文化产品贸易和数字经济发展情况作可视化处理，可以直观地感受到，数字经济

① 胡乃武：《三次产业演进规律与我国产业结构变动趋势》，《经济纵横》2017 年第 6 期。

② 2020 年，我国文化及相关产业增加值占 GDP 比重的 4.43%。

③ 曾燕：《数字经济发展趋势与社会效应研究》，中国社会科学出版社 2021 年版，第 113—114 页。

④ 薛薇：《农村金融功能效率时空演进与区域分布——基于中国 1992—2013 年 31 个省市的经验验证》，《农村经济》2016 年第 5 期。

发展有助于文化产品贸易的提升,东南沿海、西北、西南、华北地区尤为明显。①

艾瑞咨询、搜秀本(SocialBook)、游戏大观(GameLook)等机构研究报告显示,近年来我国文化产业数字化水平不断提升,网络游戏、数字图书、视频、网游等一系列的数字文化产品在国际市场上异军突起。② 可见,数字经济开辟了新的文化贸易市场。

第二,数字经济时代下电商平台成为主流的文化市场存在形式。"十三五"时期以来,数字经济与传统产业的融合逐渐加深,数字经济驱动下文化市场体现出平台化、数字化、共享化等特征。一方面,电商平台能将供需双方更好地匹配起来,大大降低市场的不对称性和不完备性,提高文化市场的搜寻匹配效率。电商平台通过降低贸易成本、减少中间交易环节、创新贸易模式和加强贸易网络化等方式促进全球普惠贸易的发展(张洪胜和潘钢健,2021)③。平台的出现打破了物理空间的限制,再加上文化产品具有可数据化的特性,文化产品的交易和发展不再受到地理空间的限制,这就能大大激发公众对文化产品的消费意愿,增加文化产品的消费,从而扩大文化产品的消费和贸易市场。

另一方面,文化产业与电商平台的结合衍生出一些文化产业新业态,拓展了传统文化市场的范围。国家统计局数据显示,由数字平台衍生出的文化产业新业态正在高速发展。2021 年,中国数字文化新业态特征较为明显的 16 个行业小类④实现营业收入 39623 亿元,比 2020 年增长了 18.9%。⑤ 除此之

---

① 本节仅作现状描述及趋势探索。后面的章节会就数字经济对文化产品贸易进行机理分析和实证检验。

② 李小牧、李嘉珊主编:《中国国际文化贸易发展报告(2021)》,社会科学文献出版社 2021 年版。

③ 张洪胜、潘钢健:《跨境电子商务与双边贸易成本:基于跨境电商政策的经验研究》,《经济研究》2021 年第 9 期。

④ 广播电视集成播控,互联网搜索服务,互联网其他信息服务,数字出版,其他文化艺术业,动漫、游戏数字内容服务,互联网游戏服务,多媒体、游戏动漫和数字出版软件开发,增值电信文化服务,其他文化数字内容服务,互联网广告服务,互联网文化娱乐平台,版权和文化软件服务,娱乐用智能无人飞行器制造,可穿戴智能文化设备制造,其他智能文化消费设备制造。

⑤ 《国家统计局解读 2021 年全国规模以上文化及相关产业企业营业收入数据》,中国政府网,见 http://www.gov.cn/xinwen/2022-01/30/content_5671313.htm。

外,北大文化研究所陈少峰教授认为,"文化电商的出现可以逐步改变现阶段传统电商附加值低的现状,并带动传统文化产业的升级换代",文化电商特别是文创电商将成为电商产业的支柱。

(四) 数字经济推动完善文化产业政策

数字经济的发展促进了文化产业政策的进步与完善。一方面,数字经济的发展为文化产业政策制定指明了思路。随着党的十九大报告作出"我国社会主要矛盾已经转化为人民日益增长的美好生活需要和不平衡不充分的发展之间的矛盾"[①]这一崭新论断,我国文化产业对国民经济发展起着举足轻重的作用。近年来,随着数字经济的发展逐渐渗透到文化产业部门,数字文化创意产业等的飞速发展也意味着我国文化产业已经跃入一个全新的发展阶段。党的二十大报告提出要"健全现代文化产业体系和市场体系,实施重大文化产业项目带动战略"[②],为文化产业进入新阶段后的发展指明了思路。另一方面,数字经济的发展提高了我国文化产业政策的科学性。随着人们生活水平的提高,文化消费需求也大幅提高。数字经济的发展提高了文化消费供给的质量,文化产品供给结构的变动推动了文化产业政策的变革与完善。"十三五"时期,政府发布的文化贸易、数字创意、文化消费和知识产权等领域相关政策多达 36 项。

数字经济的发展促进了文化贸易政策的发展。一方面,数字经济的发展完善了国内的文化贸易政策。当前,我国数字文化产品在贸易方面取得的成就与我国相关政策的支持密不可分。文化产业数字化成为明显趋势,文化贸易得到进一步的深入挖掘和开发。此外,随着 5G、人工智能、大数据、互联网技术的不断成熟,数据已经作为一种新型要素与劳动力、土地、资本等并列。另一方面,在全球数字经济环境下,数字文化产品的蓬勃发展推动国际贸易规

① 《习近平著作选读》第二卷,人民出版社 2023 年版,第 9 页。

② 《习近平著作选读》第一卷,人民出版社 2023 年版,第 37 页。

则[如世界贸易组织框架下《关税及贸易总协定》(GATT)和《服务贸易总协定》(GATS)]必须关注并审视数字文化产品的归类、税收、国民待遇、知识产权保护、网络安全与互联网开放等问题,完善统计框架(马冉,2021[①];徐雨微,2015[②];于梦晨,2017[③];纪佳玲,2018[④])。只有国内外统一文化贸易统计类别、统计口径,建立与发展趋势相符的统计体系,才能对数字经济下文化产品贸易的发展情况有更精准的把握。此外,对于区域贸易协定,如《跨太平洋伙伴关系协定》(TPP)、《全面与进步跨太平洋伙伴关系协定》(CPTPP)、《综合性经济贸易协议》(CETA)、《跨大西洋贸易与投资伙伴协议》(TTIP)、《美墨加三国协议》(USMCA)等,均各自约定了文化条款。因此,数字经济也将随之推动、完善、细化不同组织背景、不同贸易对象的区域贸易协定关于数字文化产品的贸易规则。

第二节　我国文化产业发展历程

数字经济时代,文化成为一种重要的生产要素,不仅能通过创意积累转变经济发展模式,而且能够通过价值观念、思维方式等影响社会意识形态的演进,现已成为我国综合国力竞争的重要方面。党的十八大以来,我国以数字经济赋能文化产业,拓宽了文化产业发展的深度和广度,有力推动了我国文化产业的高质量发展。在"文化+数字技术"的催化下,文化产业的数字化变革进入新阶段,并逐步成为助推我国经济社会发展的新引擎。本节将简单梳理我

---

① 马冉:《贸易自由化背景下我国文化产业政策法规的发展与改革》,法律出版社2021年版。

② 徐雨微:《国际贸易中数字化文化产品分类问题探析》,《法制博览》2015年第21期。

③ 于梦晨:《数字化文化产品国际贸易中的关税问题分析》,《现代营销(下旬刊)》2017年第11期。

④ 纪佳玲:《社会信息化环境下数字文化产品的知识产权保护研究》,《图书馆学刊》2018年第2期。

国文化产业的发展历程，并依据文化产业政策导向、发展特征等主要因素，将其划分为以下三个阶段。

一、初步发展阶段（2002年以前）

新中国成立初期，百废待兴。国民经济受到战争的严重破坏，亟待恢复，文化产业面临新的政治环境与经济环境，更加突出文化的意识形态属性，产权制度和管理制度发生深刻变化，产业政策全面重塑。面对纷繁复杂的国际局势，我国的对外文化交流对象主要为社会主义国家。20世纪50年代至60年代，逐步与资本主义国家、新兴民族独立国家建交。这一时期，文化产业发展与贸易的政治意义凸显。

20世纪70年代，随着中国恢复在联合国合法席位，特别是在1978年党的十一届三中全会胜利召开之后，我国迎来了改革开放的春天。此时，在国内文化产业取得初步发展的同时，对外文化交流活动伴随着更多外交关系的建立而活跃起来，国际间的文化交流涉及传统文化、艺术文物、教育科学、新闻出版和广播影视等。这一时期，计算机及网络技术尚未普及，相关政策体系也不健全，我国仍缺乏走向世界的贸易支持和机制。

伴随着改革开放的深入推进，中国的经济发展取得了举世瞩目的成就，文化产业逐渐成为我国经济发展的新引擎。1992年，我国迎来了改革开放的"又一个春天"，提出要推进文化体制改革。1997年，党的十五大报告指出："要坚持以我为主、为我所用的原则，开展多种形式的对外文化交流，博采各国文化之长，向世界展示中国文化建设的成就。"①2000年10月召开的党的十五届五中全会提出"推动信息产业与有关文化产业结合""完善文化产业政策，加强文化市场建设和管理，推动有关文化产业发展"，强调要大力发展文化产业，将文化产业纳入国家发展计划。但是，此时我国的文化产业刚

① 中共中央党史和文献研究院编：《全面建成小康社会重要文献选编》（上），人民出版社、新华出版社2022年版，第401页。

刚起步且机制体系不健全，对于文化产业如何发展、怎样发展尚处于探索阶段。

2000年11月，我国加入世界贸易组织（WTO）的最后谈判中，就文化产品和服务市场准入作出部分承诺，涉及书报刊、电影、广告和音像制品等。2001年11月，我国正式加入世界贸易组织，这意味着我国需要将《服务贸易总协定》中文化领域所涵盖的项目逐渐放开。国际文化贸易市场的放开导致的文化贸易逆差逐步引起了政府部门的重视，推动了文化贸易政策体系的相继出台和完善，我国文化产业及贸易迈向快速发展阶段。

二、快速发展阶段（2002—2011年）

2002年，党的十六大报告指出，继续广泛开展民间外交，扩大对外文化交流，增进人民之间的友谊，推动国家关系的发展。文化"走出去"战略成为这一阶段文化工作的主旋律，也促使我国在进入21世纪以来的最初十余年，文化产业取得空前的发展。

2006年，"十一五"规划纲要提出，要进一步推动我国文化与经济、政治等各领域协调发展。与此同时，文化、政治、经济一起构成了我国整体外交工作的三大支柱（蔡武，2009）①。2007年，党的十七大报告中提出了"运用高新技术创新文化生产方式，培育新的文化业态"②，并明确提出了提高国家文化软实力的目标。至此，提高国家文化软实力、增强中华文化影响力和竞争力成为我国文化建设的基本目标，文化产业被提升到国家战略层面。与此同时，互联网、移动电话的广泛普及，使文化产品逐步走向电子化。

这一阶段，文化产业和文化贸易发展的重要性逐渐显现出来，国家在这一

① 蔡武：《新中国六十年对外文化工作发展历程》，《中国文化报》2009年7月29日。

② 中共中央党史和文献研究院编：《全面建成小康社会重要文献选编》（上），人民出版社、新华出版社2022年版，第592页。

阶段出台了大量文化产业及贸易政策①，不断加大促进文化产业发展、扶持文化贸易的政策体系建设力度，如表 1-1 所示。

表 1-1　2002—2011 年我国主要文化产业及贸易政策

发布时间	部门	政策名称
2003 年 5 月	文化部	《互联网文化管理暂行规定》
2003 年 12 月	国务院办公厅	《文化体制改革试点中支持文化产业发展的规定（试行）》和《文化体制改革试点中经营性文化事业单位转制为企业的规定（试行）》
2004 年 10 月	文化部	《关于鼓励、支持和引导非公有制经济发展文化产业的意见》
2005 年 4 月	国务院	《关于非公有资本进入文化产业的若干决定》
2005 年 3 月	财政部等部门	《关于文化体制改革中经营性文化事业单位转制为企业的若干税收政策问题的通知》和《关于文化体制改革试点中支持文化产业发展若干税收政策问题的通知》
2005 年 8 月	中宣部等部门	《关于加强文化产品进口管理的办法》
2005 年 7 月	中共中央办公厅、国务院办公厅	《关于进一步加强和改进文化产品和服务出口工作的意见》
2005 年 12 月	中共中央、国务院	《关于深化文化体制改革的若干意见》
2006 年 9 月	中共中央办公厅、国务院办公厅	《国家“十一五”时期文化发展规划纲要》
2006 年 11 月	国务院办公厅	《关于鼓励和支持文化产品和服务出口的若干政策》
2007 年 4 月	商务部等部门	《文化产品和服务出口指导目录》
2008 年 2 月	新闻出版总署	《电子出版物出版管理规定》
2009 年 4 月	商务部等部门	《关于金融支持文化出口的指导意见》
2009 年 9 月	国务院	《文化产业振兴规划》

① 我国的政策类型有法律、条例、规划、计划、纲要、措施、指南、目录、决定、规定、办法、意见和通知等形式。

续表

发布时间	部门	政策名称
2010 年 2 月	商务部等部门	《关于进一步推进国家文化出口重点企业和项目目录相关工作的指导意见》
2010 年 3 月	中宣部等部门	《关于金融支持文化产业振兴和发展繁荣的指导意见》
2011 年 2 月	文化部	《互联网文化管理暂行规定》

资料来源：笔者根据中国政府网等网站汇总、整理而得。

图 1-1 展示了这一阶段主要文化产业及贸易政策相关内容的语义网络。① 这一时期各政府部门紧密联合，在中央层面，中共中央办公厅、国务院办公厅对深化文化体制改革、改进文化出口贸易作出整体部署，部委层面则以文化部、国家广电总局、新闻出版总署等部门为主要政策制定者。政策内容的关键词有“文化”“改革”“发展”“互联网”等。互联网逐步应用在文化产业领域。

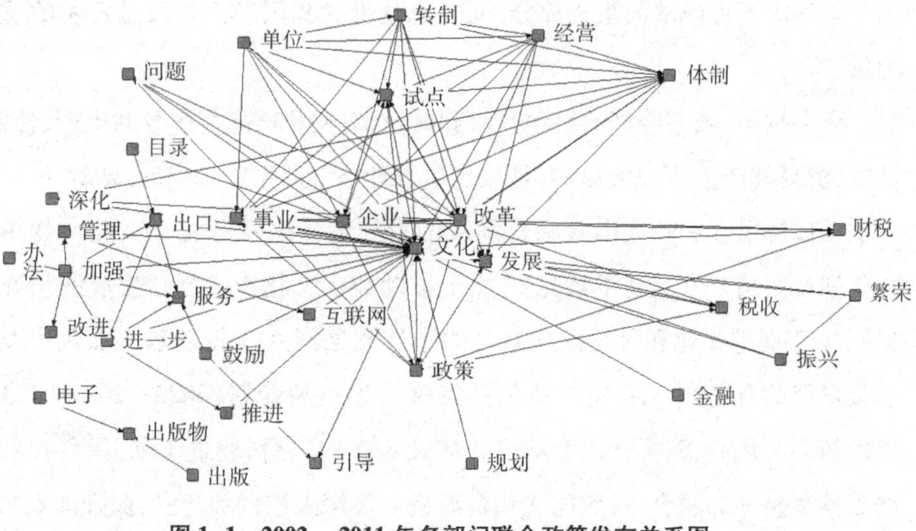

图 1-1　2002—2011 年多部门联合政策发布关系图

资料来源：笔者根据政府文件汇总整理而得。

① 本书用 ROST CM6 软件进行政策文本分析。

文化产业及贸易政策通过使用多种政策工具，如奖励、补贴、税收优惠、金融支持、服务保障、关税及关税壁垒等，扩大文化交流，加强外资引进，并灵活调整文化贸易过程中的出口与进口，缓解文化贸易逆差。中央层面的政策出台后，各地政府部门根据政策精神，逐级传达、细化并落实，纷纷出台地方性政策。通过一系列文化产业政策的实施，我国文化产品和文化服务贸易总额显著增加。2010 年，我国已经赶超美国，成为世界文化产品贸易第一大国。

2011 年 10 月，党的十七届六中全会通过《中共中央关于深化文化体制改革、推动社会主义文化大发展大繁荣若干重大问题的决定》，明确提出到 2020 年，文化产业要成为我国国民经济支柱性产业，为把我国建设成为社会主义文化强国打下坚实基础。

三、发展新机遇阶段（2012 年至今）

文化产业与文化贸易经历了缓慢起步、快速发展的两阶段，已经成为我国国际竞争中不可或缺的组成部分，同时也是推动我国经济高质量发展的重要力量。

数字技术、数字经济的快速兴起和普及，对文化产品与服务的生产、传播、消费、贸易都产生了极大影响，催生出了新业态、新模式。2015—2024 年，《关于推动传统出版和新兴出版融合发展的指导意见》《关于推动文化文物单位文化创意产品开发的若干意见》《关于推动数字文化产业创新发展的指导意见》《关于促进文化和科技深度融合的指导意见》《关于推动数字文化产业高质量发展的意见》《元宇宙产业创新发展三年行动计划（2023—2025 年）》等鼓励新兴文化业态、文化产业新模式的政策接连出台，促进了创意、科技和金融等各个领域的融合，对我国文化资源进一步深入挖掘和开发、提升国家文化软实力具有重要意义。同时，数字化转型正在驱动生产方式、生活方式发生深刻变革，数字产业化、产业数字化成为明显趋势。

在数字经济不断推动我国文化产业发展的同时，我国文化贸易在这一阶段也得到了空前的发展。党的十八大报告明确指出，要扎实推进社会主义文化强国建设，将文化产业发展成为国民经济支柱性产业。2013 年 9 月和 10 月，习近平主席分别提出建设“丝绸之路经济带”和“21 世纪海上丝绸之路”的倡议（即“一带一路”倡议），旨在将“一带一路”共建国家和地区打造成一个经济融合、文化包容的发展共同体。在文化贸易方面，则是优先支持与“一带一路”共建国家和地区的往来。随着“一带一路”建设的大力推进，“孔子学院”“文化交流年”等文化交流窗口布局全球，为我国的文化贸易开辟了更广阔的市场。党的二十大报告指出“增强文化自信，围绕举旗帜、聚民心、育新人、兴文化、展形象建设社会主义文化强国”①，强调了文化产业发展与国家繁荣、民族复兴紧密相连，为全面提升我国文化软实力、推动中华文化“走出去”提供了强大的精神动力。

这一阶段，文化产业与贸易政策以鼓励新兴文化业态、保护知识产权、维护文化安全、推动高质量发展、赋能乡村振兴、促进文化产品和服务出口、改善文化贸易结构为主，如表 1-2 所示。

表 1-2　2012—2024 年我国主要文化产业及贸易政策

发布时间	部门	政策名称
2012 年 2 月	中共中央办公厅、国务院办公厅	《国家“十二五”时期文化改革发展规划纲要》
2012 年 2 月	文化部	《“十二五”时期文化产业倍增计划》
2012 年 2 月	商务部等部门	《文化产品和服务出口指导目录（修订）》
2012 年 6 月	文化部	《关于鼓励和引导民间资本进入文化领域的实施意见》
2014 年 2 月	国务院	《关于推进文化创意和设计服务与相关产业融合发展的若干意见》

① 《习近平著作选读》第一卷，人民出版社 2023 年版，第 35 页。

续表

发布时间	部门	政策名称
2014年3月	国务院	《关于加快发展对外文化贸易的意见》
2014年12月	财政部、国家税务总局	《关于支持文化服务出口等营业税政策的通知》
2015年3月	国家新闻出版广电总局、财政部	《关于推动传统出版和新兴出版融合发展的指导意见》
2016年5月	文化部等部门	《关于推动文化文物单位文化创意产品开发的若干意见》
2016年11月	全国人大常委会	《中华人民共和国电影产业促进法》
2016年12月	文化部	《“一带一路”文化发展行动计划（2016—2020年）》
2017年4月	文化部	《关于推动数字文化产业创新发展的指导意见》
2017年5月	中共中央办公厅、国务院办公厅	《关于加强文化领域行业组织建设的指导意见》
2017年5月	中共中央办公厅、国务院办公厅	《国家“十三五”时期文化发展改革规划纲要》
2017年12月	文化部	《互联网文化管理暂行规定（修订）》
2018年3月	科技部等部门	《国家文化和科技融合示范基地认定管理办法》
2018年7月	国家知识产权局	《“互联网+”知识产权保护工作方案》
2018年9月	财政部、国家税务总局	《关于提高机电、文化等产品出口退税率的通知》
2019年8月	科技部等部门	《关于促进文化和科技深度融合的指导意见》
2020年11月	文化和旅游部	《关于推动数字文化产业高质量发展的意见》
2021年5月	文化和旅游部	《“十四五”文化产业发展规划》
2021年8月	文化和旅游部等部门	《关于进一步推动文化文物单位文化创意产品开发的若干措施》
2021年10月	商务部等部门	《关于支持国家文化出口基地高质量发展若干措施的通知》
2021年12月	文化和旅游部	《关于推动国家级文化产业园区高质量发展的意见》

续表

发布时间	部门	政策名称
2022 年 3 月	文化和旅游部等部门	《关于推动文化产业赋能乡村振兴的意见》
2022 年 6 月	文化和旅游部等部门	《关于推动传统工艺高质量传承发展的通知》
2022 年 7 月	商务部、中央宣传部等部门	《关于推进对外文化贸易高质量发展的意见》
2022 年 8 月	文化和旅游部办公厅	《关于实施“文化产业园区携行计划”的通知》
2022 年 12 月	文化和旅游部、自然资源部、住建部	《关于开展国家文化产业和旅游产业融合发展示范区建设工作的通知》
2023 年 3 月	文化和旅游部	《关于推动在线旅游市场高质量发展的意见》
2023 年 4 月	文化和旅游部	《国家级文化产业示范园区(基地)管理办法》
2023 年 4 月	工业和信息化部、文化和旅游部	《关于加强 5G+智慧旅游协同创新发展的通知》
2023 年 8 月	文化和旅游部办公厅	《关于持之以恒推动乡镇综合文化站创新发展的实施方案》
2023 年 8 月	工业和信息化部办公厅等部门	《元宇宙产业创新发展三年行动计划(2023—2025 年)》
2024 年 1 月	工业和信息化部等部门	《关于推动未来产业创新发展的实施意见》

资料来源:笔者根据中央政府网站及各部委网站汇总、整理而得。

图 1-2 展示了这一阶段主要文化产业及贸易政策相关内容的语义网络。这一时期参与政策制定的政府部门数量更多,联合更加紧密。政策内容的关键词有“文化”“发展”“创意”“数字”“科技”等,数字化、“互联网+”、文化创意已逐渐成为发展趋势。

此外,对比表 1-1 和表 1-2 可以看出,一些在快速发展阶段制定的政策得到了延伸和修订。其中,文化部 2003 年出台的《互联网文化管理暂行规定》先后于 2011 年、2017 年经过多次修订。2007 年出台的《文化产品和服务

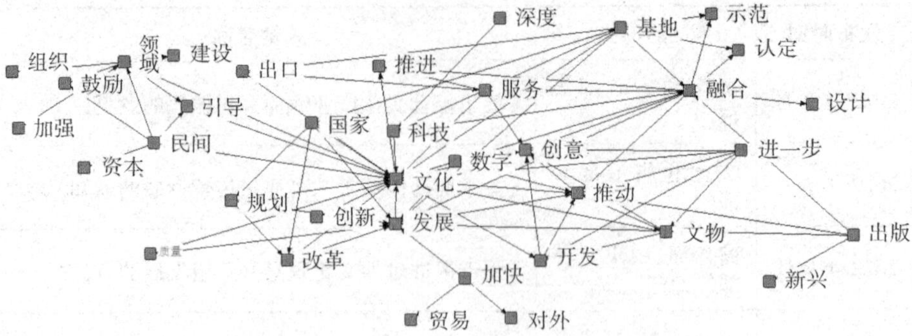

图 1-2 2012 年至今政策语义网络图

资料来源:笔者根据政府文件汇总整理而得。

出口指导目录》在 2012 年得到了修订,并且商务部、中宣部、财政部、文化部、国家新闻出版广电总局五部委会每两年更新并公布新版《国家文化出口重点企业》和《国家文化出口重点项目》。再如,随着我国市场经济体制改革的深入,文化企业成为文化贸易的最重要主体。2004 年,发布了《关于鼓励、支持和引导非公有制经济发展文化产业的意见》,到了 2012 年则是出台《关于鼓励和引导民间资本进入文化领域的实施意见》,意味着进入文化贸易市场的企业类型变得更加丰富。并且,《关于支持文化服务出口等营业税政策的通知》和《关于提高机电、文化等产品出口退税率的通知》等政策的出台和实施,使出口退税、税收减免等政策优惠力度不断加大,为相关企业营造了更加优越的贸易环境。

图 1-3 展示了 2004 年至 2022 年我国文化及相关产业的增加值及其占 GDP 的比重。可以看出,文化及相关产业规模持续扩大,对经济增长的贡献显著提升①;2012 年是增长最显著、发展最迅速的一年,我国文化及相关产业增加值为 18071 亿元,占 GDP 的比重首次突破 3%,达 3. 36%。到 2022 年,文化及相关产业增加值已上升为 53782 亿元,占 GDP 的比重为 4. 46%。文化产

① 受新冠疫情影响,2020 年全国文化及相关产业发展情况较 2019 年有所回落,但不影响整体结论。

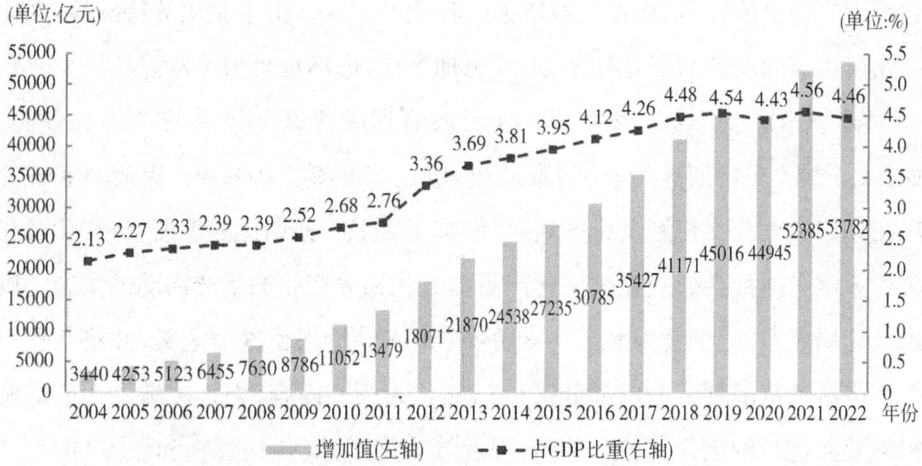

图 1-3　2004—2022 年我国文化及相关产业的增加值及其占 GDP 的比重

资料来源:《中国文化及相关产业统计年鉴(2023)》。

业的蓬勃发展,提升了我国文化软实力,并不断激发国际文化贸易潜力。

党的十八大以来,我国全面推进文化体制改革,文化发展政策和体制机制逐步建立健全,文化发展环境进一步优化,发展空间不断扩大,文化强国建设稳步推进,中华文化影响力和竞争力不断攀升。与此同时,以互联网、大数据、人工智能为重要抓手的数字经济发展上升为国家战略,国家把推进经济数字化转型与实施国家发展战略有机结合起来,有力地推动了文化产业与文化贸易的高质量发展。

第三节　研究对象、研究思路和研究内容

一、研究对象

文化指人类发展过程中所创造的精神财富及其物质载体,以及与之相适应的日常行为习惯和制度形态(江小涓,2021)①。近年来,文化已不再单纯地

① 江小涓:《数字时代的技术与文化》,《中国社会科学》2021 年第 8 期。

表现为一种价值符号,而是已经成为一种生产要素。由于文化的特殊性,文化产业与传统的农业与工业相比,形式更加多样,内涵也更为丰富。

就"文化产业"这一概念,国际上并没有形成共识,甚至称谓也存在差异,如文化产业、文化创意产业、创意产业、版权产业等。2004 年,我国国家统计局在界定和划分文化及文化产业时,借鉴了大卫·索斯比的观点,将文化及相关产业定义为社会公众提供文化产品和文化相关产品的生产活动的集合。国家统计局颁布的《文化及相关产业分类(2018)》沿用了这个定义,并将文化产业生产活动范围划分为两部分:(1)以文化为核心内容,为直接满足人们的精神需要而进行的创作、制造、传播、展示等文化产品(包括货物和服务)的生产活动,具体包括新闻信息服务、内容创作生产、创意设计服务、文化传播渠道、文化投资运营和文化娱乐休闲服务等活动。(2)为实现文化产品生产活动所需的文化辅助生产和中介服务、文化装备生产和文化消费终端生产(包括制造和销售)等活动。简而言之,文化产业是制造和提供文化商品的产业,并将其划分为文化产品(Cultural Goods)与文化服务(Cultural Services)两种。其中,文化产品和文化服务最大的区别在于文化产品有具体的物质或电子形态,而文化服务则仅指艺术表演、展出以及为提供和保存文化信息而进行的活动(如图书馆、档案馆和博物馆等文化机构的展出活动)。文化产品贸易是文化商品贸易的主流,而数字文化产品又是文化产品交易的发展方向。

近年来,数字技术的发展与创新成为驱动经济社会发展的新引擎,极大地推动了各个产业的发展,以及全社会生产方式、生活方式和治理方式的深刻变革。国家统计局于 2021 年 6 月发布的《数字经济及其核心产业统计分类(2021)》,从"数字产业化"和"产业数字化"两个方面对数字经济的基本范围进行了确定,并指出,数字产业化是数字经济发展的基础,主要包括计算机通信和其他电子设备制造业、电信广播电视和卫星传输服务、互联网和相关服务、软件和信息技术服务业等;产业数字化则是数字技术与实体经济的融合,指应用数字技术和数据资源为传统产业带来的产出增加和效率提升。当前,数字经济的蓬勃发展推进了数字产业化进程，为产业数字化发展提供了数字技术、数字化的产品与服务、基础设施和解决方案。就文化产业而言，以数字产业化为基础、产业数字化为特征的数字文化产业作为一种典型的数字经济业态，已成为数字经济的重要组成部分。大数据、物联网、云计算、人工智能、移动互联、区块链技术与文化产业的结合成为推动文化产业数字化变革的底层力量，新技术从消费端向生产端渗透，实现了产业全要素升级，并催生出文创发展的新业态、新模式（范周，2020）①。其中，数字技术对文化产业发展的影响，不仅体现在先进的生产方式和生产手段上，而且体现在数字技术对文化创意内容的深度、文化消费主体的广度、文化产业发展的速度、文化平台化组织力度、文化价值多元化效度，以及文化产业融合化宽度等诸多方面（黄永林，2020）②，不断促进文化产业的高质量发展。

二、研究思路、内容及方法

（一）研究思路与技术路线图

在网络强国和数字中国发展战略的时代背景下，大数据、物联网、云计算、人工智能、移动互联、区块链等数字技术蓬勃发展，数字技术通过强连接、强平台、强数据、强智能极大程度上驱动了文化产业的数字化变革。数字经济作为新的经济形态，处在迅速的发展变化之中，数字技术在文化产业的消费端、生产端与流通端之间渗透融合。本书对数字经济驱动下中国文化产业发展的路径与机制研究按“技术逻辑—需求端—供给端—流通端—对策建议”展开分析（见图1-4）。

从需求端来看，区别于普通商品，文化商品具有文化价值，是一种典型的

---

① 范周：《数字经济变革中的文化产业创新与发展》，《深圳大学学报（人文社会科学版）》2020年第1期。

② 黄永林：《数字文化产业发展的多维关系与时代特征》，《人民论坛·学术前沿》2020年第17期。

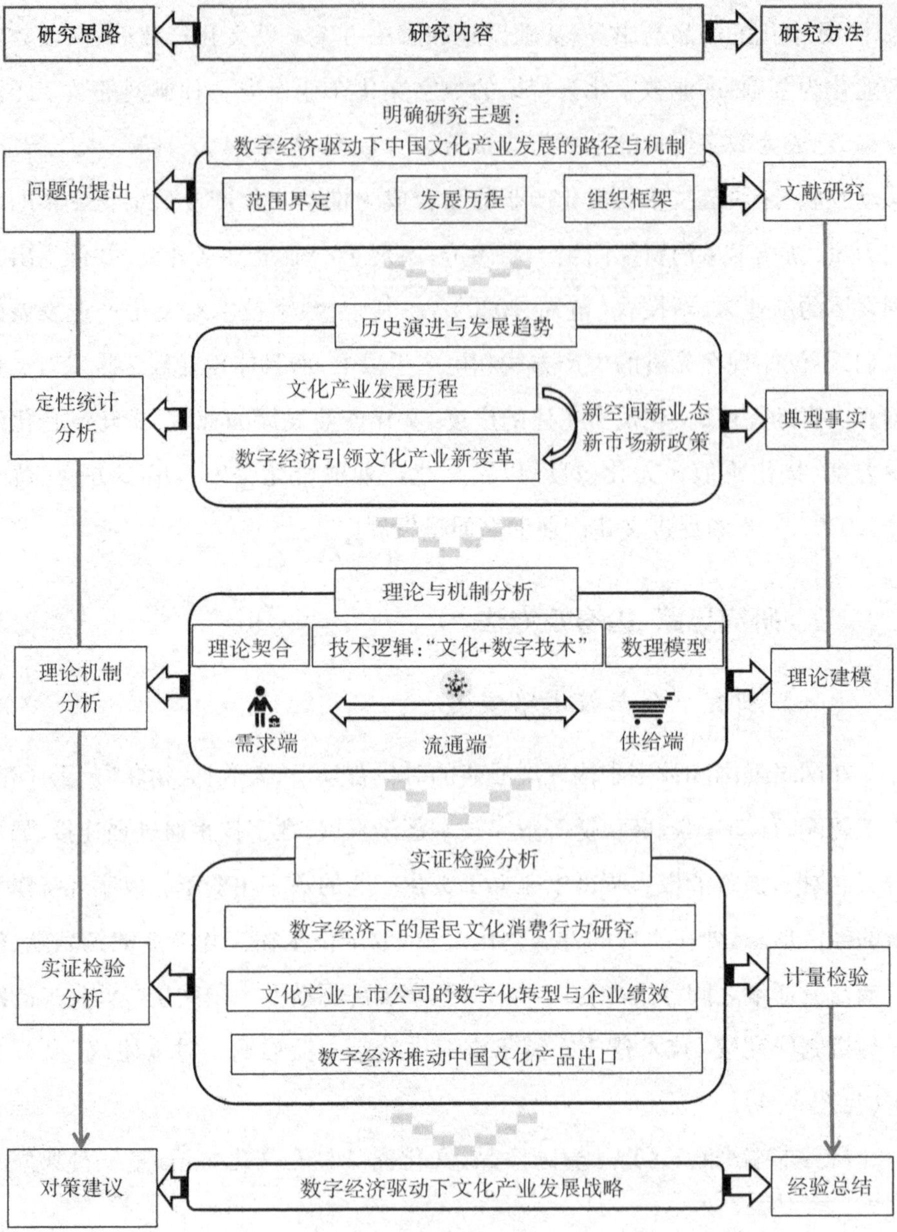

图1-4 本书技术路线图

资料来源：笔者根据本书内容绘制而得。

体验型商品。对文化商品的理解和欣赏能力取决于消费者的文化资本积累。消费者对某种文化的认同感越高，对其知识储备越多，进而对相关文化商品的感受、理解和欣赏能力越强，文化资本积累越多，会进一步提高消费者的消费体验。在数字经济驱动下，文化产业的发展更加依赖于需求方的规模经济。由于需求方规模经济一般存在于网络（Network）中，又被称为网络外部性（Network Externality）。数字经济时代需求方规模经济的存在改变了边际报酬递减规律，随着需求量的增加而引起规模报酬递增。因而数字经济时代，文化产业的竞争更为激烈，"赢者通吃"现象显著存在。此外，数字经济注重用户的个性化满足、用户体验的提升、用户潜在福利的挖掘，增强了用户的文化消费体验，使消费者的效用得到提高。

从供给端来看，在数字经济的驱动下，除资本和劳动外，文化创意也成为影响文化商品供给的重要生产要素，新一代信息技术的突破性发展促使文化、科技和创意的深度融合。这也就是说，在资本、劳动、文化创意等生产要素和信息技术的共同作用下，文化产业提供多样化的文化产品，刺激个性化的文化需求，供给进一步创造需求。由于文化最本质的核心是价值观和文化身份，在社会主义核心价值观的引领下，生产出品质精良、导向正确的文化商品是文化产业供给侧改革的核心内容。在数字经济驱动下，以大数据、云计算、人工智能等关键技术为核心的信息技术的发展为文化和科技的进一步融合提供了技术保障。这些都有助于激发文化商品中的创意元素，降低生产成本，提高文化产业的生产效率。

从市场环境来看，文化市场主要包括演艺市场、影视市场、图书杂志市场、游戏市场以及其他文化娱乐市场等。电商平台将成为主流的文化市场的存在形式。由于文化商品具有易复制、易共享、易流通等特点，在缺乏知识产权保护和有效的市场监管的情况下，文化创意容易被受众提前知晓，从而阻碍我国文化产业的发展。数字经济驱动下文化市场体现出平台化、数字化、共享化等特征，一方面对文化商品的定价模式提出挑战；另一方面，信息共享又会降低市场的不对称性和不完备性，提高文化市场的搜寻匹配效率。此外，由于文化商品具有低边际成本，即创作成本高、复制成本低的特点，文化产业政策的出台和有效的产权保护可以为文化商品的生产和研发提供规范的市场环境。

整体来看，关于数字经济驱动下中国文化产业的研究既要考虑文化商品的特殊性，也要考虑数字经济对需求端、供给端和流通端的异质性影响。一方面，文化商品重内容而轻物质，不同类型的文化商品趋于互补而非替代，本书在传统价值理论的基础上引入文化价值，提出了扩展的价值理论，且经济价值和文化价值只有在一定的文化认同感的基础上才是统一的。这就奠定了本书的理论基础。另一方面，本书还分别从需求端、供给端和流通端研究数字经济与文化产业深度融合所产生的"化学反应"，研究数字经济在文化产业转型升级中的动力作用，以及政府的发展战略和监测治理起到的催化作用，进而提供我国文化产业发展的提升路径，为我国产业结构转型升级和经济平稳发展作出应有的贡献。

（二）研究内容

第一章为理论框架与发展历程。具体而言，本章从以下三个方面进行展开：一是从数字经济拓展新的文化消费空间、引领文化产业新业态、开启新的文化市场和推动完善文化产业政策四个角度对文化产业的数字化变革展开了分析。二是依据文化产业政策导向、发展特征等主要因素对新中国成立以来我国文化产业的发展历程进行了梳理和总结。研究发现，我国在不同发展阶段能适应经济发展的特征制定出相应的文化产业政策。三是归纳提出了本书的研究对象、研究思路和研究内容。

第二章为数字经济对文化产业的影响机理。大数据、物联网、区块链等数字技术的发展与应用极大地丰富了经济发展形态，给文化产业的变革带来了机遇。因此，本章基于文化产业与数字技术的融合讨论数字经济影响文化产业发展的机理。本章首先对数字技术从强连接、强平台、强数据、强智能四个方面促进文化产业发展进行了分析。在此基础上,本章从需求端、供给端和流通端三个角度分别论述了数字经济对文化产业的影响机制。其中,数字经济的广泛应用能通过强化网络外部性、提升消费体验影响文化需求端;通过"降本增效"和创新引领文化产业升级影响文化供给端;通过提高搜寻匹配效率和创新传播渠道与交易模式影响文化流通端。

第三至六章是本书的实证检验与分析部分,也就是本书的核心章节,具体来看:

第三章是数字经济下的居民文化消费行为研究。随着物质层面的需求得到满足,大众对文化层面的消费需求日益迫切。文化产品或服务不同于一般商品,具有"无人知晓""消费黏性""文化资本边际效应递增"等特征,因此,文化消费在数字经济的驱动下体现出与传统经济的明显差别。本章聚焦文化商品的需求端,基于 2016 年中国家庭追踪调查(China Family Panel Studies, CFPS)微观数据库研究了我国家庭使用互联网行为对家庭文化消费水平的影响。研究发现,居民对互联网的使用能够显著提升家庭的文化消费水平,缓解流动性约束、提高支付便利性、优化社会网络是可能的机制。并且,数字经济对文化消费的促进作用在低收入家庭和高认知能力家庭中更为显著,这为有针对性地提升我国国民文化消费水平提供了重要思路。

第四章探究了文化产业上市公司的数字化转型对企业绩效的影响。数字化浪潮推动了文化产业的深刻变革,企业作为文化产品的供给者,实现数字化转型是推动数字技术与文化产业深度融合的关键步骤,同时也是提升自身核心竞争力的重要途径。本章基于翔实的中国文化产业 A 股上市公司数据,运用文本分析方法构建企业数字化指标,探究了文化产业上市公司的数字化转型与企业绩效的关系。结果表明,文化产业上市公司的数字化转型对企业绩效有显著的提升作用。其中,首席执行官(CEO)没有学术经历的和非国有的企业数字化建设对企业绩效的提升作用更为显著。本章为构建企业层面数字化指标提供了新的方法,并为研究文化产业上市公司的数字化转型与其绩效之间的关系提供了微观经验支持。

第五章探究了数字经济对我国文化产品出口的影响及机制。数字技术与文化产业的结合打破了物理空间的限制,能极大地提高文化产品的可贸易性。本章分析了国别层面的中国核心文化产品出口数据,结果表明,出口目的地和本国的数字经济发展程度对我国文化产品出口均具有显著的正向影响,并从降低贸易中的固定成本和可变成本两个渠道验证了数字经济发展对双边贸易的推动作用。在此基础上,本章还得出我国与数字化程度较高国家间的数字鸿沟将促进本国文化产品出口的结论,从理论和实证两方面论证了数字经济发展对一国文化产品出口具有重要推动作用,这为政府加强数字化建设、降低贸易成本、促进文化产品出口提供了丰富的实证经验。

第六章梳理了数字经济驱动下文化产业发展战略。数字技术与文化产业的融合不断加速,推动了文化产业的数字化升级,并催生出各种文化产业新业态。文化产业不仅浓缩了本国文化的发展历史,而且能够带来经济效益,这也决定了文化产业发展实践的特殊性:要统筹兼顾,不能顾此失彼。

数字经济对生产要素的激活与更新、对生产力的解放与发展、对生产关系的优化与重塑正在重构经济体系和产业体系。对于文化产业来说,数字经济与文化产业的融合正在引领文化产业的新变革。本章通过梳理数字经济的概念及测度展现了数字经济的深刻内涵,并得出数字经济起源于信息经济、成形于互联网经济的结论。在此基础上,本书将对数字经济下文化产业发展的研究界定在"产业数字化"范畴内。进而,本章从新空间、新业态、新市场、新政策四个角度分析了数字经济驱动下文化产业的数字变革。具体而言,数字经济通过拓展新的文化消费空间、引领文化产业新业态、开启新的文化市场和推动完善文化产业政策催生了文化产业新变革。数字经济对我国文化产业的影响广泛而深远,这也体现在我国文化产业的发展史中。因此,本章依据文化产业政策导向、发展特征等因素梳理了我国文化产业的发展历程,将其划分为初步发展阶段、快速发展阶段和发展新机遇阶段。事实证明，文化产业历经萌芽，到初步形成，再到实现快速扩张，与我国各时期因地制宜、因时制宜地制定相关文化产业政策是分不开的。尤其是党的十八大以来，数字经济上升为国家战略，推动数字经济与实体经济深度融合成为大势所趋，文化产业迎来了全面的发展与变革。本书以数字经济驱动下的文化产业为研究对象，以“文化+数字技术”为技术逻辑，助推实体经济供给侧、需求侧和流通侧创新化变革，以期为数字经济驱动下我国文化产业的转型升级提供可行的路径。

第二章　数字经济对文化产业的影响机理

——消费者、生产者与市场机制

是否有创意决定了新经济时代能否创造财富。

——唐·泰普斯科特，数字经济之父

文化产业的变革总是与科技进步紧密相关。随着大数据、物联网、云计算、人工智能等数字技术的发展，数字经济与文化产业深度融合，不仅催生出了许多新的文化业态，文化产业链条也不断延伸，文化产业发展呈现出前所未有的活力。数字经济实现了对文化产业多方位的赋能，从强连接、强平台、强数据、强智能四个方面推动着文化产业的发展与变革。具体而言，数字技术广泛地作用于文化产业链条的需求端、供给端和流通端，全面促进文化产业的发展。

第一节　技术逻辑:丰富经济形态,促进产业发展

一、数字技术及其应用场景

(一)大数据

随着信息技术的不断发展,互联网逐渐被广泛应用于生产生活的各个领域,数以百亿计的机器、企业、个人随时随地都能获取和产生新的数据,全球数据量成倍数级增长。根据互联网数据中心(IDC)①的统计,2023 年全球数据量达到 126.32ZB,预计 2027 年将达到 284.3ZB,年均复合增速为 254%。与此同时,数据类型变得更加复杂。除以文本为主的结构化数据外,互联网还产生了大量以网页数据为代表的半结构化数据,以及以网络日志、图片、音视频、地理位置信息为代表的非结构化数据。多样化的数据结构增加了企业处理数据与挖掘信息的难度。为了解决海量数据分析与挖掘的问题,"大数据"的概念应运而生。

目前最流行的大数据概念由高德纳(Gartner)提出:大数据是海量、高增长率和多样化的信息资产,需要运用新处理模式才能实现更强的决策力、洞察发现力和流程优化能力(Buhl 等,2013)②。而德姆琴科等(Demchenko 等,2014)③结合大数据的新特征,将该定义做了进一步扩展:大数据具备"5V"的特点,即 Volume(海量)、Velocity(高增长率)、Variety(多样)、Value(价值)、

---

① 互联网数据中心是指一种拥有完善的设备(包括高速互联网接入带宽、高性能局域网络、安全可靠的机房环境等)、专业化的管理、完善的应用服务平台。

② Buhl H. U., Roglinger M., Moser F., Heidemann J., "Big Data", *Business & Information Systems Engineering*, Vol. 5, No. 2, 2013.

③ Demchenko Y., De Laat C., Membrey P., "Defining Architecture Components of the Big Data Ecosystem", *International Conference on Collaboration Technologies & Systems Ieee*, 2014.

Veracity（真实性），而 Value（价值）和 Veracity（真实性）则是在特定流程的背景下通过数据初步分类和处理获得的。

对于文化产品生产者而言，大数据可作为文化产品生产的投入要素推动文化内容和文化产品创新，提升文化内容和文化产品多样性。数字文化产业中的文化生产与消费过程产生了海量数据，这些海量数据构成了企业重要的文化内容生产资源。一方面，文化企业可利用生产数据改进生产流程，实现生产环节数字化；另一方面，通过深度挖掘文化产业消费数据，文化生产者能够得知当前文化行业热点与大众喜好，甚至能够深入小众用户群体，开发文化产业的长尾市场。文化产品得以更好匹配市场需求，文化产品供给质量得到提升。除此之外，与传统文化产品相比，数字文化产品具备更多智能化功能。以人工智能、大数据技术为基础的新型互联网文化业态，如可穿戴设备、虚拟现实/增强现实（VR/AR）产品等，丰富了文化产品的内容与形式，提升了文化产业整体的科技水平，带动文化产业高质量发展。

而对于文化产品销售者而言，销售者可采用大数据技术对移动端、PC 端等消费终端的用户行为数据进行分析，观察用户在各个文化产品上的浏览、评论等行为，发现与预测消费者偏好，从而针对不同种类的用户进行个性化精准推送，便于为消费者提供个性化、定制化的文化服务，提升文化产品的匹配效率。

此外，大数据技术还改变了文化产业的商业模式。传统文化产业的商业模式以 B2B 和 B2C 为主，而在互联网普及后，文化产品生产门槛降低，大量内容生产者涌入各大平台，构成了生产文化产品的重要力量。大数据技术可帮助文化平台企业覆盖创意、生产、营销、延伸、资本运作等产业链各环节，推动以 C2B 及 C2C 为主导的商业模式，实现内容大数据、渠道大数据、顾客大数据的循环联动，促进文化产业链的整体升级（张立波，2021）①。

① 张立波：《区块链赋能数字文化产业的价值理路与治理模式》，《学术论坛》2021 年第 4 期。

（二）物联网

物联网的概念最早在比尔·盖茨 1995 年的《未来之路》中被提及，之后在 1999 年被美国 Auto-ID 正式提出，并命名为物联网（Internet of Things），即将所有物品通过射频识别、红外线感应器、全球定位系统、激光扫描器等信息传感方式进行智能识别，将物品和互联网连接在一起，形成物理关系网。

物联网被视为互联网的延伸，将互联网从计算机、服务器等电子产品扩展到所有物品，使所有能够被独立寻址的物理对象共同形成一个互联互通的网络。物联网由四个关键技术支撑：射频识别技术、传感网、M2M①系统框架及云计算。射频识别技术可赋予物联网可追踪的特性，让用户能够随时掌握物品的位置；传感网是一个可以获取、处理和执行目标信息的多功能微型系统，可以赋予物品感知外界信息的能力；M2M 系统框架是一种以机器终端智能交互为核心的网络化应用服务，能够将数据从一台终端传送到另一台终端，实现机器与机器之间的信息交流与传递；云计算可以将计算任务传输至云设备集中执行，避免为每一台机器都添加一个处理器，减少计算成本。

物联网的应用使得文化产品具有更强的互动性。物联网应用于文化产品显著增强了产品的互联性与感知性，文化产品能够更具个性化地与用户进行多样互动，作为传播渠道载体将在美术馆、博物馆等文化单位领域具有非常广阔的应用场景（单羽，2017）②。

在文博领域，物联网具有全面感知、可靠传输、智能处理等优势，可预防性保护贵重藏品，对藏品环境进行实时监管，因此被广泛应用于藏品保护。除环境监测外，物联网中的射频识别技术还可帮助藏品、藏书的登记管理。传统档

---

① M2M，全称 Machine to Machine，是指数据从一台终端传送到另一台终端，也就是机器与机器的对话。

② 单羽：《“工业 4.0”核心技术在文化产业中的应用》，《东莞理工学院学报》2017 年第 2 期。

案管理需要耗费大量人力和时间进行档案录入与档案查找，而射频识别技术能够实现大量、瞬间录入，且档案员只需手持移动阅读器巡视便可找到需要的物品。此外，物联网技术已经应用于书画、酒类防伪。随着技术的不断成熟，物联网在其他类别的珍贵艺术品、文物等防伪、防盗领域都有可拓展的应用空间。

（三）云计算

随着技术发展、数据量膨胀，网络用户在存储与运算方面的需求开始爆发式增长。2006 年 8 月，谷歌首席执行官埃里克首次提出了“云计算”的概念。此后，云计算的定义和使用场景被逐步补充完善，用户对计算的需求大大增加，并且希望随时随地可以获取，这直接推动了云计算的发展，使其成为数字经济时代的基础设施之一。

云计算可以基于互联网使用较少的机器交互来实现共享资源的目的，可在同一时刻根据不同的用户需求来分配网络、服务器、存储等资源。根据 NIST 的定义，云服务分为三种：Laas，允许用户通过互联网获取虚拟机等基础资源的服务。Paas，为用户提供使用云端进行软件开发工具包（SDK）、文档、测试等开发的服务。Saas，允许用户直接访问云端中运行的应用软件，而无须下载安装软件。一个安全可靠的云计算技术可以有效地解决企业单位、政府、用户在技术设施和信息系统上面临的成本高、耗能大等问题，促进社会经济、绿色经济更快更好地发展。

云计算通过网络统一组织、分配各种信息与通信技术资源来实现大规模的计算，在软件、硬件、网络架构和终端方面都引发了深刻变革。云计算消除了传统信息技术（IT）基础架构的弊端，如价格昂贵、结构复杂、资源分配不均、计算能力不对称等。云计算具有大规模、虚拟化、高可靠性、通用性强、高可伸缩性以及成本低廉等优点，使得用户通过互联网就可以随时随地使用各种终端，以享受到优质的信息与通信技术资源服务，这无疑是信息与通信技术产业的发展方向。

在文化产业，云计算可帮助解决大量文化信息资源的存储问题，有助于推动公共文化信息资源共享。云计算的核心思想是，构建一个网络资源池汇集、管理与调度海量数字资源，资源池中的资源可以经由网络无限扩展。云计算解决了当前公共文化资源数字化过程中遇到的技术性难题，从长远来说也符合文化产业数字化的发展趋势（乔申颖，2011）①。文化资源存储“上云”可减少地区间信息交流的障碍，促进地区间文化资源沟通共享。除此之外，各地公共文化信息资源上传云端还可帮助保护当地重要文化，有助于保护我国非物质文化遗产。

云计算大大降低了算力成本，提高了数据分析效率，扩大了数据规模，为文化产业数字化转型提供了技术基础。对于中小企业而言，云计算可以将算力进行“批发零售”，减少他们配置计算资源的成本，使其也能享受低价高能的算力资源，显著降低了数字化应用开发的门槛。2020 年新冠疫情以来，线下文化产业受到了很大的冲击，文化企业纷纷通过云计算技术将企业文化资源上传至云端，并积极利用云计算资源支持企业的数字化运营，积极推动企业数字化转型，开拓线上文化产品市场，为企业带来线上营收，缓解了文化企业面临的疫情经济压力。

除此之外，云计算技术提升了文化企业的创新能力。文创产业可利用云计算卓越的存储与算力优势突破计算资源与存储资源障碍，实现更多的创新创意方案。这不仅保障了文创、游戏等行业应用快速稳定运行，降低外挂困扰与宕机损失，而且能够激活文化企业创新想象力，增加获客渠道，提高营收能力。

（四）人工智能

人工智能是计算机学科的一个分支，20 世纪 70 年代以来被称为世界三

① 乔申颖：《数字“云”能否化作文化春雨》，《经济日报》2011 年 11 月 1 日。

大尖端技术之一。《人工智能标准化白皮书(2018 版)》将人工智能作如下定义:"人工智能是利用数字计算机或者数字计算机控制的机器模拟、延伸和扩展人的智能,感知环境、获取知识并使用知识获得最佳结果的理论、方法、技术及应用系统。"新一代人工智能正在全球范围内蓬勃兴起,为经济社会发展注入新动能,并深刻改变了社会生产生活方式。计算能力、算法和数据是人工智能发展的三大要件。近年来,算力、算法及数据出现了巨幅的进步和提升,这为人工智能应用的爆发奠定了基础。在算力方面,图形处理器(GPU)、张量处理器(TPU)等人工智能专用芯片以及云计算等基础设施显著提高了计算能力,降低了计算成本,使得人工智能可完成综合性更强、复杂程度更高的任务。在算法方面,神经网络模型不断优化,人工智能的归纳和演绎能力明显增强,而且计算效率大幅提升,更加节约计算资源、降低能耗,实现了硬件能力和算法的良性互动,推动新一代人工智能大规模投入应用。在数据方面,随着移动互联网、电子商务等领域的快速发展,全球数据量实现爆发式增长,这为人工智能的发展奠定了坚实的基础。由于数据量同深度学习和训练的准确性密切相关,互联网产生的海量数据将帮助人工智能提升准确性。

在数字经济时代,人工智能在文化产业的应用主要可分为文化产品创意、文化产品生产、文化产品营销三个方面。

首先,在文化产品创意方面,人工智能扩展了艺术创作的表现形式,文化创意生产者可在雕塑、装置、行为艺术等方面作出更多尝试,这提高了文化产品的技术性与艺术效果。计算机视觉、自然语言处理与人机交互应用于文化创意可增加与观赏者的互动,带来更强烈的冲击力。

其次,在文化产品生产方面,人工智能可通过智能化标注、内容聚类和精准匹配等方式缩短文本生成的时间,进而实现自动写作、个性化精准生产、内容创意与个性化定制投放,重构了信息文本内容生产流程。在图像生成领域,人工智能经过深度学习后可提供高精准度的图像处理功能,协助完成图像校正与平面设计,甚至可实现自动绘画。而在音乐制作领域,"人工智能+音乐"

的探索主要采用基于深度学习的歌唱合成技术，通过将乐谱信息和歌词转换成歌唱语音模拟人声演唱，相较于语音合成更富有音乐感情，演唱技术更为复杂。

最后，在文化产品营销方面，人工智能能够辅助文化企业制定营销决策。以人工智能提供的信息为基础，企业可快速调整文化产品供给，调整推广策略，在消费端实现个性化推荐。通过收集和分析客户行为数据，人工智能能够针对客户类别与客户喜好推荐与之匹配的文化产品。此外，基于人工智能的销售辅助决策系统可帮助商家改进需求预测，作出定价决策，优化产品陈列。在售后服务中，智能机器人客服可以 24 小时不间断地提供服务，显著降低人工成本。

（五）移动互联

移动互联是移动互联网的简称，是指互联网的技术、平台、商业模式和应用与移动通信技术结合并实践的活动的总称（张伟和吴晶琦，2022）①。每一次移动通信技术的更迭都伴随着时代的跨越以及人们生活方式的改变。20 世纪 80 年代以 1G 为基础，人们能够进行基础的语音文字交流；20 世纪 90 年代起，以数据传输为核心功能的 2G 得到广泛应用，互联网进入文本时代，实现文本语音通信；21 世纪 00 年代 3G 通信技术的诞生使得互联网传输速度变快，互联网可以支撑图片、音视频数据快速传输，互联网产品体验逐步提升；21 世纪 10 年代 4G 通信技术实现了多维传输，网络直播、移动购物、移动社交等互联网生态迅速兴起；如今，5G 通信技术发展下，网络速度显著提升，网络时延得到改善，5G 技术有望和大数据、云计算、人工智能、物联网等数字技术结合，为互联网带来传播介质和应用场景的深刻变革。5G 的特征是高速率、连接密度大及低时延，简单而言就是传输快、存储空间更大、反应更加灵敏。国

① 张伟、吴晶琦：《数字文化产业新业态及发展趋势》，《深圳大学学报（人文社会科学版）》2022 年第 1 期。

际电信联盟(ITU)定义了5G的三大应用场景:(1)uRLLC,低时延高可靠通信,可降低传输过程中的时延,为车联网、自动驾驶、智能制造的数据传输提供保障;(2)mMTC,低功耗大连接,可实现海量设备链接,是智慧城市、智慧家居等场景落地的重要条件;(3)eMBB,增强型移动宽带,可在现有网络环境下显著提升数据传输速度,明显提升用户体验。

5G商用后,文化产业中大量企业开始围绕新的网络环境开展自身业务,催生出一些新的文化产业生态。视频流可能替代文字流、图像流成为新的主要传播介质。随着消费者移动设备上的移动宽带速度提高,网络流量成本下降,传媒内容形式将迎来进一步升级。5G和其他数字技术相结合能够形成新的应用,如5G与云计算可衍生出云视频、云游戏等云平台;5G与物联网相结合可创造智慧城市、智慧生产等新应用场景。

互联网电视大屏、云游戏、虚拟现实/增强现实将是5G通信技术在文化产业落地的重要应用场景。在互联网电视大屏方面,5G技术能够带来更清晰、更快速、云端储备性能更强的极致大屏体验,有望改变内容渠道产业链,增加新的市场增量。在云游戏方面,随着5G技术的加速落地,其网络的高传输速率将助力云游戏服务器的搭建,解放硬件设备。游戏玩家只需购买基于云服务的游戏软件就可随意游玩,摆脱了硬件性能束缚,降低玩家的硬件更新成本。而对于游戏研发商而言,云游戏降低了游戏研发成本。研发商无须考虑硬件的适配性,可更专注于游戏内容研发,提升游戏内容质量。在虚拟现实/增强现实方面,优质的虚拟现实体验对网络环境有着极高的要求:超清画面实时传输要求高网络带宽、低延时。而5G与云计算结合可解决计算能力及传输率不足导致的刷新率低、帧数不足等问题。5G具有高传输速率,能够支持超高清内容的传输和实时播放;且5G能够有效减少数据传输和反馈的时间,减缓网络延迟,提高虚拟现实/增强现实的体验,推动大规模应用。

（六）区块链

2008年11月1日，一位自称中本聪（Satoshi Nakamoto）的人在一个隐秘的电子邮件平台“密码朋克”发表了一篇名为《比特币：一种点对点式的电子现金系统》的论文。在这篇论文里，作者详细阐述了基于P2P网络技术、加密技术、时间戳技术等区块链技术的电子现金系统的理论，创立了去中心化的电子交易体系。狭义地说，区块链是一种将数据区块按时间顺序相连的链式、不可篡改和不可伪造的分布式账本（Ledger）。广义地说，区块链是一种按照时间顺序将若干数据区块相连的链式、无中心、不可篡改、不可伪造、集体维护、全程留下痕迹、交易可以追溯的分布式账本（数据库）。每一个“数据区块”记录了一组交易状态信息；“分布式”是指在一个对等P2P网络中，各个节点通过平等地相互传递信息来通信和协调行动；“账本”是一个非关系型数据库。

区块链具有四大特点：去中心化、不可篡改、开放透明、自治性。其中，去中心化指数据存储在多个节点上并由多方共同维护；不可篡改指账本由全体节点维护，群体协作的共识过程和强关联的数据结构保证节点数据一致且基本无法被篡改；开放透明指数据记录及更新对所有节点可见；自治性指基于一套协商一致的规范和协议。区块链可分类为许可链和非许可链。许可链主要包括联盟链和私链；非许可链也称为公链。这些特点是区块链与传统数据库最大的区别，也是区块链得到人们青睐的主要原因。

在文化产业中，区块链主要应用于文化产品确权。如数字艺术证书（Digital Art Certificate）是通过区块链技术为各类数字化形式的艺术作品进行登记和确权，形成数字化形式的艺术作品产权交易权属凭证，拥有者即表示具有对此数字化形式艺术作品的交易权。基于区块链技术推出的数字艺术证书服务模式较好地解决了文化产品数字化后的数字物权、数字产权全球规范流通的问题。将数字文化产品上传至区块链生成唯一编号，这个唯一编号即区块链为该数字文化产品出具的上链存证证书。证书永久地保存在区块链上，任何人都无法修改与删除。利用区块链技术确权、存证、溯源等技术对作品加以保护,有助于提高文化产品和文化艺术的透明度,较好地为数字时代的作者提供了便捷、可追溯的版权相关服务。基于区块链的权益保护目前还应用于网络游戏行业,为玩家的虚拟游戏资产提供永久且安全的存储服务,避免因玩家离开游戏、运营方倒闭等导致玩家虚拟游戏资产丢失的情况,保障了玩家的游戏资产权益,同时提升了虚拟资产交易的安全性。

此外,区块链技术应用还将有助于文化产业数据共享。数字经济的核心生产要素是技术与数据,但中心化信息存储机构致使信息集中化、数据确权模糊、数据生产者无法完全享有数据带来的效益、数据开放共享困难等问题依然存在。区块链的分布式、自生长能力能够通过公私链建构,增强数据流动性,形成更强的产业黏性。在文化产业数据资源开发基础上,利用区块链去中心化特性建立文化产业链,构建线上文化服务平台和商业体系,能够助力文化产品各环节实现数据共享,解决数据孤岛问题。

二、数字技术赋能文化产业

从计算机技术到信息技术,再到互联网、大数据、人工智能等高精尖通用目的技术,数字技术是文化产业发展的技术逻辑,是文化产业变革的核心驱动力。数字技术赋能文化产业可帮助解决传统文化产业面临的文化资源获取成本较高、文化产品传播受限于物理形态等问题,有助于消除信息垄断,促进文化产业发展成果为全民共享。数字技术主要从强连接、强平台、强数据、强智能四个方面推动着文化产业发展(张晓,2017)①。

(一)强连接

首先,数字技术增强了用户之间的连接。梅特卡夫定律指出,网络价值与

① 张晓:《抓住特征与趋势　推动数字经济快速发展》,《中国经贸导刊》2017 年第 19 期。

网络用户数量的平方成正比。数字技术吸引大规模用户参与文化产业，推动文化产业规模快速增长。由于文化产品本身具有较强的网络外部性特征，用户节点大量增加能够提升整个文化消费网络的价值，并进一步吸引更多的消费者进入文化市场。其次，数字技术增强了用户与企业之间的连接。随着文化企业与用户的深度接触增多，文化企业的商业模式发生改变，呈现出文化产品与文娱服务相结合的趋势。在维持文化产品生产之外，文化企业将更加重视产品营销环节，以争夺用户注意力时间与用户流量。文化产业逐渐形成了粉丝经济、流量经济、注意力经济等新经济现象。最后，数字技术还将增强企业之间的连接。一方面，文化产业内企业之间通过数字技术克服信息传输的物理距离，能够帮助文化产业链形成合理分工与联合。文化资源得到充分有效利用，产业链组织与经营效率提高，文化产业得以形成规模经济效应，产业平均成本降低，整体利润水平得到提高。另一方面，强连接促进文化产业跨行业融合。跨行业融合不仅转变了文化产业的供给模式，而且通过整合人才、信息等跨行业资源，助力文化产业实现了创新能力突破，获得更大范围的效应提升（范周，2020）①。

（二）强平台

互联网平台为文化产品提供了更为灵活和巨大的存储和流通渠道。平台推动文化产业生态协作，促进文化产业数字创新。各文化平台各自建设起独特的文化生态体系，体系内部形成了生产者与生产者、生产者与消费者、生产者与平台、消费者与平台等多种价值关系，能够有效激活文化经济。平台还具有整合文化资源、共享文化资源的文化功能。互联网平台以极低的成本将碎片化的能力和资源集中起来，基于数据进行智能匹配，实现协作和共享，表现为共享经济模式。共享经济整合了文化产业中的过剩资源，产业资源可实现跨时空流动。文化产业资源的利用效率得到提高，生产要素活力被充分激活

① 范周：《数字经济变革中的文化产业创新与发展》，《深圳大学学报（人文社会科学版）》2020年第1期。

(范周,2020)①。此外,由于互联网平台经济具有先发优势的特点,先进入文化市场的平台企业更加容易聚集用户,率先培养用户黏性,增加用户的平台转换成本(魏鹏举,2021)②。先进入的平台企业品牌地位稳固后,后来的企业难以追赶,易形成平台垄断形式。因此,文化产业需要合理控制平台垄断,为文化创新提供较好的数字生态环境。

(三) 强数据

数据作为重要生产要素赋能文化产业,可驱动文化产业创新发展。传统文化资源通过数字化技术可转化为具有高价值的文化数字资源,而文化产业运转过程中产生的生产管理数据、交易数据、用户行为数据等可通过大数据等数字技术转化为对文化产品生产管理决策有用的信息。文化产业形成的海量数据资源能够提高文化产业整体创新水平。一方面,企业通过数字技术链接多方位数据资源,降低了生产端的文化资源获取成本。文化产品生产创新成本降低,生产创新效率提高。另一方面,消费者行为数据分析有助于生产者把握市场真实需求和文化趋势,降低文化产品创新风险。除此之外,大数据还提升了文化产品的流通效率。大数据提高了文化市场中消费者与商品的匹配精准程度,降低了消费者的搜寻成本。

(四) 强智能

产业数字化与数字产业化产生的海量数据是人工智能发展与应用的重要基础。在文化产品生产方面,人工智能赋能文化创意生产,可提高文化产品的技术性,帮助文化创意扩展其表现形式,丰富文化产品的内容与形式。

① 范周:《数字经济变革中的文化产业创新与发展》,《深圳大学学报(人文社会科学版)》2020年第1期。

② 魏鹏举:《数字经济与中国文化产业高质量发展的辨析》,《福建论坛(人文社会科学版)》2021年第11期。

此外,智能化技术重构了文化产品生产流程。人工智能技术通过智能化标注、内容聚类等方式减少文化产品生产时间,加速文化产品生产的步伐,缩短文化产品生产周期(范周,2020)①。在文化产品传播方面,人工智能可集聚供给端和需求端的信息,实现个性化定制投放,使文化内容能够以个性化定制、精准化营销、协作化创新、网络化共享的形式呈现,符合数字化趋势与要求。

综上,对于文化产业而言,数字技术可被看作一个创新的技术集群。数字技术在推进传统产业转型升级的同时,拓展了新的文化消费空间、催生了新的文化业态、开辟了新的文化产品市场、推动完善了文化产业政策。事实上,数字经济凭借信息技术等通用目的技术,在进行文化产业高质量发展的过程中,贯穿数字产业化和产业数字化全过程,以"文化+数字技术"为技术逻辑,广泛地作用于供给端、需求端和流通端。数字经济促进文化产业高质量发展的分析框架如图 2-1 所示。

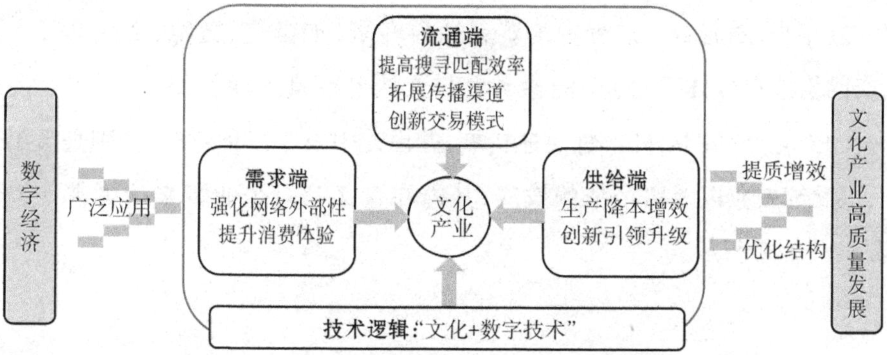

图 2-1 数字技术促进文化产业高质量发展的分析框架

资料来源:笔者根据本书内容绘制而得。

① 范周:《数字经济变革中的文化产业创新与发展》,《深圳大学学报(人文社会科学版)》2020 年第 1 期。

第二节 需求端:强化网络外部性,提升消费体验

一、强化文化产品消费的网络外部性

网络外部性的概念最早由罗尔夫斯(Rohlfs,1974)①提出,即网络外部性是需求方规模经济的源泉。卡茨和夏皮罗(Katz 和 Shapiro,1985)②给出了网络外部性较为正式的定义:使用同一产品或服务的用户数量变化,每个用户从消费此产品或服务中所获得的效用的变化。也就是说,消费者在进行消费时,往往会看重其他人的消费行为,进而在这种影响下作出自己的消费决策,比如选择"跟风"消费,最终可能制造出很多"爆款明星产品"。劳赫和特林达德(Rauch 和 Trindade,2009)③证实了文化产品的网络外部性与文化产品的消费具有正相关关系。但是,由于地域文化、政策保护、技术门槛和商业惯例等因素而导致的市场壁垒的存在,文化产品的网络外部性效应减弱。

近年来,随着贸易过程中消费者社会网络(如微信、微博、小红书等主流社交网络或自媒体平台)中的参与者与连接者数量的增长,基于数字经济所产生的文化产品网络外部性急速扩展,并由此引发了三种效应,分别是溢出效应、正反馈效应以及路径依赖效应,其内在含义及对企业带来的更进一步影响,如图 2-2 所示。

---

① Rohlfs J.,"A Theory of Interdependent Demand for a Communications Service",*The Bell Journal of Economics and Management Science*,Vol. 5,No. 1,1974.

② Michael L. Katz,Carl Shapiro,"Network Externalities, Competition, and Compatibility",*The American Economic Review*,Vol. 75,No. 3,1985.

③ James E. Rauch,Vitor Trindade,"Neckties in the Tropics: A Model of International Trade and Cultural Diversity",*Canadian Journal of Economics*,Vol. 42,No. 3,2009.

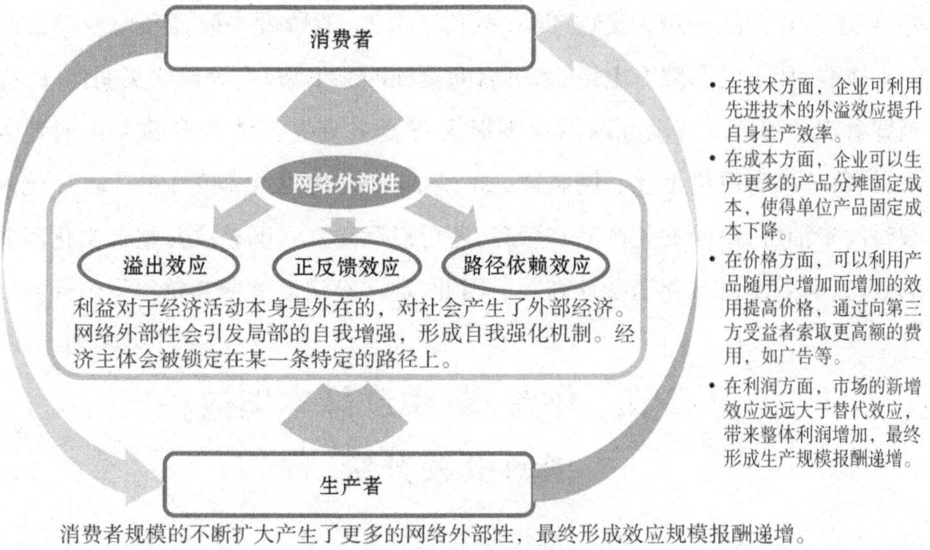

图 2-2　网络外部性引发的效应及进一步影响

资料来源：笔者根据相关理论整理而得。

二、体验效果增强，消费者效用提升

文化消费属于“体验效用”的一种，消费者对于特定文化产品的偏好具有较强的主观性（Ginsburgh 和 Throsby，2006）①。孙宝文等（2021）②提出，数字经济是以人为本的经济，注重用户需求的个性化满足、用户体验提升、用户潜在福利的挖掘。数字科技具备了使文化产品提升人性化、用户友好的能力。如多媒体视听技术已经能良好地将视觉和听觉结合在一起，虚拟现实技术已经能跟踪动作的变化，为消费者营造身临其境的逼真环境，极大地增强了消费者的体验效果。在疫情防控常态化的环境下，消费者还能通过“云旅游”“云看展”“云赏剧”等新型方式游览国内各地旅游景点、文化馆和博物馆等。此

① Ginsburgh V. A., Throsby D., *Handbook of the Economics of Art and Culture*, Elsevier Science Ltd, 2006.

② 孙宝文、欧阳日辉、李涛：《把握数字经济的技术经济特征》，《光明日报》2021 年 12 月 14 日。

外,传统文化产品一般为实物产品,不利于携带,消费者一般要预留专门的时间来体验,如去电影院看电影、去书店阅览或购买书籍、去邮局购买明信片、去画廊参观画展等。移动互联的出现极大程度上改变了消费者的文化消费方式,使得他们可以借助互联网载体(如手机、电脑、平板电脑等)整合碎片化闲暇时间来消费、享受文化产品和服务,还可以利用互联网获取并整合文化消费的信息,有效制订文化消费计划等。因此,数字经济使消费者效用得到提升。

第三节　供给端:生产降本增效,创新引领升级

一、成本论

在数字化进程不断加快,数字经济广泛应用于国际贸易的背景下,其降低贸易成本的优势和特性逐步被重视,并引起了学界广泛研究。数字经济推进国际贸易发展的理论机制分析多集中在贸易成本角度,即数字化程度的提升可以通过降低贸易成本,促进国际贸易。安德森和温库普(Anderson 和 Wincoop,2004)①将贸易成本定义为商品到达消费者手中所必须支付的、除生产商品的边际成本之外的所有成本,如信息搜寻成本、运输成本、过境成本、分销成本等。但是,贸易成本构成极其复杂,因此比较公认的分类方法是将其分为可变贸易成本和固定贸易成本。本节将从这两个方面分别展开分析。

(一)降低可变贸易成本

可变贸易成本则主要有运输成本、从量关税,以及由国家间文化差异、制

① Anderson J. E., Wincoop E. V., "Trade Costs", *Journal of Economic Literature*, Vol. 42, No. 3, 2004.

度差异、信息基础设施发达程度等导致的其他潜在的可变成本(田子方和杜琼,2019)①。

对于文化贸易来讲,跨境电商、跨境支付等的出现使地理距离的阻碍作用越来越小,国际贸易的运输成本大幅降低。范鑫(2020)②指出,数字技术降低了"面对面"交流的重要性,跨境的在线咨询、金融和医疗服务已逐渐成为服务贸易新的增长来源,在国与国之间的线上文化交流更加普遍和频繁的过程中,国家间的文化距离、制度距离逐渐缩小,其导致的可变成本也逐年下降;在企业层面,数字化发展为多种语言切换服务提供了技术支撑,国际贸易中的语言障碍越来越小,其带来的交流沟通成本显著下降(马述忠等,2019)③,这点在跨境电商中体现得尤为明显。此外,出口企业和进口企业通过互联网进行实时沟通、协作,也能够有效降低进出口贸易当中的财务成本、时间成本等可变成本(李兵和李柔,2017④;潘家栋和肖文,2018⑤)。

(二) 降低固定贸易成本

一般来讲,固定贸易成本是指产品在贸易过程中所有不随产品数量变动而变动的成本(唐宜红等,2019)⑥,主要受非关税贸易壁垒、行政干预等因素的影响(钱学锋和熊平,2010)⑦,包括市场进入并留在出口市场的成本、信息

① 田子方、杜琼:《中国文化产品出口的二元边际分析》,《宏观经济研究》2019年第4期。

② 范鑫:《数字经济发展、国际贸易效率与贸易不确定性》,《财贸经济》2020年第8期。

③ 马述忠、房超、张洪胜:《跨境电商能否突破地理距离的限制》,《财贸经济》2019年第8期。

④ 李兵、李柔:《互联网与企业出口:来自中国工业企业的微观经验证据》,《世界经济》2017年第7期。

⑤ 潘家栋、肖文:《互联网发展对我国出口贸易的影响研究》,《国际贸易问题》2018年第12期。

⑥ 唐宜红、俞峰、林发勤、张梦婷:《中国高铁、贸易成本与企业出口研究》,《经济研究》2019年第7期。

⑦ 钱学锋、熊平:《中国出口增长的二元边际及其因素决定》,《经济研究》2010年第1期。

交流成本、在进口国设立营销及售后服务站点的成本等(Baldwin 和 Krugman,1986)①。

弗洛因德和温霍尔德(Freund 和 Weinhold,2004)②最早建立了具有细分市场和不完全竞争的模型,证明了企业能够通过互联网了解目标市场的消费需求、销售渠道等信息,从而降低企业进入市场的固定成本,包括搜寻匹配成本、宣传成本和建立分销网络的成本。伦德尔和韦齐纳(Lendle 和 Vézina,2015)③利用易贝(eBay)的数据研究发现,易贝借助互联网作为交易平台,将会向更多目的地出口,且出口目的地分布近似于无摩擦贸易情形,进入市场的概率增大、成本大大降低。伦德尔等(Lendle 等,2016)④的研究表明,大数据有利于信用体系的建立和完善,尤其是在跨境电商领域,店铺评分、买家评论、平台信息披露等机制从多方面保障消费者权益,降低了贸易中的逆向选择风险,大大降低了合同成本。同时,数字技术在国际贸易中的应用,极大地简化了贸易环节,并增加了交易时间和场所的灵活性,从而降低了贸易中的交易成本(李海舰等,2014)⑤。

二、创新论

(一)技术创新

技术创新是数字经济发展的基础,从计算机技术到互联网,再到人工智

① Baldwin R. E., Krugman P. R., "Persistent Trade Effects of Large Exchange Rate Shocks", *Social Science Electronic Publishing*, No. 104, 1986.

② Freund C. L., Weinhold D., "The Effect of the Internet on International Trade", *Journal of International Economics*, Vol. 62, No. 1, 2004.

③ Lendle A., Vézina P. L., Pierre-Louis V., "Internet Technology and the Extensive Margin of Trade: Evidence from eBay in Emerging Economies", *Review of Development Economics*, Vol. 19, No. 2, 2015.

④ Lendle A., Olarreaga M., Schropp S., Pierre V., "There Goes Gravity: Ebay and the Death of Distance", *The Economic Journal*, Vol. 126, No. 591, 2016.

⑤ 李海舰、田跃新、李文杰:《互联网思维与传统企业再造》,《中国工业经济》2014 年第10期。

能、大数据、云计算、区块链等前沿科技，正是不断的技术创新，才构成驱动数字经济发展的首要驱动力。文化产品的核心在于其“文化”内涵，高度依赖人的创造性，自动化程度较低，在数字时代到来之前，生产技术的更新难以大幅提升文化产业的生产效率，并且受到传输技术的限制，许多文化产品具有“不可贸易性”。

随着数字技术的高速发展和广泛应用，重内容、轻物质的文化产品能够以极低的成本进行复制，生产效率和消费规模均大幅提升。同时，文化产品远距离传输技术的突破性发展，也使进入贸易行列的产品种类越来越丰富，文化产品的传输、交易渠道更加广泛，如现场表演或比赛不再局限于固定的场馆内部，而是转化为数字信号，突破时空限制飞入千家万户，劳动生产率和市场规模实现指数级爆发式增长（江小涓，2018）①。

除推动已有文化产品的消费之外，数字技术与文化产业的结合，最大限度释放了人们的创新能力，使得多样化、个性化的文化产品供给从技术手段上更加可行且更为便捷（范周，2020）②，为丰富文化产品的内容提供了有力支撑，如虚拟现实等技术的发展使文物、古迹等文化产品“活起来”，现代消费者能够身临其境地感受我国五千年传统文化的魅力，也便于向其他国家更加直观、生动地传输中国文化，讲好中国故事。

（二）内容创新

数字经济下，移动互联技术促进了文化产业与信息产业的融合，为文化产业发展开拓了市场空间。在数字技术体系的支撑下，文化产品生产商与消费者紧密联系在一起，厂商可以通过网络平台（如留言板、网上论坛、电商评论）

① 江小涓：《网络空间服务业：效率、约束及发展前景——以体育和文化产业为例》，《经济研究》2018 年第 4 期。

② 范周：《数字经济变革中的文化产业创新与发展》，《深圳大学学报（人文社会科学版）》2020 年第 1 期。

与消费者产生互动,及时了解市场诉求,文化产品的“创意—设计—生产—传播—消费—反馈”变得方便快捷。从这个意义来说,每个人既是文化产品的消费者,也是文化产品的设计者,每个人都在为文化产品市场提供创意。新的思路、新的需求与创意是消费者群体集思广益的结果,广泛的创意必然导致新的文化产品增加,进而带来消费的增加,最终形成良性循环,推动文化产品的更新与迭代,具体内容将在后文详述。

数字时代背景下,消费者需求飞速变动,网络的实时“监控”使文化企业可以紧跟时事,全面、及时地了解目标市场动态,抓住“热点”进行创新。同时,数字技术的广泛应用大幅提升了用户整合提炼数据的能力,不同产业与企业之间的交流更加深入,组织内部的创新资源和能力得到充分释放,企业内外部实现协同创新,上下游企业开展合作更加便利,创新成果能够与产业链有效对接,缩短创新周期。因此,文化产品生产商可以在短时间内将“热点”落地,并借助互联网平台迅速推向市场,2022 年北京冬奥会吉祥物“冰墩墩”的风靡正是这一模式的生动诠释。

(三) 组织创新

数字技术在企业运营中的全面应用打破了组织内外部的边界,企业开始面临不同领域的颠覆式创新和替代式竞争(戚聿东和肖旭,2020)①,将互联网技术作为办公工具固然可以提高工作效率,但只有将其用于提升核心竞争力,才能使企业在市场竞争中获得更多优势(Porter,2001)②。因此,面对数字化革命带来的历史机遇和重大挑战,企业内外部的组织结构和各项职能活动必须作出适应性调整,不断提高价值创造与供给的效率。

首先,组织结构趋于扁平化和网络化。数字技术的应用强化了企业内外部的数据共享,企业内部职能部门之间逐渐由过去的层级制、垂直化结构转向

---

① 戚聿东、肖旭:《数字经济时代的企业管理变革》,《管理世界》2020 年第 6 期。

② Porter M .E., “Michael; Ilustraciones Gibbs”, *Strategy and the Internet*, 2001.

扁平化，以对市场需求作出即时响应；企业之间则在横向的产业内部和纵向的上下游产业之间加强业务交流，形成网络化的组织架构，提高要素流通和资源配置效率。其次，专业化分工进一步深化。工业化时代追求大规模生产，产品具有单一性，而数字时代的消费需求越来越多样化，这就要求供给端必须具有迅速调整的能力，从而促使生产过程模块化，各企业专门生产最终产品的一部分，再按照消费者的个性化需求进行组装，最大限度上实现精准供给。再次，研发活动开放化。数字技术的创新迭代使任何企业都不可能掌握全部前沿技术和资源，封闭的创新模式已无法适应瞬息万变的市场需求，只有整个生态协力共进，才能提供源源不断的创新动能，众包等开放型研发模式便是这一时代需求的产物。最后，零工经济盛行。随着消费升级，企业对劳动力的技术要求越来越高，传统用工模式加重了企业成本，数字技术与劳动力市场的融合可以促使企业与劳动力快速匹配，建立短期契约关系，企业能够快速、有效地应对市场竞争，按需招聘、降低用工成本；劳动力以项目为单位形成液态组织，无须受传统组织的束缚，可以最大限度地释放创新潜力。

（四）治理创新

大数据、云计算、区块链等数字技术与政务相结合，将重塑政府治理流程、提升政府治理效率。在数字政府建设规划下，全国一体化在线政务服务平台坚持“一件事一次办”的发展模式，驱动数字政务服务由点到面、由浅及深发展，迅速实现全国推广，“最多跑一次”“不见面审批”等创新实践不断涌现，有效解决人民群众办事难、办事慢、办事烦等问题，大幅提升政府治理效能。2020 年新冠疫情暴发以来，政府利用大数据调配抗疫物资，开发“行程码”“健康码”，成为阻断疫情传播的关键措施，有效维护了社会稳定。此外，数字技术的广泛应用也使智慧城市建设成为可能，2021 年，我国近 30 个省份均在“十四五”规划中指出，要加快智慧城市建设，打造具有深度学习能力的城市智慧体,推动城市治理体系和治理能力现代化,助力数字中国发展。①

由于法律体系存在滞后性,新事物的产生总会对现有社会秩序形成挑战,数字时代发展初期,不可避免地产生一系列社会治理乱象,大数据杀熟、电信诈骗、隐私信息贩卖等问题层出不穷。就文化产业来说,盗版问题的存在成为其在数字经济下面临的主要挑战。由于复制或传播未授权产品的成本接近零,文化产品盗版现象屡禁不止,保护知识产权和信息安全刻不容缓。为此,必须强化数字技术在治理中的应用,用好工信大数据平台,结合新防伪技术创新与知识产权保护法规的完善和落实,为文化产业的发展建立良好的制度保障。

第四节　流通端:优化传播媒介,推动组织创新

一、提高搜寻匹配效率

近年来,电子商务的快速发展和全球化产生了巨大的经济效益,重塑了人们的生产和生活方式。与传统的消费模式不同,消费者如今可以借助智能搜索工具对商品进行检索和筛选,市场的匹配能力得到大幅提升,搜寻成本的降低也推动了市场效率的改善。如斯蒂格勒(Stigler,1961)②认为,若存在有效的媒介能够降低消费者的搜寻成本,那么市场效率将得到提高。然而,若平台过滤不足导致供给方持续增加会使信息过度冗余,缺少有价值信息的输出和

① 中国信息通信研究院:《中国数字经济发展报告(2022 年)》,见 http://www.caict.ac.cn/kxyj/qwfb/bps/202207/t20220708_405627.htm。

② Stigler G. J.,"The Economics of Information",*Journal of Political Economy*,Vol. 69,No. 3,1961.

识别,反而会造成需求方搜寻成本的增加(王节祥等,2020)①。因此,搜寻成本、搜寻的信息质量以及市场匹配能力对于市场效率具有非常重要的影响。互联网技术的发展和成熟降低了信息搜寻成本。众所周知,贸易活动的开展离不开贸易双方对市场和产品信息的收集、处理与应用,在此基础上才能完成市场供求的匹配。传统贸易模式下,消费者基于自己的偏好和需求,需要在产品市场上搜索中意的文化产品。在没有建立信息平台的情况下,消费者往往处于劣势,信息搜寻成本很高。而随着信息技术的广泛使用,互联网信息平台(搜索引擎、社交网络、电商平台等)的建立,使得在线查找、比较潜在的经济交易信息比实地搜寻更加容易,大大提升了信息传递的效率和质量,降低了信息搜集成本。此外,"长尾效应"还使得一些具有异质性、差异化,但需求量较为小众的文化产品得到快速、精准的用户匹配,获取一定销量。因此,数字经济通过降低信息搜寻成本,进而对文化产品贸易的达成与提升起到了推进作用。

如图 2-3 所示,数字经济通过优化交易过程中消费者的搜寻过程、提高互联网平台"搜寻—匹配"能力,进而降低信息搜寻成本。

此外,哥德和塔克(Goldfarb 和 Tucker,2019)②从对数字经济背景下线上价格和价差是否更低、低搜索成本如何影响多样性、低搜索成本如何影响匹配、为什么基于数字化的平台业务如此盛行等问题的分析和回答中指出,企业可以通过操纵搜索过程以维持更高的利润和价格;低搜索成本产生了"超级明星效应"和"长尾效应",使得产品在同时存在横向和纵向差异化的情况下,能够达到一种平衡,使最流行和质量最高的产品保有足够的产量;搜索成本的降低促进了更为广泛的交易并提高了各个主体之间的匹配质量;数字化提高

① 王节祥、高金莎、盛亚、陈弘泽:《知识付费平台跨边网络效应衰减机制与治理》,《中国工业经济》2020 年第 6 期。

② Goldfarb A., Tucker C., "Digital Economics", *Journal of Economic Literature*, Vol. 57, No. 1, 2019.

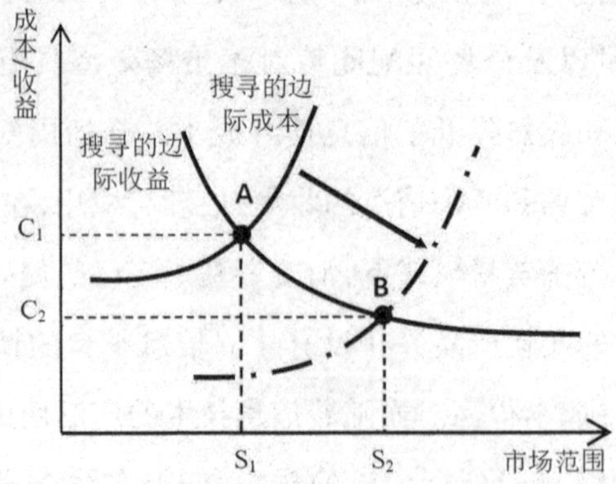

图 2-3　数字经济降低信息搜寻成本

资料来源：中国信息通信研究院：《中国信息经济发展白皮书（2016 年）》，略有改动。

了平台业务的普及率，平台成为买卖双方的中介，并通过降低搜索成本提高了贸易效率。赵春明和文磊（2021）①还从产业内分工的角度指出，数字技术促使生产分工从线性模式转变为信息向多个方向同时流动的综合模型。市场信息更加多元、公开和透明，进而企业能更快地传递与获取信息，从而提高生产分工的效率与精准性。

二、拓展传播渠道

新一代信息技术与文化产业深度融合，不仅促进了生产过程的网络化和协同化发展，也广泛拓展了传播渠道。与传统市场相比，数字经济下多元主体通过数字化平台更高效地整合产品需求、分解消费反馈以优化组织生产，对相关资源进行快速调配的同时大大降低了各主体的协作成本，能够以更少的人力、物力、财力投入来实现更好的生产效果，最大限度上兼顾规模经济和范围经济。新的传播渠道正在定义文化产品新的生产形式。

传播渠道的进步与升级扩大了文化产品的市场和消费空间。传统文化产

① 赵春明、文磊：《数字经济助推服务贸易的逻辑与政策建议》，《开放导报》2021 年第 6 期。

品受传播渠道的限制,大多通过实体店的方式进行销售,如书店、图书馆、电影院、剧院、画廊、展览馆等,辐射范围小,影响力不够大。在数字经济时代,传播媒介与数字经济的结合使文化产品的载体更加丰富,文化创意产业得到了空前发展。随着互联网平台的出现,创意活动的组织、传播成本降低,从事文化创意生产的门槛也随之降低,这激发了大众的创意活力,并吸引越来越多的创作者进驻创作平台。抖音、小红书、哔哩哔哩等创意图文和短视频平台涌现出的大批文化创意产品有效满足了市场需求,拓展了文化产品的市场空间。与此同时,借助互联网平台,资源和信息能够快速流动和聚集,消费者能随时随地消费各类数字化的文化产品,通过互联网及手机即可消费、下载、分享自己喜欢的文化产品,"一部手机即参与国际贸易"成为现实。

传播渠道的多样性、便捷性提升了文化产品的传播力。数字科技加快了文化产品的传播速度,扩大了文化产品的影响范围,丰富了文化产品的表现力。具体而言,传统的文化产品流通速度往往受到交通媒介的限制。以印刷品为例,从出版社和经销商通过邮局寄送给终端用户,这一周期常常需要好几天;电影影片的放映也需要在具备专业播放设备的基础上,等待笨重的电影拷贝运达。在数字经济时代,数字化平台整合了文化产品的协同开发链条,不同主体、不同平台之间的实时联动连接起了由内容生产到用户消费的生态网络。越来越多的信息以数据的形式加以存储,并借助强大的算力进行处理与整合,有效降低了产品信息的传播时滞。与此同时,以信息流形式存在的文化产品能够通过互联网和平台迅速传播和扩散,由平台收集到的实时评价与反馈又实时传递给了具有相似需求的群体,不同的文化圈层在潜移默化之中逐渐形成,进一步推动了文化产品的加速传播。

三、创新交易模式

20 世纪 90 年代以来,全球商品与服务贸易发展日趋数字化、信用化,数字时代的交易模式逐渐成形。当前,移动支付、网络购物的发展,极大程度上消除了物理距离产生的隔阂,网络空间扩展了传统的时空约束,人们对文化产品的消费从传统的实体消费发展成为以"互联网+"为代表的网络消费,"线上+线下"相结合的创新经营模式对交易产生了巨大影响。

数字经济下交易方式的创新,更多的是体现在信息流、资金流和货物流的有机结合上,交易去中心化、去中介化趋势明显,既降低了贸易成本(沟通成本、汇率成本、时间成本、验证成本等),又推动了组织创新。如与传统贸易的面对面"一手交钱,一手交货"形成鲜明对比的是,"一站式"跨境电商金融服务可以使贸易双方足不出户完成交易,打破了时间和空间的约束,也成功克服了传统交易下周期长、环节多、距离远、成本高的痛点,实现了供需的快速匹配。中国支付清算协会报告显示,2023 年人民币跨境支付系统累计处理跨境人民币业务量达 661.33 万笔,金额达 123.06 万亿元,分别较 2022 年增长 50.29%、27.27%。

此外,随着经济全球化的发展,买方市场在全球范围内普遍形成,除商品(服务)的价格、质量、品牌之外,支付方式成为企业间新的竞争手段。韩家平(2020)①指出,相较于现金交易,数字经济下催生的信用交易则是更高级的交易模式。信用体系的主旨是进行交易风险管理,那么在信用体系建设初见端倪的当下,信用交易可以突破贸易企业资金瓶颈,降低交易成本,进而提高交易效率。特别是同时解决了买方在资金有限的情况下购买更多的文化产品、卖方在有限时间内实现既定的销售目标的问题,使双方均获得最大效益。目前,企业间的信用赊销逐步成为国内国际贸易的主要结算方式,在个人消费领域,以支付宝、微信支付为代表的移动支付已发展成为主流支付方式。

大数据、云计算、人工智能等数字技术的发展和应用给文化产业带来了深远影响,"文化+数字技术"成为推动文化产业高质量发展的强力引擎。本章

① 韩家平:《数字时代的交易模式与信用体系》,《首都师范大学学报(社会科学版)》2020 年第 4 期。

聚焦数字经济影响文化产业的本质,通过分析六类数字技术在文化产业中的应用,深刻剖析了数字技术如何通过丰富经济形态促进文化产业发展,并从理论上分析了数字技术从强连接、强平台、强数据、强智能四个方面赋能文化产业的发展与变革。整体来看,数字技术对文化产业的影响广泛作用于需求端、供给端和流通端。其中,从需求端来看,数字技术的广泛应用强化了文化产品消费的网络外部性,扩大了消费者规模,并且提高了消费者对文化产品的消费体验,进而提升了消费者效用。从供给端来看,数字经济与文化产业的深度融合通过降低文化产品贸易的固定和可变贸易成本,以及推动技术、内容、组织和治理创新对文化产业的发展产生深刻影响。从流通端来看,数字技术在文化产业中的应用通过提高消费者搜寻匹配效率、拓展文化产品传播渠道和创新买卖双方交易模式三个方式影响文化产业的发展。

第三章　数字经济下的居民文化消费行为研究

后信息时代的基本特征，是真正的个人化。

如果要问某个产业在数字化世界中有什么前途，其实，前途取决于其产品或服务能不能转化为数字形式。

——尼古拉斯·尼葛洛庞帝，麻省理工学院媒体实验室创办人

第一节　文化消费的影响因素

根据消费者行为理论，从弗里德曼（Friedman，1957）①的持久收入假说以及安东和莫迪里阿尼（Ando 和 Modigliani，1963）②的生命周期理论假说开始，关于居民消费影响因素的研究就一直是学术界关注的领域。在新古典经济学理论中，个体的消费决策主要由消费者收入、预算约束和商品相对价格等因素决定，消费者可以明确地对自身偏好进行排序，市场信息是完备的。而文化产

① Friedman M.，*A Theory of the Consumption Functions*，Princeton：Princeton University Press，1957.

② Ando A.，Modigliani F.，"The 'Life Cycle' Hypothesis of Saving：Aggregate Implications and Tests"，*American Economic Review*，Vol. 53，No. 1，1963.

品属于"体验产品"①的一种，消费者对特定文化产品的偏好具有较强的主观性（Ginsburgh 和 Throsby，2006）②。尽管个体对文化产品或服务的消费基本符合一般经济规律，但在许多情况下也呈现出一定特殊性（Montoro-Pons 和 Guadrado-Garcia，2011③；Asai，2011）④。

一是文化产品或服务具有"无人知晓"的特征。即消费者在进行文化产品或服务的消费之前，无法对其质量作出有效判断，也难以有效地对偏好进行排序，只能依靠其他消费者的口碑、专家评论、获奖评价等对其质量进行预判。二是相对于一般商品的刚性需求，文化消费通常是富有弹性的⑤，即具有"黏性"特点（Asai，2011）⑥，某种文化消费一旦产生，就可能会形成习惯并持续攀升。根据斯罗斯比（Throsby，1999）⑦以及阿尔德里吉和洛伦齐尼（Alderighi 和 Lorenzini，2012）⑧等学者提出的基于文化资本积累的边际效用递增假设，随着对某种文化产品消费体验的增加，消费者对该种文化产品的理解与欣赏能力也随之提升，也就越可能在未来消费更多该类文化产品。此外，根据欧利维等（Olivier，2008）⑨和梅斯

① 体验产品的概念最早由 2002 年诺贝尔经济学奖获得者丹尼尔·卡尼曼（Daniel Kahneman）提出。

② Ginsburgh V. A.，Throsby D.，*Handbook of the Economics of Art and Culture*，North Holland，2006.

③ Montoro-Pons J. D.，Cuadrado-Garcia M.，"Live and Prerecorded Popular Music Consumption"，*Journal of Cultural Economics*，Vol. 35，No. 1，2011.

④ Asai S.，"Demand Analysis of Hit Music in Japan"，*Journal of Cultural Economics*，Vol. 35，No. 2，2011.

⑤ 如根据阿萨伊（Asai，2011）等学者的研究，歌剧、音乐剧等高雅艺术表演的收入需求弹性通常明显大于 1。

⑥ Asai S.，"Demand Analysis of Hit Music in Japan"，*Journal of Cultural Economics*，Vol. 35，No. 2，2011.

⑦ Throsby D.，"Cultural Capital"，*Journal of Cultural Economics*，No. 23，1999.

⑧ Alderighi M.，Lorenzini E.，"Cultural Goods，Cultivation of Taste，Satisfaction and Increasing Marginal Utility During Vacations"，*Journal of Cultural Economics*，Vol. 36，No. 1，2012.

⑨ Olivier，J.，Mathias T.，Verdier，T.，"Globalization and the Dynamics of Cultural Identity"，*Journal of International Economics*，Vol. 76，2008.

特等(Maystre 等,2014)①等学者提出的偏好积累与品位培育理论,文化消费不仅受到消费者偏好或品位的影响,从长期来看,也可能使消费者的偏好或品位发生改变,即消费者通过消费体验逐步积累和培育文化品位,而这种偏好积累特性也是文化认同的一种反映。归根究底,消费者的文化需求取决于文化认同程度。但是,消费者具有异质性和有限理性,他们的受教育程度、认知水平、社会身份、偏好与品位都具有显著差异,因此新古典经济理论的解释能力有限。

建立在消费者异质性个体的假设基础上,已有的一些文献开始从微观视角出发,考察经济状况和制度环境对文化消费的可能影响。齐耶巴(Zieba,2016)②和臧新等(2012)③分别以1972—2011年奥地利居民对地区和城市剧院的文化需求和1996—2009年中国核心文化商品的出口为研究对象,研究消费者的收入和财富对文化消费的影响。迪尼兹和马查多(Diniz 和 Machado,2011)④考察了巴西文化产品和服务的决定因素,结果表明,收入、受教育水平和社会阶层是影响文化消费的重要因素,内在的机制在于文化资本积累。刘瑞明等(2020)⑤采用中国283个地级市2002—2016年的面板数据,得出文化体制改革激发了市场活力,促进了文化产业和旅游产业的融合,带动了地区旅游业的发展。

社会人口统计学特征是影响文化消费的重要因素。教育是人力资本的重

① Maystre N., Olivier J., Thoenig M., Verdier, T, "Product-based Cultural Change: Is the Village Global?", *Journal of International Economics*, Vol. 92, No. 2, 2014.

② Zieba M., "Tourism Flows and the Demand for Regional and City Theatres in Austria", *Journal of Cultural Economics*, Vol. 40, No. 2, 2016.

③ 臧新、林竹、邵军:《文化亲近、经济发展与文化产品的出口——基于中国文化产品出口的实证研究》,《财贸经济》2012年第10期。

④ Diniz S. C., Machado A. F., "Analysis of the Consumption of Artistic-Cultural Goods and Services in Brazil", *Journal of Cultural Economics*, Vol. 35, No. 1, 2011.

⑤ 刘瑞明、毛宇、亢延锟:《制度松绑、市场活力激发与旅游经济发展——来自中国文化体制改革的证据》,《经济研究》2020年第1期。

要组成部分,有助于提高个体获得信息和处理信息的能力。除了自身的受教育水平之外,父母的受教育水平也会影响个体的文化消费。相较正规教育而言,童年或青少年时期参与文化艺术活动或艺术培训提高了他们对文化消费的预期(Ateca-Amestoy,2008)①。此外,其他人口统计学特征,如年龄、性别、种族等(资树荣,2014)②也是影响文化消费的重要因素。

文化消费还可能受到社会身份或社会阶层的影响。安德森等(Alderson等,2007)③指出,相较收入和受教育水平而言,关于社会阶层对文化消费的影响研究逐渐得到国外学者的关注。社会阶层对文化消费影响的内在的可能机制在于,较高的社会阶层可能会有更多的文化消费选择,从而满足"自我实现"的需要。甘斯(Gans,1999)④提出社会阶层和文化消费存在"映射"关系,较高的社会阶层主要欣赏"流行"或"精英"文化,较低的社会阶层主要喜欢"流行"或"大众"文化。更进一步地,陈和戈德索普(Chan 和 Goldthorpe,2007)⑤认为社会阶层通过文化消费选择和与文化消费场所的距离影响文化消费。较高的社会阶层的消费者对文化商品的消费更加多元化,不仅包括"高雅"文化,也包括"中庸"或"大众"文化。因而社会阶层与文化消费的关系并不是单一的映射关系,而是消费多元化与同质化的关系。更多元化的消费可能改变个体的价值观,通过更包容和开放的消费观念进一步激发其文化消费欲望。同时,为了满足其多元化的文化需求,社会阶层更高的群体倾向于居住在文化产品供给更丰富的地区,这也有助于进一步提高文化消费。此外,

---

① Ateca-Amestoy V., Serrano-Del-Rosal R., Vera-Toscano E., "The Leisure Experience", *Journal of Socio Economics*, Vol. 37, No. 1, 2008.

② 资树荣:《消费者的文化资本研究》,《湘潭大学学报(哲学社会科学版)》2014 年第 4 期。

③ Alderson A. S., Junisbai A., Heacock I., "Social Status and Cultural Consumption in the United States", *Poetics*, Vol. 35, No. 2-3, 2007.

④ Gans, H. J., *Popular Culture and High Culture: An Analysis and Evaluation of Taste*, New York: Basic Books, 1999.

⑤ Chan T. W., Goldthorpe J. H., "Social stratification and Cultural Consumption: The Visual Arts in England", *Poetics*, Vol. 35, No. 2-3, 2007.

劳施和斯阔普(Rauch 和 Scoppa,2015)①的网络外部性理论表明,文化消费可能存在显著的外部性,即个体的文化消费容易受到参照群体行为选择的影响。这里的“参照群体”主要是指与其具有相同或相似社会身份的群体。

由此可见,既有学者从经济、制度、社会人口统计学特征以及社会身份对个体文化需求的影响展开了初步的分析。值得注意的是,在数字经济背景下,伴随着大数据、云计算、人工智能等新一代信息技术的迅速发展,互联网作为一种新型的传播媒体、先进的通信工具、实用的信息汇总和活跃的社交平台,正在改变着人们的交往方式、思维方式和生产生活方式。

第二节　数字经济重塑个体的文化消费选择

既有文献表明,数字经济已经成为拉动经济增长的重要推动力,持续推动各国的经济增长、创新创业和国家现代化治理进程。切尔尼克(Czernich 等,2011)②估计了 1996—2011 年信息基础设施建设对经济合作与发展组织成员方经济增长的影响,研究表明,宽带普及率每提高 10 个百分点,人均 GDP 增长 0.9—1.5 个百分点。费尔利(Fairlie,2006)③通过 1997—2001 年个体对互联网和家用电脑使用的微观数据,得出拥有家用电脑与创业之间存在显著的正相关关系,而且在女性群体中尤其显著的结论。张龙鹏等(2020)④根据期望不一致理论研究了在线政务对我国居民政府公共服务满意度的影响,研究表明,在线政务显著提高了公共服务的公众满意度,推动了我国现代化治理进

① Rauch, J.E., Scoppa, V., “Neckties in the Tropics: A Model of International Trade and Cultural Diversity”, *Canadian Journal of Economics*, Vol. 42, No. 3, 2015.

② Czernich N., Falck O., Kretschmer T., “Broadband Infrastructure and Economic Growth”, *The Economic Journal*, Vol. 121, No. 552, 2011.

③ Fairlie R. W., “The Personal Computer and Entrepreneurship”, *Management Science*, Vol. 52, No. 2, 2006.

④ 张龙鹏、汤志伟、曾志敏:《技术与民生:在线政务服务影响公共服务满意度的经验研究》,《中国行政管理》2020 年第 2 期。

程。除了对宏观经济的影响外,数字经济还深刻影响了个体的经济行为和主观态度。鲁元平和王军鹏(2020)①基于中国家庭追踪调查 2010 年的数据得出,互联网显著提高了个体的主观福利,互联网的信息传播和搜索功能是主要机制。李和钟(Li 和 Chung,2006)②研究了互联网的功能性(社交功能、信息功能、休闲娱乐功能与虚拟情感功能)与网络成瘾性的关系,结果表明互联网的社交功能对大学生网络成瘾性的形成起到了关键性作用。此外,数字经济对社会资本、社会信任、价值观、心理情绪等都产生了较大的影响(Graham 和 Nikolova,2013③;Sabatini 和 Sarracino,2017④)。

众所周知,消费是稳增长和扩内需的重要抓手。居民消费既是国民经济发展的重要内容,也是家庭最主要的经济决策。近年来,传统消费产品销售总额持续放缓,当人们满足了物质层面的一般消费需求后,对文化层面的消费需求也就日益迫切了。当前阶段,我国居民消费需求正在由物质需求向精神需求拓展(江小涓,2017)⑤,而文化产业产品与服务消费的"扩容"与"提质"对于消费的转型升级和满足人民日益增长的美好生活需要至关重要,其背后的主要驱动力之一就是数字经济。

随着数字经济的蓬勃发展,居民的消费观念、消费结构和消费模式都发生了巨大的变化(江小涓,2017)⑥。对此国内学者展开初步的研究:刘湖和张家

① 鲁元平、王军鹏:《数字鸿沟还是信息福利——互联网使用对居民主观福利的影响》,《经济学动态》2020 年第 2 期。

② Li S. M., Chung T. M., "Internet Function and Internet Addictive Behavior", *Computers in Human Behavior*, Vol. 22, No. 6, 2006.

③ Graham C., Nikolova M., "Does Access to Information Technology Make People Happier? insights from Well-Being Surveys from Around the World", *Journal of Socio-Economics*, Vol. 44, No. 10, 2013.

④ Sabatini F., Sarracino F., "Online Networks and Subjective Well-Being", *Kyklos*, Vol. 70, No. 3, 2017.

⑤ 江小涓:《高度联通社会中的资源重组与服务业增长》,《经济研究》2017 年第 3 期。

⑥ 江小涓:《高度联通社会中的资源重组与服务业增长》,《经济研究》2017 年第 3 期。

平(2016)[①]考察了我国互联网发展(移动电话普及率、互联网普及率、互联网发展投资环境)对农村居民消费水平和结构的影响,研究结果表明,互联网的发展提高了农村居民消费水平,并且促进了消费结构由生存型消费向发展型和享受型消费的升级。更进一步地,祝仲坤和冷晨昕(2017)[②]基于中国社会状况综合调查数据提出,随着居民消费水平的提升,掌握互联网技能所发挥的积极作用减弱。其他相关文献也基本集中于互联网的技术属性提高了农村居民的主动性消费,而对于数字经济的信息功能、社会学习功能、社交网络功能等都未予涉及。从国外的研究来看,较多学者集中于数字经济对居民网络购物的影响。维尔哈根和多伦(Verhagen 和 Dolen,2011)[③]指出由于线上消费交易成本较低、消费过程更加便捷,越来越多的消费者热衷于线上消费,其中,冲动性购买占线上消费的份额高达40%。这类冲动性购买现象被认为是自发的、即时的、无反射的、受到情绪支配的消费行为。他们的研究表明,网上商店的特色商品、易用性、享受性和网页风格会显著影响消费者的冲动性购买行为,其内在机制是个体的情绪和浏览行为。但是,也有部分学者指出数字经济驱动下消费体验更加理性,主要基于个体的认知能力和信息获取能力。从这个角度来看,消费决策通常被视为信念形成、态度形成、意向形成和实际购买行为(Bettman 和 James,1979)[④]。而布里乔斯和弗洛尔斯海姆(Bridges 和 Florsheim,2008)[⑤]的研究表明,消费者的线上消费体验兼具享乐主义和功利

---

① 刘湖、张家平:《互联网对农村居民消费结构的影响与区域差异》,《财经科学》2016 年第 4 期。

② 祝仲坤、冷晨昕:《互联网与农村消费——来自中国社会状况综合调查的证据》,《经济科学》2017 年第 6 期。

③ Verhagen T., Van Dolen W., "The Influence of Online Store Beliefs on Consumer Online Impulse Buying: A Model and Empirical Application", *Information & Management*, Vol. 48, No. 8, 2011.

④ Bettman, James R., "An Information Processing Theory of Consumer Choice", *Addison-Wesley*, 1979.

⑤ Bridges E., Florsheim R., "Hedonic and Utilitarian Shopping Goals: The Online Experience", *Journal of Business Research*, Vol. 61, No. 4, 2008.

主义两种目的。功利性元素的增加对消费者网络消费的提高具有显著的正向促进作用,而享乐性元素的增加不会提高网络消费,只是延长了消费者的上网时间并加剧了其网络成瘾性。

与其他产品相比,文化产品具有"无人知晓""成瘾性""消费黏性""文化资本边际效应递增"等鲜明特点。在人工智能、大数据、云计算等新一代信息技术飞速发展的今天,文化消费在数字经济驱动下明显不同于传统的经济形态。令人遗憾的是,截至目前,相关研究主要集中于对经济现象的分析和跨国样本的实证检验,而忽略了微观个体的异质性。马士远(2018)①提出数字经济与文化产业的结合催生了文化产业新业态,如网络电影、网络文学、网络游戏等,分流了传统文化产业的受众。邵和道森(Shiu 和 Dawson,2004)②指出数字技术通过信息搜集、通信和交易功能创造了全球不断扩大的用户群,他们使用英国、德国、日本和中国台湾等国家或地区的样本研究了民族文化和信息技术对居民线上交易活动的影响。

数字经济改变了受众的消费习惯,个体可以随时随地进行文化产品消费。那么,数字经济是否影响受众的文化需求呢,如果是,如何影响?从理论上来看,可能有如下机制。

一是流动性约束。一方面,正如历史上历次技术革命,数字经济虽然会引发强烈的就业替代效应,但是同时也会创造更多的就业形态和更灵活的就业方式来弥补替代效应,提高工资水平(Acemoglu 和 Restrepo,2019)③,进而缓解流动性约束。另一方面,家庭借贷是促进家庭消费增长和拉动国内经济需

① 马士远:《"互联网+"时代文化产业发展新向度》,《管理世界》2018 年第 2 期。

② Shiu E. C. C., Dawson J. A., "Comparing the Impacts of Internet Technology and National Culture on online Usage and Purchase from a Four-Country Perspective", *Journal of Retailing and Consumer Services*, Vol. 11, No. 6, 2004.

③ Acemoglu D., Restrepo P., "Automation and New Tasks: How Technology Displaces and Reinstates Labor", *Journal of Economic Perspectives*, Vol. 33, No. 2, 2019.

求的重要手段(蒲艳萍和王皓,2021)①,而网络贷款等方式的发展显著降低了家庭借贷的门槛与成本,拓宽了家庭借贷和家庭融资等的渠道,通过影响家庭当期可支配收入影响家庭流动性约束,进而对家庭当期消费产生影响(Aron等,2012)②,因此缓解流动性约束是一个可能的机制。

二是支付便利性。显而易见的是,微信、支付宝等移动支付手段以及智能手机的普及极大地影响了人们的生活,同时也促进了如淘宝、拼多多等网络购物平台的蓬勃发展,提高了消费者的消费积极性。张勋等(2020)③的研究表明,基于互联网的数字金融,使金融服务的可得性和便利性大幅度改善,通过支付的便利性大幅缩短了消费者的购物时间,进而显著地提升了居民消费。赵雪薇等(2021)④提出,数字金融的发展提高了支付的便利性,显著促进了城镇居民消费升级;数字金融发展通过缓解流动性约束显著提升了农村居民、内陆地区居民和低收入阶层居民的消费水平。因此,提高支付便利性也是一种可能的机制。

三是社会网络。社会网络尽管不可见,却是居民信息传递的重要途径和社会资本的重要来源。社会网络是指社会个体与个体之间因互动而建立的相对稳定的关系体系,是由许多个人或组织节点所构成的一种社会结构,代表了朋友关系、合作关系、种族关系等种种社会关系。社会网络是家庭的一种社会资本(Putnam,1992)⑤,一方面,社会网络通过收入转移等方式实现当期风险

---

① 蒲艳萍、王皓:《借贷约束与家庭消费——来自CFPS2018的证据》,《消费经济》2021年第2期。

② Aron J.,Duca J. V.,Muellbauer J., et al.,"Credit, Housing Collateral, and Consumption: Evidence from Japan, the UK and the US",*Review of Income and Wealth*,Vol. 58,No. 3,2012.

③ 张勋、杨桐、汪晨、万广华:《数字金融发展与居民消费增长:理论与中国实践》,《管理世界》2020年第11期。

④ 赵雪薇、丁宁、孙世豪:《数字金融发展促进居民消费升级了吗?——来自中国家庭的微观证据》,《兰州财经大学学报》2021年第5期。

⑤ Putnam R. D., *Making Democracy Work: Civic Traditions in Modern Italy*, Princeton University Press,1992.

统筹,平滑家庭收支不确定性,是风险分摊的一种途径(易行健等,2012①;马小勇和白永秀,2009②);另一方面,社会网络通过提高网络内部的信息传递速度、优化信息传递结构等方式,提高家庭风险感知能力,是信息传递的快速通道(Zhang 和 Li,2003③;Zhao,2003④;马光荣和杨恩艳,2011⑤)。陈等(Chen 等,2008)⑥发现村民之间的社会网络通过"同群效应"对其他村民的诸多决策产生了一定影响。由于社会网络具有信息传递等作用,网络中的家庭可能会存在攀比性消费等行为。杜森伯里(Duesenberry,1949)⑦的相对收入假说提出,个体的消费水平受到参照群体消费行为的影响。如果参照群体的消费水平较高,家庭的平均消费倾向也会提高。王湘红和陈坚(2016)⑧也指出,相对收入可能给人们特别是低收入群体带来当期攀比性消费动机。由于文化消费取决于个体的文化资本积累,观察性学习和社会性学习是提高文化品位和鉴赏能力的重要渠道。而对于具有"自我实现"属性和"无人知晓"特征的文化消费中的消费者而言,通过媒体报道、社会网络和第三方评论等渠道获取的文化产品的有益信息,也是他们进行消费决策的重要依据。

数字经济的发展对文化消费也可能存在负面影响。与电子商务市场的火

① 易行健、张波、杨汝岱、杨碧云:《家庭社会网络与农户储蓄行为:基于中国农村的实证研究》,《管理世界》2012 年第 5 期。

② 马小勇、白永秀:《中国农户的收入风险应对机制与消费波动:来自陕西的经验证据》,《经济学(季刊)》2009 年第 4 期。

③ Zhang X., Li G., "Does Guanxi Matter to Nonfarm Employment?", *Journal of Comparative Economics*, Vol. 31, No. 2, 2003.

④ Zhao Y., "The Role of Migrant Networks in Labor Migration: The Case of China", *Contemporary Economic Policy*, Vol. 21, No. 4, 2003.

⑤ 马光荣、杨恩艳:《社会网络、非正规金融与创业》,《经济研究》2011 年第 3 期。

⑥ Chen Z., Jiang S., Lu M., et al., "How Do Heterogeneous Social Interactions Affect the Peer Effect in Rural-Urban Migration?: Empirical Evidence from China", *Global Coe Hi-Stat Discussion Paper Series*, 2008.

⑦ Duesenberry J. S., *Income, Saving and the Theory of Consumer Behavior*, Harvard University press, Cambridge, 1949.

⑧ 王湘红、陈坚:《社会比较和相对收入对农民工家庭消费的影响——基于 RUMiC 数据的分析》,《金融研究》2016 年第 12 期。

爆形成鲜明对比的是传统市场的遇冷,全国各地出现了实体店"关门潮"(方福前和邢炜,2015)①。麦肯锡的研究报告(2013)显示,网络消费增加的1元中有0.6元是替代了传统的线下消费,只有0.4元是新增消费。从功能上来看,电子商务市场和传统的文化市场形成替代关系。海恩斯和汤普森(Haynes和Thompson,2008)②进一步指出,不同消费市场商品价格的决定取决于不同市场的消费特征。由于电子商务市场存在商品零售价格相对透明、搜寻匹配效率较高、搜寻成本较低等特点(孙浦阳等,2017)③,消费者可以获得更多关于产品质量和价格的信息,这意味着商品的线上价格比传统市场零售价格更具竞争力(Brynjolfsson和Smith,2000)④,一定程度上避免了价格投机行为,这意味着消费者可能会降低在传统市场的消费倾向,文化消费市场的平均价格可能降低。此外,方福前和邢炜(2015)⑤证实了居民消费与电商市场规模的"U"型关系。因此,传统市场的从业者的收入水平可能会有所降低,进而降低他们的文化消费水平。

由此可见,数字经济对文化消费有非常复杂的影响。第一,数字经济通过缓解流动性约束、提高支付便利性、社会网络等渠道提高居民文化消费。具体而言,互联网的普及和应用拓宽了居民的借贷渠道、降低了居民的借贷成本和门槛,进而缓解了其流动性约束,提高了文化消费能力;微信支付、面部识别等新型支付手段的出现简化了消费者的交易流程,提高了交易效率,加强了文化消费动机;信息基础设施建设扩大了社会网络的规模,提高了信息传递速度,

① 方福前、邢炜:《居民消费与电商市场规模的U型关系研究》,《财贸经济》2015年第11期。

② Haynes M., Thompson S., "Price, Price Dispersion and Number of Sellers at a Low Entry Cost Shopbot", *International Journal of Industrial Organization*, Vol. 26, No. 2, 2008.

③ 孙浦阳、张靖佳、姜小雨:《电子商务、搜寻成本与消费价格变化》,《经济研究》2017年第7期。

④ Brynjolfsson E., Smith M. D., "Frictionless Commerce? A Comparison of Internet and Conventional Retailers, *Management Science*, Vol. 46, No. 4, 2000.

⑤ 方福前、邢炜:《居民消费与电商市场规模的U型关系研究》,《财贸经济》2015年第11期。

进一步释放文化消费潜力。第二,数字经济也可能通过挤出线下消费,降低传统市场从业者收入水平,进而降低居民的文化消费总量,电子商务市场中厂商的价格竞争更激烈。第三,数字经济与居民文化消费的关系可能取决于电子商务市场的发展阶段。

第三节　数据、变量和描述性统计

一、数据选取

本章使用的微观数据是来自中国家庭追踪调查2016年的全国调查数据。中国家庭追踪调查是由北京大学中国社会科学调查中心(ISSS)进行的两年一次的追踪调查,采用计算机辅助调查技术开展访问,通过对全国样本的抽样调查,跟踪收集个体、家庭、社区三个层次的数据,来反映中国社会、经济、人口、教育和健康的发展和变迁情况。中国家庭追踪调查样本覆盖25个省份①,目标样本规模为16000户,调查对象包含样本家户中的全部家庭成员。本章所采用的数据主要来自个人和家庭问卷,并将财务回答人视作家庭主事人,即户主。利用户主是否使用互联网作为该家庭互联网使用情况的衡量指标,从个人表中提取后与家庭表进行匹配,最终得到来自25个省份的13740个户主样本。

本章使用的宏观数据是来自地区层面的"北京大学数字普惠金融发展指数"。该指数是由北京大学数字金融研究中心与蚂蚁金服集团合作,基于后者的海量数字金融交易数据联合编制的,包含省份、地级市、县市三个层级的指标,具有较高的权威性和代表性,已被广泛认可并应用于我国数字金融发展领域的研究。

① CFPS没有覆盖西藏、青海、新疆、宁夏、内蒙古、海南、香港、澳门和台湾等地区。

二、变量介绍

（一）被解释变量

文化消费的内涵主要包括文化娱乐、旅游观光、教育等，是指用广义上的文化产品或服务来满足人们内在精神世界需要的一种消费，而非通常所说的对“文化”的消费，或是消费某种被标识为“文化”的东西。因此，本章将文娱消费和旅游消费之和定义为窄口径的文化消费，文娱消费、旅游消费和教育消费之和定义为宽口径文化消费。考虑到存在大量的0值样本，因此将原数值加1后取对数，得到本章的解释变量窄口径文化消费对数（ln*culcon*）和宽口径文化消费对数（ln*culcon_wide*）。除此之外，本章还将窄口径文化消费与总消费之比（*pro_culcon*）视为一个衡量家庭文化消费支出的指标，作为解释变量之一。

（二）关键解释变量

本章所关注的是数字经济发展对家庭文化消费的影响，因此参考已有文献的一般做法，选择以户主的互联网使用情况来衡量一个家庭是否受到数字经济发展所带来的福利。是否使用互联网（*net*）是一个二值变量，根据中国家庭追踪调查的成人问卷中“是否电脑上网”和“是否移动上网”进行定义。如果户主通过其中的一种或两种途径上网，则该变量取1，否则取0。

（三）控制变量

对于控制变量的选取，本章与现有主流文献基本一致，主要包含了户主层面的控制变量和家庭层面的控制变量。其中，户主层面的控制变量包括性别、年龄、年龄的平方、当前婚姻状况、是否党员、健康状况、是否城镇户口、是否就业、受教育年限、是否在体制内、在当地的地位、外貌、是否有行政管理职务。

家庭层面的控制变量包括家庭成员数量、家庭总消费的对数(过去 12 个月)、家庭总收入的对数(过去 12 个月)、家庭总负债的对数(由于总负债 0 值较多,因此同样参考已有文献的一般做法在原数值的基础上加 1 后再取对数)、少儿所占比例(16 岁及以下)、老年人所占比例(60 岁及以上)。除此之外,在地区层面,本章还控制了省份虚拟变量,用以控制不同省份的经济发展等差异对当地居民文化消费的影响。表 3-1 汇报了主要变量的描述性统计。

表 3-1　描述性统计

变量		观测值	均值	标准差	最小值	最大值	中位数
被解释变量	lnculcon	13703	2.712	3.535	0	11.932	0
	lnculcon_wide	13647	5.344	4.042	0	13.128	7.004
	pro_culcon	13391	0.111	9.075	0	1050	0
解释变量	net	13740	0.378	0.485	0	1	0
	mobile_net	13740	0.357	0.479	0	1	0
	computer_net	13740	0.2	0.4	0	1	0
	imp	13738	0.277	0.448	0	1	0
控制变量	gender	13740	0.512	0.5	0	1	1
	age	13740	49.615	14.973	16	95	50
	age^2	13740	26.858	15.218	2.56	90.25	25
	married	13739	2.221	0.9	1	5	2
	communist	13739	0.101	0.302	0	1	0
	health	11652	5.58	1.209	1	7	6
	urban	13642	0.5	0.5	0	1	1
	employ	13648	0.739	0.439	0	1	1
	eduy	11880	7.646	4.753	0	22	9
	insystem	13740	0.102	0.302	0	1	0
	status	13683	2.816	1.095	1	5	3
	appearance	11652	5.52	1.211	1	7	6

续表

变量		观测值	均值	标准差	最小值	最大值	中位数
控制变量	*manager*	13740	0.016	0.125	0	1	0
	nfamily	13740	3.697	1.909	1	19	3
	ln*tfinc*	13582	59862.252	129445.04	0	8336000	40000
	ln*ass*	11641	11.625	1.843	0.693	18.421	11.945
	ln*debt*	13740	3.669	5.19	0	18.198	0
	pro_old	13736	0.083	0.211	0	1	0
	pro_chi	13740	0.095	0.124	0	1	0
	house_zy	13740	0.801	0.399	0	1	1
	house_zz	13740	0.075	0.263	0	1	0

第四节　实证结果及分析

一、基准回归

我们首先探讨是否使用互联网对于家庭文化消费的影响，表 3-2 汇报了 Tobit 模型估计的边际效应及相应的区县层面的聚类标准误。表 3-2 中列(1)只控制了核心解释变量，列(2)加入了户主的人口统计学控制变量，列(3)加入了家庭经济层面的控制变量，列(5)加入了家庭人口层面的控制变量。考虑到不同地区的经济发展和数字经济发展水平的差异，以及一些不可观测的地区因素，因此列(1)—列(4)都控制了省级层面的地区固定效应。可以看到，无论采用哪一种模型，使用互联网都在 1%的水平上显著地增加了家庭的文化消费水平，以列(5)为例，使用互联网可以提高家庭文化消费 91.4 个百分点。总而言之，互联网的使用的确显著地提高了家庭的文化消费水平。

就控制变量而言，大部分控制变量都对家庭文化消费产生了显著影响。从家庭经济和人口层面的控制变量的回归结果可以看出，家庭总收入和家庭负债对家庭文化消费影响十分微弱，这在一定程度上解释了数字经济的普惠性，而家庭总资产对家庭文化消费具有显著的正向影响。从家庭人口层面的控制变量的回归结果可以看出，家庭成员数量和少儿所占比例都对家庭文化消费有显著的正向影响，老年人所占比例对家庭文化消费有显著的负向影响。从户主层面的控制变量可以看出，女性为户主的家庭比男性为户主的家庭文化消费水平更高。除此之外，户主的健康状况、受教育年限、是否城镇户口、是否党员、是否就业等变量均对家庭的文化消费水平具有显著的正向影响。这些控制变量的回归结果基本与已有文献研究结果一致，由于某些控制变量可能仍然存在某种不可观测或潜在的内生性问题，所以本章不对这些控制变量的回归结果做过多分析和经济意义解读。

表 3-2 Tobit 模型回归

变量	（1）	（2）	（3）	（4）
net	1.041***	0.877***	0.913***	0.914***
	(0.082)	(0.078)	(0.078)	(0.081)
gender	−0.251***	−0.230***	−0.177***	−0.226***
	(0.060)	(0.062)	(0.062)	(0.061)
age	0.024	0.021	0.007	0.008
	(0.018)	(0.018)	(0.019)	(0.020)
age^2	−0.022	−0.016	0.007	0.005
	(0.017)	(0.018)	(0.019)	(0.020)
married	−0.030	−0.011	0.002	0.003
	(0.033)	(0.034)	(0.034)	(0.033)
communist	0.347***	0.266***	0.286***	0.278***
	(0.065)	(0.073)	(0.088)	(0.073)

续表

变量	(1)	(2)	(3)	(4)
health	0.114**	0.101**	0.104**	0.099**
	(0.046)	(0.050)	(0.047)	(0.049)
urban	0.762***	0.539***	0.588***	0.585***
	(0.104)	(0.109)	(0.097)	(0.111)
employ	-0.420***	-0.410***	-0.424***	-0.418***
	(0.096)	(0.097)	(0.101)	(0.092)
eduy	0.132***	0.111***	0.107***	0.114***
	(0.013)	(0.012)	(0.011)	(0.012)
insystem	0.461***	0.478***	0.531***	0.502***
	(0.066)	(0.074)	(0.088)	(0.077)
status	0.056**	0.010	0.003	0.006
	(0.026)	(0.028)	(0.030)	(0.029)
appearance	0.075*	0.063	0.070*	0.065
	(0.046)	(0.044)	(0.040)	(0.044)
manager	0.515**	0.541*	0.625**	0.575**
	(0.262)	(0.285)	(0.295)	(0.290)
ln*tfinc*		0.000**	0.000**	0.000**
		(0.000)	(0.000)	(0.000)
ln*ass*		0.328***	0.348***	0.303***
		(0.036)	(0.042)	(0.035)
ln*debt*		0.002	0.001	-0.002
		(0.008)	(0.008)	(0.008)
house_zy		-0.868***	-0.991***	-0.868***
		(0.132)	(0.129)	(0.129)
house_zz		0.435***	0.486***	0.395***
		(0.088)	(0.088)	(0.087)

续表

变量	(1)	(2)	(3)	(4)
nfamily			0.074***	0.072***
			(0.022)	(0.021)
pro_old			-0.600***	-0.643***
			(0.225)	(0.218)
pro_chi			0.862***	0.981***
			(0.322)	(0.281)
地区固定效应	否	否	否	是
观测数	10086	8536	8535	8535

注：***、**、*分别表示在1%、5%、10%水平上显著，表格汇报了边际效应的估计系数，括号内报告企业层面聚类标准误，下同。

二、稳健性检验

（一）使用不同的文化消费水平衡量指标

上文的分析已经证明了家庭使用互联网可以显著提高家庭的文化消费水平，为了进一步检验家庭使用互联网的行为对家庭文化消费影响的稳健性，本章首先采取更换被解释变量的方法，即将窄口径文化消费更换为宽口径文化消费和文化消费占比来进行稳健性检验。其中宽口径文化消费是指在窄口径文化消费的基础上增加家庭的教育支出，与窄口径文化消费的处理方法相同，由于存在较多零样本，因此在原数值的基础上加1后取对数。其中，文化消费占比是指家庭的窄口径文化消费占家庭总支出的比重。表3-3汇报了相关回归结果。结果显示，无论是将被解释变量替换为宽口径文化消费的对数，还是文化消费占比，互联网的使用行为都显著地促进了家庭的文化消费水平，这与之前的回归结果一致。

表 3-3　稳健性检验 I：使用不同的文化消费水平衡量指标

变量	(1)	(2)	(3)	(4)	(5)	(6)
	ln*culcon_wide*			*pro_culcon*		
net	2. 043***	0. 790***	0. 868***	2. 067**	1. 292**	1. 254*
	(0. 158)	(0. 105)	(0. 101)	(0. 907)	(0. 653)	(0. 651)
人口统计学特征控制变量	否	是	是	否	是	是
家庭规模控制变量	否	否	是	否	否	是
家庭经济控制变量	否	否	是	否	否	是
地区固定效应	是	是	是	是	是	是
观测数	13647	10039	8515	13391	9895	8457

（二）使用不同的互联网使用情况衡量指标

《中国互联网络发展状况统计报告》（CNNIC，2024）显示，截至 2023 年 12 月，我国网民规模达 10. 92 亿人，使用手机上网的比例达 99. 9%，通过手机等移动端上网已经成为我国居民除电脑上网外使用互联网的又一重要途径。因此，考虑到即使同样是使用互联网，通过电脑上网或移动上网（如手机、平板）对家庭文化消费水平的影响也可能存在差异。除此之外，不同的家庭对互联网的重视程度也存在差异，而这种重视程度的差异可能对家庭文化消费水平产生影响。对此，本章将关键解释变量分别替换为是否电脑上网（*computer_net*）、是否移动上网（*mobile_net*）和是否重视互联网（*imp*）这三个工具变量。其中，是否电脑上网和移动上网都是二值变量，若户主通过该途径上网取 1，不通过该途径上网则取 0；是否重视互联网也是一个二值变量，基于中国家庭追踪调查问卷中"互联网对您获取信息的重要性"这一问题，回答为"非常重要"或"比较重要"取 1，回答"一般""比较不重要"或"非常不重要"则取 0。表 3-4 汇报了相关的回归结果。列（1）和列（2）的结果表明无论是通过电脑端上网还是通过移动端上网，都对家庭的文化消费有显著的促进作用，如果户主通过电脑端上网则会提高家庭文化消费水平 76.6 个百分点，通过移动端上网则会提高家庭文化消费水平 88.8 个百分点。列(3)的结果表明，对于互联网重视程度的提高也会增加家庭的文化消费水平。这些都与之前的结论完全一致。

列(1)和列(2)的结果还意味着，不同的上网方式对家庭文化消费水平的影响也是存在差异的，移动上网比电脑上网对家庭的文化消费具有更大的促进作用。这可能是因为，手机或平板上网比电脑上网更加方便，不受地理因素的影响。一方面，人们更倾向于使用手机上的社交软件搜寻、获取信息，或是与他人进行交流，而非使用电脑登录社交网站；另一方面，新型支付手段如扫码支付通常都是通过手机实现的，并且通过手机进行借贷等操作也比电脑更加方便。所以当互联网使用通过这些途径影响家庭的文化消费水平时，移动上网比电脑上网的效果更加明显，对家庭的文化消费水平促进作用也更大。

表 3-4　稳健性检验Ⅱ：使用不同的互联网使用情况衡量指标

变量	(1)	(2)	(3)
computer_net	0.766***		
	(0.078)		
mobile_net		0.888***	
		(0.074)	
imp			0.609***
			(0.071)
人口统计学特征控制变量	是	是	是
家庭规模控制变量	是	是	是
家庭经济控制变量	是	是	是
地区固定效应	是	是	是
观测数	8535	8535	8535

第五节　进一步分析

一、异质性分析

（一）收入水平

数字经济是继农业经济、工业经济之后的一种新的经济形态，更容易实现规模经济和范围经济，日益成为全球经济发展的新动能，其普惠性的特征逐渐成为国内外学界的研究重点。罗汉堂研究团队①指出：数字技术有较低的采用、渗透门槛，数字化信息具有非竞争性、接近于零的边际生产成本，这些特点决定了数字革命的普惠性。这种普惠性可以帮助那些通常难以享受到应有服务的低收入群体满足更多的需求（郭峰和胡军，2016）②，也就是说，数字经济对这些低收入群体的影响可能会更大。因此，互联网使用对不同收入水平的家庭的文化消费水平的影响可能是存在差异的。

表 3-5 根据收入水平，按照家庭总收入的中位数将家庭样本分为两组进行了分组回归。结果表明互联网对于低收入家庭的文化消费的促进作用比对高收入家庭的文化消费更强。由此可见，互联网的使用对低收入群体家庭的确存在普惠性质。这可能是因为，高收入家庭在没有互联网的情况下，由于家庭经济富余，能够接触到的信息更加广泛，所处社交网络的平均消费水平更高，本身就具有较强的文化消费倾向，受到互联网的影响可能较小；而对于低收入的家庭，经济条件较差，也很少主动或被动地接触到文化消费，由于数字经济的发展和互联网的普及，低收入家庭获得了更多了解文化消费的途径，文

① 罗汉堂：《新普惠经济：数字技术如何推动普惠性增长》，中信出版社 2020 年版。

② 郭峰、胡军：《地区金融扩张的竞争效应和溢出效应——基于空间面板模型的分析》，《经济学报》2016 年第 2 期。

化消费种类的更新也为低收入家庭提供了更符合他们收入水平的消费对象，因此互联网的使用对于低收入家庭文化消费的促进作用更加明显。除此之外，低收入居民通常是高流动性约束群体，而互联网的普及与发展有效拓宽了家庭借贷渠道、降低了家庭借贷门槛，因此缓解流动性约束是数字经济促进家庭文化消费提升的可能途径。

表 3–5　异质性分析 I：收入水平

变量	(1)	(2)	(3)	(4)
	低收入		高收入	
net	1.234***	1.232***	0.575***	0.588***
	(0.157)	(0.160)	(0.111)	(0.116)
人口统计学特征控制变量	是	是	是	是
家庭规模控制变量	是	是	是	是
家庭经济控制变量	是	是	是	是
地区固定效应	否	是	否	是
观测数	2898	2898	5637	5637

（二）户主地位

处于不同地位的家庭的文化消费水平受到互联网使用的影响可能是不同的。表 3–6 基于中国家庭追踪调查问卷中的“您在当地的地位”（由 1 到 5 地位逐步增高），按照户主在当地地位的平均数将家庭样本分为低地位和高地位两组，结果表明互联网对于家庭文化消费的促进作用在低地位家庭中更为明显，这表明低地位家庭接入互联网进入更大的社会网络后，可能对社会的认同感或提高自身在社会网络中的地位的需求进一步提高，存在一定的攀比心理，而文化消费恰好能直接满足消费者的这些需求，因此这些低地位家庭具有更强烈的文化消费动机。

表 3-6　异质性分析Ⅱ:户主地位

变量	(1)	(2)	(3)	(4)
	低地位		高地位	
net	0. 930***	0. 924***	0. 834***	0. 877***
	(0. 073)	(0. 073)	(0. 174)	(0. 191)
人口统计学特征控制变量	是	是	是	是
家庭规模控制变量	是	是	是	是
家庭经济控制变量	是	是	是	是
地区固定效应	否	是	否	是
观测数	6568	6568	1967	1967

(三) 人力资本

随着数字经济的高速发展,人力资本逐渐成为我国经济运行体系中一种新的重要的生产要素(易行健和周利,2018)①,且已有文献研究指出,人力资本规模的扩大和人力资本质量的提升均对我国居民消费升级有明显的促进作用(陆惠君,2021)②。这可能是因为高人力资本的消费者对于新鲜事物的接受能力和学习能力总体上优于低人力资本的消费者,同时互联网的使用对消费者的学习能力和认知能力有一定的要求。那么户主的人力资本差异是否会影响互联网使用对家庭文化消费这种新颖事物的促进作用呢?对此,本章参考周广肃和梁琪(2018)③的做法,分别从两个方面测度了户主的人力资本水平,首先根据户主的最高学历水平进行分组,户主最高学历为高中及以上的家

① 易行健、周利:《数字普惠金融发展是否显著影响了居民消费——来自中国家庭的微观证据》,《金融研究》2018 年第 11 期。

② 陆惠君:《人口老龄化与人力资本提升对居民消费升级的对冲效应》,《商业经济研究》2021 年第 21 期。

③ 周广肃、梁琪:《互联网使用、市场摩擦与家庭风险金融资产投资》,《金融研究》2018 年第 1 期。

庭为“高学历”组，户主最高学历为初中及以下的家庭为“低学历”组。根据“受访者的理解能力”这一指标，根据均值划分为“高认知能力”组和“低认知能力”组。

表 3-7 汇报了分组回归的结果。结果显示，无论是从学历的角度还是从认知能力的角度测度户主的人力资本水平，使用互联网对于户主拥有高人力资本的家庭的文化消费水平的促进作用都更加明显，低人力资本户主的家庭的文化消费受互联网使用的影响较少，但仍然显著。这可能是因为拥有高人力资本的户主学历水平更高，认知能力也更高，所能理解和接受的信息也更加广泛，而在数字经济发展的背景下文化消费的对象和种类也更加新颖和繁多，由于这类人对新事物的接受能力更强，更容易辨识出自己所需要的文化消费种类，并且其所处的社会网络里的其他人也是类似的高人力资本家庭，存在着更强的社会地位认同需求，都愿意尝试进行不同种类的、新颖的文化消费，更加愿意使用互联网搜寻和定制差异化的产品或服务（刘震和杨勇，2022）①，往往是一家带动多家，通过社会网络快速传播，进一步释放了这类群体的文化消费潜力，因此数字经济发展对这类群体的文化消费水平的促进作用更加明显。由此可见，文化消费需要一定的文化资本积累。

表 3-7　异质性分析Ⅲ：人力资本

变量	（1）	（2）	（3）	（4）
	高学历	低学历	高认知能力	低认知能力
net	1.265***	0.809***	0.968***	0.477**
	（0.192）	（0.098）	（0.078）	（0.203）
人口统计学特征控制变量	是	是	是	是
家庭规模控制变量	是	是	是	是

① 刘震、杨勇：《互联网使用与家庭文旅消费——兼论互联网普及下居民消费升级的可行性》，《旅游学刊》2022 年第 2 期。

续表

变量	(1)	(2)	(3)	(4)
	高学历	低学历	高认知能力	低认知能力
家庭经济控制变量	是	是	是	是
地区固定效应	是	是	是	是
观测数	1910	6555	7163	1372

(四)户主年龄

人口老龄化对消费的影响一直是学界讨论的热点,人口老龄化会通过影响消费和消费升级对经济产生重要影响(陆惠君,2021)①。已有文献指出,人口老龄化是导致经济发展放缓的重要原因之一(Li 等,2007)②,而人口年龄结构优化和预期寿命增加都会显著提高经济的增长速度(Bloom 等,2010)③。根据生命周期理论,为实现消费平衡,消费者在不同年龄段想实现跨期效用最大化,所进行的最优配置是存在差异的,因此对于不同年龄的户主,其家庭文化消费水平受互联网使用的影响也可能存在差异,比如年龄越大越会在自身消费之外考虑对下一代的支出和退休支出的预备储蓄。对此,本章首先计算出户主年龄中位数为 50,并基于中位数将样本分为户主年龄小于等于 50 岁和大于 50 岁两个子样本。表 3-8 汇报了分组回归的结果。可以看到,在控制地区固定效应后,互联网使用对于户主年龄较小的家庭的文化消费的促进作用明显大于对户主年龄较大的家庭,但互联网的使用对于文化消费的促进作

① 陆惠君:《人口老龄化与人力资本提升对居民消费升级的对冲效应》,《商业经济研究》2021 年第 21 期。

② Li H., Zhang J., Zhang J., "Effects of Longevity and Dependency Rates on Saving and Growth: Evidence from a Panel of Cross Countries", *Journal of Development Economics*, Vol. 84, No. 1, 2007.

③ Bloom D. E., Canning D., Fink G., "Implications of Population Ageing for Economic Growth", *Oxford Review of Economic Policy*, Vol. 26, No. 4, 2010.

用在任何一组都仍然是显著的。这一方面可能是因为,互联网对年龄大的消费者存在一定的技术壁垒,由于难以像年轻人那样熟练运用互联网进行搜寻、借贷、支付、交流等活动,年龄大的消费者更倾向于传统的文化消费方式,受互联网影响较小;另一方面可能是因为,即便年老者熟练运用互联网进行了各种操作,但他们需要考虑除文化消费外的更多支出,如进行预防性存储等,因此互联网对其文化消费的促进作用也就更低了。比如同样是在网站上看到新颖的文创产品,年轻群体相较于中老年群体通常具有更高的购买欲望。

表 3-8　异质性分析Ⅳ:户主年龄

变量	(1)	(5)	(5)	(6)
	年龄≤50		年龄>50	
net	0.868***	0.893***	0.843***	0.790***
	(0.112)	(0.107)	(0.129)	(0.141)
人口统计学特征控制变量	是	是	是	是
家庭规模控制变量	是	是	是	是
家庭经济控制变量	是	是	是	是
地区固定效应	否	是	否	是
观测数	3996	3996	4539	4539

(五)人格特征

心理学有关研究表明,人格特征是比较稳定的,且人格特征在不同人之间是存在差异的,这表明在有关消费的研究中引入户主的人格特征来分析消费行为是一种可能的方法。不同的户主有不同的人格特征,而人格特征会影响消费者的消费决策,这可能会导致面对更便利的支付手段、更加新颖的文化消费时,互联网对不同人格特征的户主的家庭的文化消费水平的影响是存在差异的。因此,本章参考李涛和张文韬(2015)①的对中国家庭追踪调查问卷的处理方法,引入"审慎性"(*prudential*)和"行动"(*action*)两个人格特征变量作为分组依据进行异质性分析。其中"审慎性"基于问卷中的问题"受访者对调查的疑虑",大于等于平均值为"高审慎性"组,反之则为"低审慎性"组。"行动"则是基于问卷中的问题"受访者对调查的兴趣",同样是大于等于平均值为"高行动性"组,反之则为"低行动性"组。"审慎性"衡量了户主在进行家庭消费决策前的精神状态,"行动"则衡量了户主在进行家庭消费决策时愿意尝试不同事物的倾向性,由于文化消费的新颖性以及互联网的繁杂性,这两种人格特征都可能在一定程度上影响家庭的文化消费决策和互联网使用对家庭文化消费的促进效应。

表 3-9 汇报了相关的回归结果。列(1)、列(2)的回归结果表明,互联网的使用对低审慎性的户主的家庭文化消费水平的促进作用更大,这可能是因为在数字经济时代,互联网的使用使得这类家庭通过扩大的社会网络接收了更为繁杂的信息,无论是设计得更加巧妙的、可能具有欺骗性质的推广广告,还是社交平台上难辨真假的口口相传,抑或是文化消费所具有的新颖性和攀比性,以及数字经济时代下更加便利的支付手段,都使得这类家庭在进行消费决策时变得更不理性,进而提高了他们的文化消费冲动,因此相较于审慎性较高的接入互联网的家庭,互联网对他们的文化消费促进作用也更高。列(3)、列(4)的回归结果表明,更愿意尝试不同事物的户主的家庭文化消费水平受互联网的促进作用更大,这可能是因为数字经济不仅带来了信息的爆炸式增长,文化消费的渠道和种类也增多了,同时他们的社会网络中可能存在着文化消费的"先行者",因此这类愿意尝试不同产品和服务的家庭有了更大的文化消费倾向,文化消费水平也就相应地比尝试不同产品和服务意愿较低的家庭文化消费水平要高,这也从侧面印证了文化消费的新颖性。

---

① 李涛、张文韬:《人格特征与股票投资》,《经济研究》2015 年第 6 期。

表 3-9　异质性分析 V：人格特征

变量	(1)	(2)	(3)	(4)
	高审慎性	低审慎性	高行动性	低行动性
net	0.586**	0.945***	0.926***	0.902***
	(0.256)	(0.071)	(0.085)	(0.179)
人口统计学特征控制变量	是	是	是	是
家庭规模控制变量	是	是	是	是
家庭经济控制变量	是	是	是	是
地区固定效应	是	是	是	是
观测数	1083	7452	6605	1930

二、机制分析

（一）缓解流通性约束

目前，学术界已广泛认同流动性约束与居民消费存在着必然的影响关系（Campbell 和 Mankiw，1991）①。基于近年来数字经济的兴盛繁荣，信息技术和通信基础设施得到了进一步发展，我国金融服务领域的交易模式在很大程度上被简化了。数据显示，截至 2015 年，居民通过手机处理银行业务相较于线下处理可以减少 80%左右的成本费用，互联网的快速普及克服了传统金融服务对于现实存在的物理网点的依赖，极大地便利了居民各方面的生活消费（焦瑾璞，2015）②。因此，为了考察缓解流动性约束这一重要影响机制，本章首先参考易行健和周利（2018）③的做法，将家庭的现金及存款总额作为衡量

① Campbell J. Y., Mankiw N. G., "The Response of Consumption to Income: A Cross-Country Investigation", *European Economic Review*, Vol. 35, No. 4, 1991.

② 焦瑾璞：《移动支付推动普惠金融发展的应用分析》，《首席财务官》2015 年第 Z1 期。

③ 易行健、周利：《数字普惠金融发展是否显著影响了居民消费——来自中国家庭的微观证据》，《金融研究》2018 年第 11 期。

家庭流动性水平的指标，并根据这个指标的高低将样本分别分为包含从低到高三个等级（1—3）的指标（*cash_lev*3）和包含从低到高五个等级（1—5）的指标（*cash_lev*5），等级越高则表明家庭的流动性水平越高，流动性约束越低。表3-10汇报了中介效应检验的回归结果。列（2）和列（5）的结果表明，无论是将家庭流动性分为三个等级还是分为五个等级，互联网的使用都显著地促进了家庭流动性的提高，并且列（3）和列（5）的结果表明，在模型中考虑了家庭的流动性水平后，关键解释变量的系数都有所下降。可以看出缓解流动性约束是互联网使用对家庭文化消费水平产生影响的机制之一，家庭使用互联网有助于他们享有更丰富的借贷渠道，面临更低的借贷门槛，能够更容易地获得贷款，进而缓解家庭的流动性约束，提高家庭的流动性水平，当家庭拥有更多的可支配资金后，基于居民对精神层面满足的需求，他们的文化消费水平也就被提高了。

表3-10　机制性分析Ⅰ：缓解流通性约束

变量	（1）	（2）	（3）	（4）	（5）
	lnculcon	***cash_lev*3**	**lnculcon**	***cash_lev*5**	**lnculcon**
net	0.914***	0.183***	0.847***	0.359***	0.839***
	（0.081）	（0.026）	（0.081）	（0.047）	（0.082）
*cash_lev*3			0.381***		
			（0.045）		
*cash_lev*5					0.215***
					（0.024）
人口统计学特征控制变量	是	是	是	是	是
家庭规模控制变量	是	是	是	是	是
家庭经济控制变量	是	是	是	是	是
地区固定效应	是	是	是	是	是
观测数	8535	8550	8535	8550	8535

（二）提高支付便利性

我国的移动支付市场主要有三大参与方，分别为金融机构、支付运营商，以及以支付宝为代表的第三方支付机构（焦瑾璞，2015）①。这三大参与方依托二维码、蓝牙、面部识别等技术手段，将交易过程接入互联网，使繁杂的现金交易逐渐演变为快捷的移动支付，明显地改变了我国居民的支付习惯——既可以通过手机扫描二维码等方法进行线上支付，也可以通过近距离面部识别等方法完成非接触式支付，进而降低居民的交易成本和时间成本，提高居民的消费动机。因此，为验证互联网的使用通过提高支付便利性促进家庭文化消费这一可能的机制，本章参考张勋等（2020）②的做法，引入"北京大学数字金融指标"中的"使用深度"（*usage*）和"总指数"（*index*）两个指标作为中介变量进行验证。"使用深度"是一个复合指标，涵盖支付宝的支付业务、信贷业务、投资业务、保险业务和信用业务等。复合总指数则涵盖了支付宝的覆盖广度、使用深度、数字化程度，包括了"每万人拥有支付宝账号数量""移动支付笔数占比""用户二维码支付的笔数占比"等具体指标。由于这些业务或指标都是通过支付宝完成的，因此将其作为验证支付便利性的中介变量是合理的。

表 3-11 汇报了相关的回归结果。结果显示，互联网的使用对使用深度和总指数有明显的促进作用，当回归中分别加入使用深度和总指数的指标后，互联网使用的系数有所下降且仍然显著，这表明互联网的使用可以通过提高支付的便利性，进而提高家庭的文化消费水平。其背后的机制可能在于，一方面，家庭可以通过手机支付、面部识别等支付手段快速支付，避免了现金支付的局限性和烦琐性；另一方面，家庭通过互联网搭建的平台不仅可以有效降低与旅行社等服务商的沟通距离，也可以借助互联网合理规划消费流程、分配消

① 焦瑾璞：《移动支付推动普惠金融发展的应用分析》，《首席财务官》2015 年第 Z1 期。

② 张勋、杨桐、汪晨、万广华：《数字金融发展与居民消费增长：理论与中国实践》，《管理世界》2020 年第 11 期。

费资金。通常来说，琐碎的零钱、繁杂的交易流程等情况在一定程度上会降低居民的消费欲望。除此之外，线上交易也使得交易过程更加透明、符合规范，推动了产品预订、消费、反馈等环节的有机统一（刘震和杨勇，2022）①，有助于降低家庭的信息不对称和消费风险，使得家庭的文化消费动机更强烈，进而提高家庭的文化消费水平。

表 3-11　机制性分析Ⅱ：提高支付便利性

变量	(1)	(2)	(3)	(4)	(5)
	usage		*index*		
net	0.914***	1.204*	0.908***	1.525*	0.904***
	(0.081)	(1.101)	(0.078)	(0.749)	(0.078)
usage_depth			0.004*		
			(0.002)		
index_aggregate					0.006**
					(0.003)
人口统计学特征控制变量	是	是	是	是	是
家庭规模控制变量	是	是	是	是	是
家庭经济控制变量	是	是	是	是	是
地区固定效应	是	是	是	是	是
观测数	8535	8550	8535	8550	8535

（三）社会网络

中国社会是一个传统的关系型社会（Yang，1994②；Bian，1997③），人们的

① 刘震、杨勇：《互联网使用与家庭文旅消费——兼论互联网普及下居民消费升级的可行性》，《旅游学刊》2022 年第 2 期。

② Yang，Mayfair，*Gifts，Favors and Banquets：The Art of Social Relationships in China*，*Ithaca*：*Cornell University Press*，1994.

③ Bian Y.，“Bringing Strong Ties Back in：Indirect Ties，Network Bridges，and Job Searches in China”，*American Sociological Review*，1997.

社会经济地位与其社会网络息息相关(马光荣和杨恩艳,2011)[①],关于社会网络在促进就业、提高收入上的作用,也有很多基于中国数据的实证研究。在数字经济时代,由于各种网络平台的搭建,家庭的社会网络在虚拟平台上被极大地拓宽,因此家庭所接收的信息也极大地增加了;同时又由于消费者的消费决策通常会受到媒体报道、社会网络和第三方评论等舆论信息的影响,因此社会网络可能会在一定程度上影响家庭的文化消费。本章参考文献常用的处理方式(马光荣和杨恩艳,2011[②];易行健等,2012[③];周广肃和樊纲,2018[④]),将家庭的人情礼支出的对数作为中介变量验证数字经济的社会网络效应,表3-12汇报了相关的回归结果。结果显示,互联网的使用显著地提高了家庭的人情礼支出,在模型中加入人情礼支出对数这一控制变量后,关键解释变量系数也有所下降。因此,互联网的使用的确通过社会网络这一渠道提高了家庭的文化消费。可能的解释是,处于同一社会网络内部的人会对彼此的行为有更多的事前信息(马光荣和杨恩艳,2011[⑤]),家庭之间的信息交流也更为频繁,也可能存在着更为激烈的攀比现象,互联网的接入极大地消除了家庭的信息壁垒,因此当某一个家庭进行某种文化消费后,会通过社会网络迅速传递给该社会网络内部的其他家庭,其他的家庭可能会进行相同的或某种类似的文化消费,由此带动了整个社会网络的文化消费,提高了平均的家庭文化消费水平。同时更大的社会网络也为家庭提供了更多的风险承担能力和更多的收入转移来源,支撑他们进行可能的超前文化消费,这也可能会提高家庭的文化消费水平。

---

① 马光荣、杨恩艳:《社会网络、非正规金融与创业》,《经济研究》2011年第3期。

② 马光荣、杨恩艳:《社会网络、非正规金融与创业》,《经济研究》2011年第3期。

③ 易行健、张波、杨汝岱、杨碧云:《家庭社会网络与农户储蓄行为:基于中国农村的实证研究》,《管理世界》2012年第5期。

④ 周广肃、樊纲:《互联网使用与家庭创业选择——来自CFPS数据的验证》,《经济评论》2018年第5期。

⑤ 马光荣、杨恩艳:《社会网络、非正规金融与创业》,《经济研究》2011年第3期。

表 3-12　机制性分析Ⅲ:社会网络

变量	(1)	(2)	(3)
	lnculcon	**lngiftout**	**lnculcon**
net	0.914***	0.307***	0.878***
	(0.081)	(0.060)	(0.081)
ln*giftout*			0.111***
			(0.017)
人口统计学特征控制变量	是	是	是
家庭规模控制变量	是	是	是
家庭经济控制变量	是	是	是
地区固定效应	是	是	是
观测数	8535	8535	8520

三、内生性问题

通过前文的分析,我们已经证明家庭是否使用互联网对其文化消费水平存在显著的正向促进作用,但模型中仍可能存在两类内生性问题。第一类内生性问题是遗漏变量,即模型中可能遗漏了某些同时影响家庭文化消费水平和互联网使用的变量。第二类内生性问题是反向因果关系,即家庭的文化消费水平可能会对该家庭的互联网使用行为存在一定的影响,这是可能是由于家庭文化消费水平是家庭经济水平的一个体现,好的家庭经济水平为家庭使用互联网创造了条件。

为解决可能存在的遗漏变量问题,本章控制了地区固定效应,同时在模型中加入尽可能多的控制变量。对于可能存在的反向因果关系,本章尝试使用工具变量的方法来解决。基于已有文献研究(Pénard 等,2013①;Sabatini 和

① Pénard T., Poussing N., Suire R., "Does the Internet Make People Happier?", *The Journal of Socio-Economics*, Vol. 46, 2013.

Sarracino,2017①;周广肃和梁琪,2018②;周烁和张文韬,2021③),本章使用家庭所在区县的信息技术和通信基础设施的平均发展水平作为个体互联网使用的工具变量,使用家庭所在区县的平均上网率(*pro_net*)作为平均发展水平的衡量指标,并采用 IV Tobit 模型进行估计。

本章认为这一变量可以满足工具变量的相关性和外生性这两个要求。一方面,一个地区的信息技术和通信基础设施的平均发展水平高,意味着该地区的平均上网率较高,因此两者有明显的正向关系;另一方面,一个地区的总体信息技术和通信基础设施的平均发展水平,与单独某一个家庭的文化消费决策没有直接关系,几乎不会受到个体因素的影响。

表 3-13 汇报了 IV Tobit 的回归结果。列(1)、列(3)汇报了一阶段回归结果,其中列(3)在列(1)的基础上加入了地区固定效应,结果显示区县的平均上网率越高,家庭的互联网使用率就越高,这证实了本章的工具变量满足相关性的要求。列(2)、列(4)汇报了二阶段的回归结果,其中列(4)在列(2)的基础上加入了地区固定效应,发现家庭使用互联网对窄口径下的文化消费水平的影响仍然显著为正。相关回归结果显示,IV Tobit 第一步的 F 统计量 F(49, 8485)= 146.63>10,拒绝“弱工具变量”假设,同时弱工具识别检验(Weakiv Tobit)的 AR 统计量和 Wald 统计量分别为 101.70 和 78.32,且均在1%的水平上显著,这表明同样通过了弱工具变量检验。因此,在使用工具变量克服了潜在的内生性问题后,互联网的使用仍然显著地提高了家庭的文化消费水平。

---

① Sabatini F.,Sarracino F.,“Online Networks and Subjective Well-Being”,*Kyklos*,Vol.70,No.3,2017.

② 周广肃、梁琪:《互联网使用、市场摩擦与家庭风险金融资产投资》,《金融研究》2018 年第 1 期。

③ 周烁, 张文韬:《互联网使用的主观福利效应分析》,《经济研究》2021 年第 9 期。

表 3-13　IV Tobit 模型回归

变量	(1)	(2)	(3)	(4)
	net	*lnculcon*	*net*	*lnculcon*
net		0.806**		0.820**
		(0.450)		(0.531)
pro_net	0.489		0.476***	
	(0.029)		(0.032)	
人口统计学特征控制变量	是	是	是	是
家庭规模控制变量	是	是	是	是
家庭经济控制变量	是	是	是	是
地区固定效应	否	否	是	是
观测数	8535	8535	8535	8535

四、结论与建议

文化淬炼时代精神，文化凝聚奋斗力量。改革开放以来，我国始终把文化建设放在国家整体发展的重要战略地位，大力促进文化事业和文化产业共同发展。在数字经济发展的大背景下，依托互联网等信息技术的高速发展，我国的文化产业成功迎来了又一波发展热潮，我国居民的家庭文化消费水平更是有了明显的提高。本章利用 2016 年中国家庭追踪调查数据和北京大学数字普惠金融发展指数的数据，研究分析了我国家庭使用互联网的行为对于家庭文化消费水平的影响。研究发现：(1) 家庭是否使用互联网是影响其文化消费水平的重要因素，使用互联网对家庭的文化消费水平提升有显著的促进作用，即使使用不同的家庭文化消费水平衡量指标和使用不同的家庭互联网使用情况衡量指标进行稳健性检验，结论仍然保持一致。为了克服潜在内生性问题，我们不仅通过尽量控制更多的控制变量和加入地区虚拟变量克服遗漏变量的影响,还选择了区县平均家庭上网率作为家庭互联网使用的工具变量排除可能的反向因果关系,估计结果都证实了结论的稳健性。(2)异质性分析发现,该效果在低收入家庭和低地位家庭等弱势群体,以及高学历家庭和高认知能力家庭等高人力资本群体当中更明显,除此之外,这一效果对于年轻群体也更明显。(3)进一步的影响机制分析发现,家庭互联网的使用主要通过流动性约束、支付便利性和社会网络的渠道来影响家庭的文化消费水平,具体表现为减缓家庭流动性约束,提高支付便利性和加强社会互动与社会比较,进而提高了家庭的文化消费水平。

基于上述结论,提出如下政策建议:(1)数字经济对文化产业的蓬勃发展有重要意义,发展数字经济有助于驱动文化产业进步,进一步释放家庭消费潜力;(2)政府部门一方面要全面推进基础信息设备建设,提高互联网普及程度和居民使用互联网的能力,另一方面也要切实考虑不同群体的差异性,提高政策实施的精准性;(3)家庭在文化消费过程中要提高防范意识,注意个人隐私的保护,企业和相关部门也要保护好消费者的数据安全,防止信息泄露。

本章对文化消费的特征和影响因素以及数字经济对个体文化消费的影响进行了分析。文化消费主要有"无人知晓""黏性"等特征,可能受到文化资本积累、收入水平、受教育水平、社会阶层等多方面因素的影响。数字经济对个体文化消费的影响是多方面的,既有可能通过流动性约束、支付便利性、社会网络等途径产生正向促进作用,也有可能通过挤出线下消费等途径而产生负向抑制作用。本章主要利用了 2016 年中国家庭追踪调查数据等,系统性分析了互联网对中国家庭文化消费的影响。研究表明,使用互联网显著提高了家庭的文化消费水平,在进行稳健性检验和克服内生性问题后这一结论仍然显著。进一步分析发现,这一影响在具有不同特征的家庭中存在显著差异,家庭互联网使用主要通过流动性约束、支付便利性和社会网络的渠道来影响家庭的文化消费水平。

第四章　文化产业上市公司的数字化转型与企业绩效

理性、自我中心当然主要是用来刻画企业家的经济活动，但其烙印也深深印在了随之而来的道德、文化及社会后果上。

——约瑟夫·熊彼特，创新理论奠基人

数字化浪潮引起了文化产业的深刻变革，推进“文化+”和“互联网+”战略，加快发展以文化创意内容为核心，依托数字技术进行创作、生产、传播和服务的数字文化产业成为文化产业发展的新趋势。企业作为文化产品的供给者，其数字化转型是推动数字技术与文化产业深度融合的关键步骤，更是提升自身核心竞争力的重要途径。一方面，在生产、管理、营销等过程中运用数字技术可以有效提高信息和商品的生产、流通效率，降低企业成本；另一方面，以创意为核心的文化产品具有重内容、轻物质的特性，数字技术的应用既可以拓展文化产品的创意来源，丰富创新形态，又可以为创意落地提供技术支撑，最大限度释放创新潜力。因此，从理论上来看，引导文化企业进行数字化转型，有利于其充分把握数字时代发展机遇，享受数字红利。在此背景下，从实证角度验证数字化转型是否会对文化企业发展产生积极影响，并进一步探索其传导路径极具现实意义。

第一节　数字化转型对企业绩效的影响分析

一、数字经济与文化产业

（一）文化产业影响因素

文化产业提供的产品属于内容产品，文化创意是影响产业核心竞争力的特有要素，为此需要投入大量资本、劳动力、技术等进行创意的开发（徐鹏程，2016）①。现有文献从供给端出发，对于影响文化产业因素的阐释主要集中于人才、资本、技术三个方面。

其一，人力资源在文化产业发展中起到了至关重要的作用。文化创造力是影响文化产业发展的基石，因此，影响文化产业发展最重要的核心要素是具有原创力和创新水平的人才（赵彦云等，2006②；范周，2020③）。顾江和车树林（2017）④分析认为，我国文化产业中高端人才缺失，低端人才占比过大，这严重束缚了文化产业全要素生产率的提高。创造力和天赋是文化产业中最为稀缺的资源，然而，人才的创造力很难量化，这为实证研究人才对文化产业发展的影响造成了一定阻碍。西蒙顿（Simonton，1984⑤；1991⑥）分别用 27 个和 6 个不同的指标度量了 772 位西方艺术家和 121 位古典作曲家的声誉；沃尔

① 徐鹏程：《文化产业与金融供给侧改革》，《管理世界》2016 年第 8 期。

② 赵彦云、余毅、马文涛：《中国文化产业竞争力评价和分析》，《中国人民大学学报》2006 年第 4 期。

③ 范周：《数字经济变革中的文化产业创新与发展》，《深圳大学学报（人文社会科学版）》2020 年第 1 期。

④ 顾江、车树林：《资源错配、产业集聚与中国文化产业发展——基于供给侧改革视角》，《福建论坛（人文社会科学版）》2017 年第 2 期。

⑤ Simonton, Dean K., "Artistic Creativity and Interpersonal Relationships Across and within Generations", *Journal of Personality & Social Psychology*, Vol. 46, No. 6, 1984.

⑥ Simonton, Dean K., "Emergence Andand Realizationon of Genius: Thethe Lives Andand Works of 120 Classical Composers", *Journal of Personality & Social Psychology*, Vol. 61, No. 5, 1991.

夫(Wolfe,2004)①构建了知名度指数,对东西方在音乐、绘画、文学领域中有声望的人物打分,衡量他们在各自艺术文化领域的创造力。以上方法提供了测度人才创造力的一种思路,但是依然存在指标选取主观性强、标准难以统一等缺陷。另外,在文化产业中,演员、舞者等职业往往流动性较高,属于暂时性工作,一些艺术家又常常自我雇佣,这对产业从业人员的统计造成困难(Throsby,1994)②,成为实证研究的另一难点。

其二,物质资本与文化资本的影响力。随着文化产业占 GDP 比重的增加,资本在文化经济领域有了更多的投放与扩张的空间;同时,由知识、信息与文化符号经营等构成的文化资本,在满足社会日益扩大的需求时,出现了边际效益拓展与代际递增的现象,当代经济发展更加重视文化产业的建设,这必然导致资本与文化生产的深度融合(胡潇,2015③)。乐祥海和陈晓红(2013)④基于 2000—2011 年中国文化企业的面板数据,运用 KSS 模型进行实证分析,发现文化企业资本产出弹性为 0.545,即资产总量每增加 1%,可促进营业收入增长 0.545%;而劳动力产出弹性为 0.241,表明资本投入在我国文化产业发展中起到主导作用。然而,我国文化产业与传统资本的融合存在两个问题。一方面,文化产业具有无形资产占比大、营利主要依靠文化创意、不确定性较高的特点(Higson 等,2007)⑤,而金融机构提供贷款时强调企业资金的安全性、流动性和营利性,因此向文化企业放款的积极性不高,造成文化产业与资

① Wolfe A.,"Human Accomplishment: The Pursuit of Excellence in the Arts and Sciences, 800 Bc to 1950", *Common Knowledge*, Vol. 11, No. 2, 2004.

② Throsby D.,"The Production and Consumption of the Arts: A View of Cultural Economics", *Journal of Economic Literature*, Vol. 32, No. 1, 1994.

③ 胡潇:《资本介入文化生产的耦合效应》,《中国社会科学》2015 年第 6 期。

④ 乐祥海、陈晓红:《中国文化产业技术效率度量研究: 2000—2011 年》,《中国软科学》2013 年第 1 期。

⑤ Higson C., Rivers O., Deboo M.," Creative Financing", *Business Strategy Review*, Vol. 18, No. 4, 2007.

本融合不足，发展受到制约（徐鹏程，2016）①。另一方面，由于国有经济在我国的所有制结构中占主导地位，文化产业中的资本配置存在“所有制歧视”问题，导致配置效率低下，从而限制产业发展（魏鹏举，2019）②。顾江等（2018）③构建了金融资源错配度指标，运用省级面板数据实证发现，金融错配对文化产业全要素生产率有明显的抑制作用，且该作用具有时滞性，并随时间的推移而减弱。

物质资本是各个产业发展中必需的投入要素，而针对文化产业的特点，斯罗斯比（Throsby，1999）④在传统资本的基础上，首次提出了文化产业中特有的“文化资本”的概念，即体现文化价值的资产，并将其划分为有形资本（如建筑物、雕塑等）和非物质文化资本（如音乐、诗歌等），他主张将文化资本纳入新古典主义投入产出分析模型中，认为文化资本可以与其他形式的资本一起在生产函数中占据一席之地，对经济增长产生影响。文化资本的价值具有二重性，即商业价值与文化价值，后者无法用货币衡量，是多维的、不稳定的（Throsby 和 Zednik，2014）⑤。因此，学界围绕文化价值的计量进行了广泛的讨论。斯罗斯比和威瑟斯（Throsby 和 Withers，1985）⑥认为，文化价值可以从文化产品的生产成本、消费价格以及为艺术品进行的捐款中反映出来，他们首次将条件价值评估法（CVM）应用到了文化领域，随机选取了悉尼的 825 名受访者，调查其愿意为支持艺术发展（文学、视觉艺术、音乐、戏剧、舞蹈等）而支

---

① 徐鹏程：《文化产业与金融供给侧改革》，《管理世界》2016 年第 8 期。

② 魏鹏举：《多元资本对于中国现代文化市场体系的建构》，《清华大学学报（哲学社会科学版）》2019 年第 2 期。

③ 顾江、车树林、贺达：《金融错配对文化产业全要素生产率的影响研究：理论与实证》，《江苏社会科学》2018 年第 1 期。

④ Throsby D.，“Cultural Capital”，*Journal of Cultural Economics*，No. 23，1999.

⑤ Throsby D.，Zednik A.，“The Economic and Cultural Value of Paintings：Some Empirical Evidence”，*Handbook of the Economics of Art & Culture*，Vol. 2，2014.

⑥ Throsby D.，Withthers G.，“What Price Culture?”，*Journal of Cultural Economics*，Vol. 9，No. 2，1985.

付的税款，以此评估艺术作为公共物品的价值。随后，多名学者运用 CVM 评估了多种文化资本的文化价值，如拉斯维加斯的公共广播（Schwer 和 Daneshvary，1995）①、世界文化遗产巨石阵（Maddison 和 Mourato，1999）②、摩洛哥麦地那老城（Carson 等，2002）③等。然而，斯罗斯比（Throsby，2003）④对条件价值评估法的准确性提出了质疑，他认为如果文化价值是商品绝对或固有的，文化产品的价值独立于消费者的评价而存在，那么运用 CVM 测度的文化价值将有失偏颇。李晓标和解程姬（2018）⑤从另一个角度入手，将文化资本划分为文化遗产、文化产品和文化体制三类，构建了 2005—2015 年我国 31 个省份文化资本的指标，实证发现文化产业和文化遗产对于旅游经济发展具有显著的促进作用。总体而言，学界对于文化资本的二重性能够基本达成一致，但是关于测度文化价值的实证方法有待进一步探究。

其三，技术是影响文化产业发展的重要因素。李新安（2010）⑥运用因子分析法研究发现，文化创意产业发展的一个主要因子是科学技术。章迪平（2013）⑦基于 2004—2011 年浙江省经验数据，利用灰色关联度模型分析证明，技术是影响浙江省文化产业发展的第二大因素，仅次于经济因素，原因在于信息技术的运用，催生了各种以网络为载体、以数字内容为特征的新兴文化

---

① Schwer R. K., Daneshvary R.,"Willingness to Pay For Public Television and the Advent of 'Look-Alike' Cable Television Channels: A Case Study", *Journal of Media Economics*, Vol. 8, No. 3, 1995.

② Maddison D., Mourato S.,"Valuing Different Road Options For Stonehenge", *Conservation & Management of Archaeological Sites*, Vol. 4, No. 4, 1999.

③ Carson R. T., Mitchell R. C., Conaway M. B.,"Economic Benefits to Foreigners Visiting Morocco Accruing from the Rehabilitation of the Fes Medina", *Valuing Cultural Heritage*, 2002.

④ Throsby D.,"Determining the Value of Cultural Goods: How Much (Or How Little) Does Contingent Valuation Tell Us?", *Journal of Cultural Economics*, Vol. 27, No. 3-4, 2003.

⑤ 李晓标、解程姬：《文化资本对旅游经济增长的结构性影响》，《管理世界》2018 年第 11 期。

⑥ 李新安：《文化资源向文化创意产业转化的支撑因子分析》，《经济经纬》2010 年第 4 期。

⑦ 章迪平：《基于灰色关联分析的文化产业发展影响因素研究——以浙江省为例》，《浙江工商大学学报》2013 年第 3 期。

业态，为文化产业发展拓宽了空间。杨祖义（2016）[①]运用 DEA-Malmquist 指数法测度了我国东中西部地区文化产业效率，发现中西部地区文化产业效率的提高主要依赖技术效率的提高，而东部地区主要依赖技术进步。徐忠华等（2019）[②]基于 2012—2016 年我国各省份文化产业面板数据，利用多元回归实证发现，现阶段技术能力对于文化产业链演化程度的影响并不显著，作者认为这并不意味着技术对文化产业发展没有影响，而是因为我国文化产业处于导入期，高利润和高增长是产业发展的主要动力，而技术对文化产业的贡献仍需要时间的沉淀。

在文化产业的一些细分子行业中，技术进步的影响路径与其他产业存在差异。在过去的两百年里，制造业部门每单位劳动投入的实际产出在技术进步的作用下翻了几千倍，而现场演奏莫扎特弦乐四重奏所需的劳动力在同一时期没有丝毫变化（Baumol 和 Bowen，1965）[③]。技术进步对于表演艺术的影响体现在两方面，一是场地、音响、灯光等系统的升级可以为更多的现场观众带来表演；二是广播、录音技术的发展使一场演出能够传播成千上万次，间接增加了演出受众，从而提升文化企业的收入（Throsby，1994）[④]。由此可见，对于表演艺术行业来说，技术的影响更多地在于产品供给面的扩大，而不是劳动生产率的提高。

（二）数字经济赋能文化产业

近年来，随着信息技术的发展，数字经济的兴起引起了经济发展模式的深

---

① 杨祖义：《文化产业效率及其影响因素研究——基于 DEA-Malmquist 指数法和 Sys-GMM 法》，《宏观经济研究》2016 年第 6 期。

② 徐忠华、王庆云、谢雨蓉：《基于多元回归模型的中国文化产业链演化影响因素研究》，《宏观经济研究》2019 年第 5 期。

③ Baumol W. J., Bowen W. G., "On the Performing Arts: The Anatomy of Their Economic Problems", *The American Economic Review*, Vol. 55, No. 1-2, 1965.

④ Throsby D., "The Production and Consumption of the Arts: A View of Cultural Economics", *Journal of Economic Literature*, Vol. 32, No. 1, 1994.

刻变革，其对经济增长、就业、创新、创业等的影响引起了学术界的广泛关注（Röller 和 Waverman，2001[①]；詹晓宁和欧阳永福，2018[②]；何宗樾和宋旭光，2020[③]；吴非等，2021[④]；赵涛等，2020[⑤]）。

信息技术极大地提振了内容的生产与传播能力，因此数字经济也引起了文化产业的深刻变革，促使文化产业分流出数字文化产业，其以文化创意内容为核心，依托数字技术进行创作、生产、传播和服务，具有技术更迭快、生产数字化、传播网络化、消费个性化等特点[⑥]，数字经济背景下文化产业的新特征已成为国内外学者的重点研究内容。希利（Healy，2002）[⑦]指出，互联网能够以零成本快速交付音乐、电影、文学作品等无形文化产品，其在更容易被消费者获取的同时也带来了版权维护等问题。因此，尽管互联网的影响是多方面的，但是数字技术对文化产品的生产和供给造成的冲击尤为凸显。数字经济的影响从生产内容、生产效率、生产模式到文化贸易，贯穿了文化产品供给端的全过程。

一是数字经济助力文化产业实现精准供给。数字化技术赋予文化产业新动能，虚拟现实、大数据、云计算、人工智能等新兴技术运用到文化产业的生产过程中，推动了传统文化产业的转型升级。文化产业与互联网行业的深度融合，也使文化产业的生产与数字经济时代的消费偏好和模式更加契合。互联

---

① Röller L. H., Waverman L., "Telecommunications Infrastructure and Economic Development: A Simultaneous Approach", *American Economic Review*, Vol. 91, No. 4, 2001.

② 詹晓宁、欧阳永福：《数字经济下全球投资的新趋势与中国利用外资的新战略》，《管理世界》2018 年第 3 期。

③ 何宗樾、宋旭光：《数字经济促进就业的机理与启示——疫情发生之后的思考》，《经济学家》2020 年第 5 期。

④ 吴非、胡慧芷、林慧妍、任晓怡：《企业数字化转型与资本市场表现——来自股票流动性的经验证据》，《管理世界》2021 年第 7 期。

⑤ 赵涛、张智、梁上坤：《数字经济、创业活跃度与高质量发展——来自中国城市的经验证据》，《管理世界》2020 年第 10 期。

⑥ 参见 2017 年《文化部关于推动数字文化产业创新发展的指导意见》。

⑦ Healy K., "Digital Technology and Cultural Goods", *Journal of Political Philosophy*, 2002.

网信息技术和数字技术为个性化文化产品的消费提供了更为广泛的渠道和模式，使得多样化、个性化的文化产品供给从技术手段上更加可行且更为便捷（范周，2020）①。

二是生产效率从多方面实现极大提升。首先，制造行业能够采用先进技术设备，提高自动化程度，提升人均劳动生产率，甚至实现“黑灯工厂”，而文化产业严重依赖于人的创意、行为、表现，很难实现大规模的自动化，生产技术的更新难以同步惠及传统文化产业，因此，在很长时间内文化产业始终被认为是低效率行业。一个典型的案例为体育行业，在电视转播和互联网普及之前，一场比赛只能由场馆内数量极为有限的消费者观看，生产率几乎无从提升（江小涓，2018）②。但是互联网普及后，同样数量的表演者或运动员、同样的音乐会或体育竞赛可以向全球消费者提供，劳动生产率发生了质的飞跃。其次，推荐算法的应用使精准匹配消费者偏好成为可能，从而为用户提供了高效、个性化的供给，工业时代“千人一品”供给模式转化为“千人千品”（高腾飞等，2022）③。再次，数字技术下各种电脑制图、视频和音频处理等软件的开发使得原本需要耗费较长劳动时间的文化产品（如动画片等）能在较短时间内完成，消耗的原材料也大幅减少，降低了生产成本，而产品却更为精美，消费体验更好。最后，文化产业借助互联网平台，实现线上线下对接，原本高昂的传播成本得以大幅降低（马士远，2018）④，从而间接提升了文化产业的生产效率。

三是数字经济引起了文化产业商业模式的创新。随着数字技术的广泛应

① 范周：《数字经济变革中的文化产业创新与发展》，《深圳大学学报（人文社会科学版）》2020 年第 1 期。

② 江小涓：《网络空间服务业：效率、约束及发展前景——以体育和文化产业为例》，《经济研究》2018 年第 4 期。

③ 高腾飞、陈刚、陈颖：《数字服务化视角下的企业管理变革：内在逻辑、动力基础与实践路径》，《贵州社会科学》2022 年第 2 期。

④ 马士远：《“互联网+”时代文化产业发展新向度》，《管理世界》2018 年第 2 期。

用，信息的即时交互使零散的个人得以凝聚成消费群体，从而催生出一系列商业模式的创新（李辉和梁丹丹，2020）①，其中最有代表性的是“长尾模式”。2004年，《连线》杂志主编克里斯·安德森（Chris Anderson）提出“长尾”一词，以描述亚马逊等平台企业的商业模式。借助互联网技术带来的强大灵活的存储、营销和流通渠道，极低的存储和流通费用，小众化的文化需求汇聚产生的市场份额甚至可以媲美少数热销文化产品，比如传统的图书出版行业以生产销售少数畅销书为主，但亚马逊网站销售的小众图书累计起来产生的利润却可以等同于某些热销书籍。事实上，随着平台经济的飞速发展，任何产品都可以面向全球消费者，小众产品同样可以实现范围经济（郭晗和廉玉妍，2020）②。卫兹（Weeds，2012）③认为数字化降低了记录、存储、复制和分发的成本，因此数字技术改变了创意媒体产业的销售分布，通过构建一个商品差异化的理论模型，证明了媒体产业的供给侧因素可以使“超级明星”和“长尾效应”共存。

除此之外，共享、免费、社群等模式也是数字经济下涌现的新业态。共享模式是指随着移动互联网技术和互联网平台的发展，人们逐渐突破时间和空间限制建立联系，极大地降低了信息不对称和信息交流成本，依靠互联网平台实现共享使用权的消费模式发展成为一种新的商业模式，推动社会经济的高质量发展。道诺列涅等（Daunorienė 等，2015）④认为共享经济模式作为企业可持续商业模式的现实经济形态，有利于在企业与产业层面实现可持续发展。在当前各种碎片化信息井喷的环境下，获得消费者的关注是供给实现的关键

① 李辉、梁丹丹：《企业数字化转型的机制、路径与对策》，《贵州社会科学》2020年第10期。

② 郭晗、廉玉妍：《数字经济与中国未来经济新动能培育》，《西北大学学报（哲学社会科学版）》2020年第1期。

③ Weeds H.，“Superstars and the Long Tail：The Impact of Technology on Market Structure in Media Industries”，*Information Economics and Policy*，Vol. 24，No. 1，2012.

④ Daunorienė A.，Drakšaitė A.，Snieška V.，Valodkienė G，“Evaluating Sustainability of Sharing Economy Business Models”，*Procedia-Social and Behavioral Sciences*，Vol. 213，2015.

一步,免费模式便是产生于这一注意力经济。企业通过试听、试看等先免费后收费的方式获得消费者关注,从而培育潜在的消费群体。社群经济的产生则是基于互联网时代有某一共同爱好、认知或需求的社群的兴起,比如我国当前各种小众文化、亚文化社群。社群满足了成员的归属需求,其成员既是消费者也是传播者,成员之间的交流能为企业提供有价值的反馈,成员对外的分享成为企业免费但极具吸引力的宣传渠道,能够为企业发展持续供能。

四是打破了文化产品的不可贸易性。数字经济时代,远程教育、远程医疗、精彩的音乐节目、扣人心弦的体育竞赛等均随着通信信号飞入寻常百姓家。文化产品更是凭借极低的边际成本和变动成本、强烈的“受众数量极大化”倾向(Rosen,1983)①,从根本上扭转了文化产品的“不可贸易性”。再加上文化产品的贸易成本通常低于绝大多数制造业产品,其可贸易性也比制造业产品更强(江小涓和罗立彬,2019)②。2001 年,数字音乐收入只占全球音乐产业收入的 2.54%,但到了 2016 年,这一比重已经提高到接近 50%。③ 数字经济推动我国文化产业“走出去”,参与国际竞争与合作,有助于讲好中国故事,提升我国文化软实力。

已有文献对“数字经济推动文化产业发展”这一观点已基本达成一致,但大多数仍局限于理论探讨,以实证方法检验该观点的文献较少。张波等(2016)④基于北京市文化创意产业数据研究发现,互联网技术的发展对文化创意产业增加值具有显著促进作用。韩东林等(2019)⑤通过建立同量自回归

---

① Rosen S.,“The Economics of Superstars”,*American Scholar*,Vol. 52,No. 4,1983.

② 江小涓、罗立彬:《网络时代的服务全球化——新引擎、加速度和大国竞争力》,《中国社会科学》2019 年第 2 期。

③ IFPI,“Global Music Report 2017”, https://www. simkins, com/ifpi - global - music - report-2017/.

④ 张波、曲小刚、舒小林:《移动互联技术对文化创意产业的影响》,《当代经济管理》2016 年第 2 期。

⑤ 韩东林、吴瑞、夏传伟:《数字技术应用对中国文化产业发展的冲击效应研究》,《中国科技论坛》2019 年第 12 期。

(VAR)模型,使用格兰杰因果关系检验、脉冲响应函数等方法证明,无论从短期还是长期来看,数字技术的应用都对文化产业的发展产生了显著影响,但数字技术在文化产业的应用仍然存在较大发展空间。

二、企业数字化建设对于企业绩效的影响机制

在企业层面,已有一些实证研究表明数字技术的使用对于企业绩效具有积极作用(Kaufmann 等,2003①;Bertschek 等,2013②;Clarke 等,2015③;杨德明和刘泳文,2018④;黄群慧等,2019⑤),但针对信息技术的发展对于文化企业绩效的影响及其机制的探讨还较为缺乏。综合已有研究,我们梳理了信息技术影响文化企业绩效的可能机制。

(一) 降低企业成本

数字技术和网络的发展极大降低了企业成本,从而促进企业业绩的提升,这种成本的降低体现在企业生产、交易的各个环节。阿福阿(Afuah,2003)⑥认为,信息技术的应用能够通过"效率效应"降低企业的生产成本,通过"协同效应"降低企业内外部的交易成本。

首先,信息和通信技术的应用降低了企业的生产成本。李晓钟和黄蓉

---

① Kaufmann A., Lehner P., Tödtling F., "Effects of the Internet on the Spatial Structure of innovation Networks", *Information Economics and Policy*, Vol. 15, No. 3, 2003.

② Bertschek I., Cerquera D., Klein G. J., "More Bits-More Bucks? Measuring the Impact of Broadband Internet on Firm Performance", *Information Economics & Policy*, Vol. 25, No. 3, 2013.

③ Clarke G. R. G., Qiang C. Z., Xu L. C., "The Internet As a General-Purpose Technology: Firm-Level Evidence from Around the World", *Economics Letters*, Vol. 135, No.Oct, 2015.

④ 杨德明、刘泳文:《"互联网+"为什么加出了业绩》,《中国工业经济》2018 年第 5 期。

⑤ 黄群慧、余泳泽、张松林:《互联网发展与制造业生产率提升:内在机制与中国经验》,《中国工业经济》2019 年第 8 期。

⑥ Afuah A., "Redefining Firm Boundaries in the Face of the Internet: Are Firms Really Shrinking", *Academy of Management Review*, Vol. 28, No. 1, 2003.

(2018)[①]构建了纺织业和电子信息产业融合的评价模型,实证发现,两大产业融合水平的提高会降低纺织产业成本,提高生产率,但是这种促进作用存在三年的滞后期。何帆和刘红霞(2019)[②]基于2012—2017年A股上市公司数据分析发现,进行了数字化变革的企业成本费用率由1.02%降低至1.00%,随后的实证研究进一步证明,企业的数字化转型与成本损耗之间存在显著负向关系。

根据鲍莫尔(Baumol,1967)[③]的相关研究,对于服务业部门而言,技术进步带来的生产率提升远小于其他生产部门,低效率增加了服务业成本,形成"成本病"。然而,随着数字技术的广泛使用,生产更加智能化,数字化产品只需首次生产的固定投入,再次生产通过电脑上的复制和粘贴即可实现,边际成本极低,甚至几乎为零(Bille和Schulze,2006[④];郭晗和廉玉妍,2020[⑤])。文化企业的网络空间服务利用互联网的易复制性,使一首歌曲、一部影视剧能够以低成本快速传播,实现全球流行,这极大地扩展了文化企业的规模,巨大的市场又反过来滋养更多的作品与多样化的产品群,形成良性循环(江小涓,2021)[⑥]。

其次,信息技术大大减少了企业内外部的交易成本(Clemons和Row,1992)[⑦]。对于企业内部来说,各部门之间的沟通成本大大降低。库尔南等

---

① 李晓钟、黄蓉:《工业4.0背景下我国纺织产业竞争力提升研究——基于纺织产业与电子信息产业融合视角》,《中国软科学》2018年第2期。

② 何帆、刘红霞:《数字经济视角下实体企业数字化变革的业绩提升效应评估》,《改革》2019年第4期。

③ Baumol W. J.,"Macroeconomics of Unbalanced Growth: the Anatomy Of Urban Crisis", *American Economic Review*, Vol. 57, No. 3, 1967.

④ Bille T., Schulze G. G.,"Culture in Urban and Regional Development", *Handbook of the Economics of Art and Culture*, Vol. 1, 2006.

⑤ 郭晗、廉玉妍:《数字经济与中国未来经济新动能培育》,《西北大学学报(哲学社会科学版)》2020年第1期。

⑥ 江小涓:《数字时代的技术与文化》,《中国社会科学》2021年第8期。

⑦ Clemons E. K., Row M. C.,"Information Technology and Industrial Cooperation: the Changing Economics of Coordination and Ownership", *Journal of Management Information Systems*, Vol. 9, No. 2, 1992.

(Culnan等,1999)①认为,企业内部协调成本的降低有利于企业产品多样性与纵向一体化的同步提升,而外部协调成本的降低则会使企业纵向一体化程度降低,对多元化没有影响,随后作者运用1987—1994年美国财富1000强公司的年度数据进行的实证分析也很好地印证了这一观点。

对于企业之间和企业与客户的交易来说,商品交换的方式因信息和通信技术的应用有了颠覆式的变化,交换的地点与时间不再受限,因此企业单位产品的交易成本降低,交易效率提高(Brynjolfsson 和 Hitt,2000)②。如通过互联网,公司可以向供应商下订单,并以电子方式接收确认书,观众可以实现网上预定门票,从而消除了与手工处理相关的成本(Johnston 和 Vitale,1988)③。黄群慧等(2019)④同样聚焦制造业,运用工业企业数据库2000—2007年的均衡面板数据进行经验研究发现,城市互联网发展指数每提高1%,制造业企业的生产率能够提高0.3021%,进一步检验表明,销售费用、管理费用等隐性交易成本的降低是互联网提升企业效率的有效机制之一。

信息技术降低企业贸易成本的研究也得到了学术界的广泛关注。弗洛因德和温霍尔德(Freund 和 Weinhold,2002)⑤利用美国贸易数据,实证研究互联网对于国际贸易的影响,发现一国网址数量的增加会对该国服务贸易进出口起到促进作用。施炳展(2016)⑥采用中国双边、双向网址链接数量作为互联

① Culnan M. J., Armstrong P. K., Hitt L. M., "Information Technology and Firm Boundaries", *Information Systems Research*, Vol. 10, No. 2, 1999.

② Brynjolfsson E., Hitt L. M., "Beyond Computation: Information Technology, Organizational Transformation and Business Performance", *Journal of Economic Perspectives*, Vol. 14, No. 4, 2000.

③ Johnston H. R., Vitale M. R., "Creating Competitive Advantage with Interorganizational Information Systems", *Mis Quarterly*, Vol. 12, No. 2, 1988.

④ 黄群慧、余泳泽、张松林:《互联网发展与制造业生产率提升:内在机制与中国经验》,《中国工业经济》2019年第8期。

⑤ Freund C., Weinhold D., "The Internet and International Trade in Services", *American Economic Review*, Vol. 92, No. 2, 2002.

⑥ 施炳展:《互联网与国际贸易——基于双边双向网址链接数据的经验分析》,《经济研究》2016年第5期。

网代理变量，证明互联网的发展可以降低国际贸易成本，增加出口概率，提升企业出口扩展边际和集约边际。鞠雪楠等（2020）[①]进一步聚焦跨境电商平台，运用“敦煌网”2013—2016 年的出口数据，研究了互联网降低贸易成本的机制，发现跨境电商能够有效降低国际贸易中的固定成本，对关税等可变成本则较为敏感。

此外，数字经济的发展能够降低企业的搜寻成本。一方面，数字网络技术的发展不断破除市场信息流动的壁垒，打破信息藩篱，突破传统时空限制，使企业能够及时获得评价反馈（范周和王若晞，2016）[②]，让作为供给者的企业掌握更为充分的开发、生产决策依据，实现需求定制、以需定供，以内容为核心的文化产品甚至可以进行远程更新；同时，飞速发展的强大算法能力使企业得以深度挖掘、分析和应用消费大数据，从而实现精准营销。数字经济时代，供给与需求的匹配得到空前的技术支持，高效的文化产品供给成为现实。另一方面，搜寻成本的降低也有利于促进企业专业化分工（施炳展和李建桐，2020[③]；袁淳等，2021[④]），专注于核心价值环节的发展和核心技术与产品的供给。因此，数字经济背景下，文化企业的柔性化供给能力大幅提升，能够对市场需求作出即时响应，并使个性化服务和差别化定价成为可能，从而有助于提升企业绩效（戚聿东和肖旭，2020[⑤]；刘淑春等，2021[⑥]）。

---

① 鞠雪楠、赵宣凯、孙宝文：《跨境电商平台克服了哪些贸易成本？——来自“敦煌网”数据的经验证据》，《经济研究》2020 年第 2 期。

② 范周、王若晞：《转型升级 文化消费如何发力》，《民族艺术研究》2016 年第 3 期。

③ 施炳展、李建桐：《互联网是否促进了分工：来自中国制造业企业的证据》，《管理世界》2020 年第 4 期。

④ 袁淳、肖土盛、耿春晓、盛誉：《数字化转型与企业分工：专业化还是纵向一体化》，《中国工业经济》2021 年第 9 期。

⑤ 戚聿东、肖旭：《数字经济时代的企业管理变革》，《管理世界》2020 年第 6 期。

⑥ 刘淑春、闫津臣、张思雪、林汉川：《企业管理数字化变革能提升投入产出效率吗》，《管理世界》2021 年第 5 期。

（二）促进企业创新

信息技术能够有效激发企业创意，提升企业创新能力，进而提高企业绩效。现有研究表明，数字技术对制造业等行业的企业创新具有促进作用。程立茹（2013）①、赵振（2015）②、杨德明和刘泳文（2018）③分析认为，互联网经济下企业创新与网络价值、企业地位存在正反馈机制，从而激励企业加大研发投入，提高企业创新绩效。斯佩齐亚（Spezia，2011）④使用经济合作与发展组织国家的数据证明了制造业企业和服务业企业信息和通信技术的使用对创新具有推动作用，特别是产品创新和营销创新。王可和李连燕（2018）⑤使用我国制造业的数据研究证明，互联网的使用不仅增加了企业的研发投入，更重要的是，能够对创新成果产生正向影响。相对于其他工业品而言，创意、创新元素对文化商品的供给更为关键。赫斯蒙德哈尔（Hesmondhalgh，2013）⑥的研究表明，对文化企业来说，与劳动、资本等传统生产要素相比，企业管理者的创意和创新能力对企业长期发展的决定作用更显著。徐鹏程（2016）⑦指出创意与创新是文化企业利润的主要来源，文化产品的创新性、先进性和独特性是构成文化产品核心竞争力的关键要素。

当前，数字技术的发展颠覆性变革了文化产品的供给内容和形式，激发并释放了文化企业创新活力，促进文化与科技融合发展。数字经济的发展主要通过以下途径为文化企业创新注入新的动能：一是数字经济背景下，信息和知

---

① 程立茹：《互联网经济下企业价值网络创新研究》，《中国工业经济》2013 年第 9 期。

② 赵振：《“互联网+”跨界经营：创造性破坏视角》，《中国工业经济》2015 年第 10 期。

③ 杨德明、刘泳文：《“互联网+”为什么加出了业绩》，《中国工业经济》2018 年第 5 期。

④ Spiezia V.，“Are Ict Users More Innovative?：An Analysis of Ict-Enabled Innovation in Oecd Firms”，*Oecd Journal Economic Studies*，No. 1，2011.

⑤ 王可、李连燕：《“互联网+”对中国制造业发展影响的实证研究》，《数量经济技术经济研究》2018 年第 6 期。

⑥ Hesmondhalgh D.，The Cultural Industries，*Sage Publications*，2013.

⑦ 徐鹏程：《文化产业与金融供给侧改革》，《管理世界》2016 年第 8 期。

识的传播障碍减少、成本降低、速度加快，跨地区、跨行业的信息流动成为可能，过去禁锢于组织内部的创新资源和能力得到释放（郑小碧，2017）①，信息和知识的外溢效应更加显著，企业可以便捷迅速地获取最新信息和前沿技术，相互激励启发，实现企业内外部协同创新（戚聿东和肖旭，2020）②，并且，相对自然科学而言，由于文化产业的创意外溢更多来自创意实践和社会互动协作（韩若冰，2020）③，文化企业间的协作化创新行为将更加活跃。二是大数据、人工智能、云计算等技术的应用使得企业整合提炼数据、获得信息的能力得到空前提升，企业借此实现创新链与产业链的有效对接。

《关于推动数字文化产业创新发展的指导意见》指出，“探索基于互联网的个性化定制、精准化营销、协作化创新、网络化共享等新型商业模式和文化业态”。借助数字技术，促进数字文化产业以创新驱动发展，坚持企业创新主体地位，既要扶持小微文化企业“专精特新”发展，也要培育具有核心优势和竞争力的大型数字文化企业，以优化文化产品供给。腾讯研究院也提出，“文化产业的内核是创意，依托互联网平台，可以激活文化资源，产生不同表现形式的内容”，激活文化企业创意要素，提高创新能力。

另外，数字经济背景下，如果文化产业类企业能够抓住某一“热点”进行创新，特别是对无形的文化产品，借助互联网平台等媒介迅速传播，往往可以获得巨额收益。因此，基于上述已有研究分析，结合文化产业的特点，可以预期数字经济的发展能够显著促进文化类企业创新能力的增强，提升企业绩效，有利于企业长期发展。

综上所述，本书认为文化产业类企业的数字化转型与建设将对企业产生重要影响，影响渠道主要为“成本论”与“创新论”，即文化产业公司的数字化

① 郑小碧：《“+互联网”、“互联网+”与经济发展：超边际一般均衡分析》，《经济学动态》2017 年第 6 期。

② 戚聿东、肖旭：《数字经济时代的企业管理变革》，《管理世界》2020 年第 6 期。

③ 韩若冰：《数字技术推动下的文化创意产业生态化发展及其向度研究》，《山东大学学报（哲学社会科学版）》2020 年第 2 期。

建设通过降低企业成本,提高企业创新能力,从而提升企业绩效。然而,目前关于数字化对文化产业类企业影响的实证研究较少,数字化衡量指标也多采用省级层面的互联网用户数、互联网宽带普及率等宏观数据,几乎没有企业层面的数字化指标,因此本书尝试使用公司年报,通过词典法构建微观层面的企业数字化重视程度指标,对上述观点进行检验。

三、通过文本分析构建指标

随着技术的发展,文本分析方法在经济学中的应用日益广泛,相关研究主要集中于上市公司年报、盈余报告等文本的信息含量(Feng,2008①;Loughran 和 Mcdonald,2014②)和语调情绪(Feldman 等,2010③;Loughran 和 Mcdonald,2014④;Davis 等,2015⑤)。李峰(Feng L.,2010)⑥使用美国上市公司年报和季报文件中"管理层讨论与分析"管理层讨论与分析的前瞻性说明部分构建了管理层语调,实证研究表明,管理层语调与公司未来收益呈正相关关系。国内学者对公司年报文本的研究也主要围绕这两个方面展开。丘心颖等(2016)⑦使用 TF-IDF 模型,构建年报文本复杂性指标,研究了公司年报复杂性与分析师跟进度之间的关系,从而探究分析师是否能够有效发挥专业解读信息的作

① Feng L.,"Annual Report Readability, Current Earnings, and Earnings Persistence",*Journal of Accounting and Economics*,Vol. 45,No. 2-3,2008.

② Loughran T.,Mcdonald B.,"Measuring Readability in Finance Disclosures",*The Journal of Finance*,Vol. 69,No. 4,2014.

③ Feldman R., Govindaraj S., Livnat J., Segal B.,"Management's tone Change, Post Earnings Announcement Drift and Accruals",*Review of Accounting Studies*,Vol. 15,No. 4,2010.

④ Loughran T.,Mcdonald B.,"Measuring Readability in Finance Disclosures",*The Journal of Finance*,Vol. 69,No. 4,2014.

⑤ Davis A. K.,Ge W.,Matsumoto D.,Zhang J. L.,"The Effect of Manager-Specific Optimism on the tone of Earnings Conference Calls",*Review of Accounting Studies*,Vol. 20,No. 2,2015.

⑥ Feng L.,"The Information Content of Forward-Looking Statements in Corporate Filings-A Naive Bayesian Machine Learning Approach",*Journal of Accounting Research*,Vol. 48,No. 5,2010.

⑦ 丘心颖、郑小翠、邓可斌:《分析师能有效发挥专业解读信息的作用吗?——基于汉字年报复杂性指标的研究》,《经济学(季刊)》2016 年第 4 期。

用。孟庆斌等(2017)①使用文本向量化的方法,研究了A股上市公司年报中管理层讨论与分析(MD&A)部分所披露的信息含量和股价崩盘风险的关系。王克敏等(2018)②着眼于年报文本信息复杂性披露策略,研究发现管理者出于自利动机会通过年报文本信息复杂化隐藏公司当期坏消息。曾庆生等(2018)③以拉夫兰和麦克唐纳(Loughran 和 Mcdonald,2011)④的金融情感英文词典(LM)为基础,研究年报语调与内部人交易的关系。

近期研究倾向于从年报等文本中提取特定的内容。哈桑等(Hassan 等,2019)⑤基于美国上市公司电话会议文本,构建指标测度企业面临的政治风险。聂辉华等(2020)⑥使用我国A股上市公司年报中的管理层讨论与分析部分,构建上市公司对于经济政策不确定性的感知指标——FEPU,研究企业不确定性感知与投资决策和金融资产配置的关系,FEPU为企业年报管理层讨论与分析部分的经济政策不确定性句子(同时出现政府、政策等内容相关的词和表示不确定性的词)中,不确定性词语占管理层讨论与分析部分总词语数量的比例。

机器学习模型在自然语言处理中的应用日益广泛,但本书未选用该方法,原因有以下两点:一是机器学习模型存在一个重要缺点——可解释性较差

① 孟庆斌、杨俊华、鲁冰:《管理层讨论与分析披露的信息含量与股价崩盘风险——基于文本向量化方法的研究》,《中国工业经济》2017年第12期。

② 王克敏、王华杰、李栋栋、戴杏云:《年报文本信息复杂性与管理者自利——来自中国上市公司的证据》,《管理世界》2018年第12期。

③ 曾庆生、周波、张程、陈信元:《年报语调与内部人交易:"表里如一"还是"口是心非"?》,《管理世界》2018年第9期。

④ Loughran T., Mcdonald B., "When Is a Liability Not a Liability? Textual Analysis, Dictionaries, and 10-Ks", *The Journal of Finance*, Vol. 66, No. 1, 2011.

⑤ Hassan T. A., Hollander S., Lent L. V., Tahoun A., "Firm-Level Political Risk: Measurement and Effects", *The Quarterly Journal of Economics*, Vol. 134, No. 4, 2019.

⑥ 聂辉华、阮睿、沈吉:《企业不确定性感知、投资决策和金融资产配置》,《世界经济》2020年第6期。

（聂辉华等，2020）①；二是年报是一种规范文本，各部分主题已经明确划分好，应用较多的 LDA 主题模型等并不适用。

四、文献评述

文化产业在数字经济背景下呈现出的新特征受到了学术界的广泛关注。国内外学者提出了数字经济助力文化产业实现精准供给（范周，2020）②、推动生产效率极大提高（江小涓，2018③；马士远，2018④）、引起文化产业商业模式创新（Weeds，2012⑤；Daunorienė 等，2015⑥）、打破文化产品不可贸易性（江小涓和罗立彬，2019）⑦等观点。在实证方面，已有学者运用产业层面数据进行回归分析，发现数字技术的应用极大地促进了文化产业的发展（张波等，2016⑧；韩东林等，2019⑨）。在企业层面也有实证研究表明，数字技术的使用对于企业绩效具有积极作用（Kaufmann 等，2003⑩；Bertschek 等，2013⑪；

① 聂辉华、阮睿、沈吉：《企业不确定性感知、投资决策和金融资产配置》，《世界经济》2020 年第 6 期。

② 范周：《数字经济变革中的文化产业创新与发展》，《深圳大学学报（人文社会科学版）》2020 年第 1 期。

③ 江小涓：《网络空间服务业：效率、约束及发展前景——以体育和文化产业为例》，《经济研究》2018 年第 4 期。

④ 马士远：《"互联网+"时代文化产业发展新向度》，《管理世界》2018 年第 2 期。

⑤ Weeds H.，"Superstars and the Long Tail：the Impact of Technology on Market Structure in Media Industries"，*Information Economics and Policy*，Vol. 24，No. 1，2012.

⑥ Daunorienė A.，Drakšaitė A.，Snieška V.，Valodkienė G，"Evaluating Sustainability of Sharing Economy Business Models"，*Procedia-Social and Behavioral Sciences*，Vol. 213，2015.

⑦ 江小涓、罗立彬：《网络时代的服务全球化——新引擎、加速度和大国竞争力》，《中国社会科学》2019 年第 2 期。

⑧ 张波、曲小刚、舒小林：《移动互联技术对文化创意产业的影响》，《当代经济管理》2016 年第 2 期。

⑨ 韩东林、吴瑞、夏传伟：《数字技术应用对中国文化产业发展的冲击效应研究》，《中国科技论坛》2019 年第 12 期。

⑩ Kaufmann A.，Lehner P.，Tödtling F.，"Effects of the Internet on the Spatial Structure of innovation Networks"，*Information Economics and Policy*，Vol. 15，No. 3，2003.

⑪ Bertschek I.，Cerquera D.，Klein G. J.，"More Bits - More Bucks? Measuring the Impact of Broadband Internet on Firm Performance"，*Information Economics & Policy*，Vol. 25，No. 3，2013.

Clarke 等,2015①;杨德明和刘泳文,2018②;黄群慧等,2019③),但还未有研究具体考察文化产业上市公司数字化对于企业绩效的影响。

基于以上分析,本章创新点在于:第一,既有关于数字经济的实证研究多集中于宏观及产业层面,而缺少微观企业层面的观察,其原因主要在于微观层面缺少关于数字经济的测度指标。本书将借鉴文本分析的方法,基于企业年报,构建企业数字化的全新指标,较为客观地反映企业数字化转型的情况,为在企业层面研究数字化问题提供新的视角。第二,本书没有将所有上市公司作为样本,而是聚焦于文化产业上市公司,试图发掘数字化转型对文化产业上市公司产生的影响。

第二节　数据来源与实证研究设计

一、样本选取与数据来源

本书选取 2010—2019 年中国 A 股文化产业上市公司作为研究样本,选取依据为《国民经济行业分类》(GB/T 4754—2017)和《文化及相关产业分类表(2018)》的分类标准,通过对照公司年报披露信息中近三年主营业务情况进行手工逐一梳理,最终得到 191 家文化产业上市公司,其中文化核心领域上市公司 153 家,文化相关领域上市公司 38 家。

本书对样本进行了如下处理:(1)剔除观测区间内发生重组且重组前不从事文化生产活动的样本观测值;(2)剔除样本区间终止上市及被 ST 或 * ST 处理的公司样本;(3)剔除相关变量严重缺失的样本观测值;(4)为消除极端

① Clarke G. R. G., Qiang C. Z., Xu L. C., "The Internet As a General-Purpose Technology: Firm-Level Evidence from Around the World", *Economics Letters*, Vol. 135, No.Oct, 2015.

② 杨德明、刘泳文:《"互联网+"为什么加出了业绩》,《中国工业经济》2018 年第 5 期。

③ 黄群慧、余泳泽、张松林:《互联网发展与制造业生产率提升:内在机制与中国经验》,《中国工业经济》2019 年第 8 期。

值影响，对连续变量进行分位数为1%（99%）的缩尾处理。经上述筛选，最终保留有效观测样本804个。本书所选样本的年报来自巨潮资讯，其他数据均来自国泰安（CSMAR）数据库。

二、主要指标构建与选取

（一）解释变量

本书借鉴贝克（Baker等，2016）①、聂辉华等（2020）②的方法，根据上市公司年度报告文本，构建了数字经济词典，并以此为基础构建公司数字化建设指标，作为企业数字化转型的代理变量。上市公司年报是上市公司信息披露制度的核心，有严格的披露规范，能够客观地反映上市公司报告期内生产经营概况、财务状况等信息。因此，上市公司年报中数字化相关词汇出现的频数能够体现企业对于自身数字化建设的重视程度，从而间接反映出企业数字化建设的力度。对于以上变量的测度，传统方法多采用人工阅读，即通过小组阅读分析文本书件中是否在讲述某事件。随着计算机技术的发展，文本分析技术在经济学中得到了广泛的应用，其中利用词典法来提取词汇已发展得相对成熟（Tetlock等，2008③；Renault，2017④）。词典法是指在预先设定词典的基础上，通过统计文本中是否包含词典中相关词语，以及包含词语的数量，来对文本特征进行分析。本书使用词典法测度企业对数字化建设的重视程度，具体构建过程如下：

---

① Baker S. R., Bloom N., Davis S. J., "Measuring Economic Policy Uncertainty", *The Quarterly Journal of Economics*, Vol. 131, No. 4, 2016.

② 聂辉华、阮睿、沈吉：《企业不确定性感知、投资决策和金融资产配置》，《世界经济》2020年第6期。

③ Tetlock P. C., Saar-Tsechansky M., Macskassy S., "More than Words: Quantifying Language to Measure Firms' Fundamentals", *The journal of Finance*, Vol. 63, No. 3, 2008.

④ Renault T., "Intraday Online Investor Sentiment and Return Patterns in the US Stock Market", *Journal of Banking & Finance*, No. 84, 2017.

第一步，构建“数字经济”词典。本书通过人工抽样阅读年报的方式，从“数字技术”“商业模式”“数字化相关信息”三个维度出发，筛选出“数字经济”相关词汇，构建词典，词典共计 161 个词汇。具体过程如下：第一阶段，随机抽取 20%的年报样本，四位硕士生背对背各阅读 5%，提取数字经济相关词汇，汇总讨论，剔除有异议的词汇；第二阶段，在第一阶段的基础上，再随机抽取 50%的年报，进行人工阅读，验证第一阶段的词汇准确度，对阅读到的新的词汇进行讨论，将无异议的词汇加入词典；第三阶段，在剩余年报中，随机抽取 5%的年报，验证词典覆盖率。

第二步，对 191 家文化产业上市公司 2010—2019 年年报文本进行分词处理。本书在 jieba 分词的基础上，对无意义的词汇，如“的”“了”等进行了停词处理①，以删除文本中实际意义较小的词汇，提高数据处理速度。同时，对“数字经济”词典中的词汇进行强制分词，从而便于统计公司年报中包含词典中词汇的情况，提高准确度。

第三步，构建公司数字化建设指标。本书共构建三个公司数字化建设指标：

一是 *efirm*，定义为年报中数字经济词汇频数占年报总词汇数的比重。在分词的基础上，计算每篇公司年报的总词汇数与数字经济词典中的词汇数，计算出企业数字化建设指标，公式如下：

$$efirm = \text{年报中数字经济词汇频数} / \text{年报总词汇数} \tag{4-1}$$

二是 *efirm*1，定义为年报管理层讨论与分析部分中数字经济词汇的频数占管理层讨论与分析部分总词汇数的比重。提取各公司年报管理层讨论与分析部分，计算此部分中总词汇数与数字经济词汇出现的频数。具体公式如下：

$$efirm1 = \text{年报管理层讨论与分析部分中数字经济词汇频数} / \text{管理层讨论与分析部分总词汇数} \tag{4-2}$$

① 本书停词词典采用“哈工大停用词表”。

三是 *efirm2*，定义为公司年报中数字经济词汇频数占同年所有企业年报中数字经济词汇频数之和的比重，以实现横向对比，公式如下：

efirm2 = 年报中数字经济词汇频数 / 同年所有企业年报中数字经济词汇频数之和　(4 - 3)

（二）被解释变量

借鉴弗朗西斯等（Francis 等，2015）①、罗党论和刘晓龙（2009）②的做法，本书选取公司总资产收益率（ROA）和净资产收益率（ROE）作为衡量公司绩效的指标。总资产收益率的计算公式为净利润/总资产，净资产收益率的计算公式为净利润/所有者权益。相比于托宾 Q（Tobin Q）、市账率（M/B ratio）等绩效指标而言，总资产收益率和净资产收益率的应用更加广泛，可以较好地反映企业经营效益状况。

（三）控制变量

参考已有文献，在研究企业绩效时主要选取的控制变量为一系列公司的基本特征变量，包括企业特征变量、高管个人特征变量与地区特征变量（Amore 等，2017③；许年行等，2019④）。据此，本书选取的公司层面变量包括公司规模（*size*）、杠杆率（*lev*）、流动比率（*liq*）、股权集中度（*top*）、是否为国有企业（*govback*）、公司年龄（*firmage*）、是否两职合一（*dual*）、独董占比（*inde-*

---

① Francis B., Hasan I., Park J. C., Wu Q., "Gender Differences in Financial Reporting Decision Making: Evidence from Accounting Conservatism", *Contemporary Accounting Research*, Vol. 32, No. 3, 2015.

② 罗党论、刘晓龙：《政治关系、进入壁垒与企业绩效——来自中国民营上市公司的经验证据》，《管理世界》2009 年第 5 期。

③ Amore M. D., Miller D., Le Breton-Miller I., Corbetta G., "For Love and Money: Marital Leadership in Family Firms", *Journal of Corporate Finance*, Vol. 46, 2017.

④ 许年行、谢蓉蓉、吴世农：《中国式家族企业管理：治理模式、领导模式与公司绩效》，《经济研究》2019 年第 12 期。

pendent)；高管个人层面控制变量为 CEO 年龄(*ceoage*)、CEO 年龄的平方(*ceoage*^{2})、CEO 是否有海外经历(*overseas*)、CEO 是否有学术经历(*academic*)。地区层面控制变量为公司注册地所在省份 GDP(*gdp*)、公司注册地所在省份第三产业 GDP 占总 GDP 的比重(*thirdgdp*)、互联网普及率(*Internetrate*)、文化产业从业人数(*employment*)。

主要变量含义及计算方法详见表 4-1。

表 4-1　主要变量含义及计算方法

变量	含义	计算方法
efirm	公司数字化建设指标	年报中数字经济词汇频数/年报总词汇数
*efirm*1		年报管理层讨论与分析部分数字经济词汇频数/管理层讨论与分析部分总词汇数
*efirm*2		年报中数字经济词汇频数/同年所有企业年报中数字经济词汇频数之和
roa	资产收益率	净利润/总资产
roe	净资产收益率	净利润/所有者权益
size	公司规模	总资产的对数
lev	杠杆率	总负债/总资产
liq	流动比率	流动资产/流动负债
top	股权集中度	第一大股东持股比例
govback	是否为国有企业	虚拟变量，国有企业记为 1，否则记为 0
firmage	公司年龄	统计截止年份加 1 减去公司成立年份
dual	是否两职合一	虚拟变量，公司董事长与 CEO 为同一人的记为 1，否则记为 0
independent	独董占比	独立董事人数/董事会总人数
ceoage	CEO 年龄	来自国泰安数据库
ceoage^2	CEO 年龄的平方	*ceoage* 的平方

续表

变量	含义	计算方法
overseas	CEO 是否有海外经历	虚拟变量,CEO 有海外经历记为 1,否则记为 0
academic	CEO 是否有学术经历	虚拟变量,CEO 有学术经历记为 1,否则记为 0
gdp	公司注册地所在省份 GDP	来自国泰安数据库
thirdgdp	公司注册地所在省份第三产业 GDP 占总 GDP 的比重	公司注册地所在省份第三产业 GDP/总 GDP
Internetrate	互联网普及率	来自国泰安数据库
employment	文化产业从业人数	来自国泰安数据库

三、主要变量的描述性统计

表 4-2 为本书相关变量的描述性统计分析。总资产收益率(*roa*)的均值为 0.062,标准差为 0.046;净资产收益率(*roe*)的均值为 0.093,标准差为 0.067。文化产业上市公司数字化建设指标(*efirm*)均值为 0.004,表明公司年报中数字经济词典的词汇频数占比约为 0.4%,最高占比为 1.6%,最低占比仅为 0.02%。样本内上市公司的平均规模(*size*,总资产的自然对数)为 21.829,平均杠杆率(*lev*)为 32.7%,平均流动比率为 3.25。股权集中度(*top*)均值为 36.7%,最大值高达 80.4%,表明文化产业上市公司间股权结构差异较为明显。文化产业上市公司平均年龄为 21 年,其中 40.7%的企业为国有企业。公司 CEO 平均年龄为 48 岁,9.2%具有海外经历,19%具有学术经历。由以上变量的描述性统计可知,样本中各项指标均有一定差异性,基本能够捕捉企业特征。

表 4-2　主要变量描述性统计

变量	观测值	均值	标准差	最小值	最大值
roa	804	0.062	0.046	0.001	0.271
roe	804	0.093	0.067	0.002	0.388
efirm	804	0.4%	0.004	0.02%	1.6%
size	804	21.829	1.028	19.385	24.329
lev	804	32.7%	0.172	3.3%	74.9%
liq	804	3.250	3.910	0.370	25.797
top	804	36.7%	0.17	9.6%	80.4%
govback	804	40.7%	0.492	0	1
dual	804	30.2%	0.460	0	1
firmage	804	21.494	6.249	9	53
independent	804	37.6%	0.050	33.3%	57.1%
ceoage	804	47.590	6.733	29	70
overseas	804	9.2%	0.289	0	1
academic	804	19%	0.393	0	1
Internetrate	804	56.9%	0.146	24.8%	78%
employment	804	8.023	4.641	1.05	19.02
gdp	804	36313.85	20820.42	2855.54	89705.23
thirdgdp	804	50.7%	0.133	32.7%	80.6%

四、研究设计

本书首先进行了豪斯曼检验，结果显示 p 值为 0.000，因此，可以拒绝随机效应模型，选择使用固定效应模型。同时，为降低遗漏变量导致估计参数的一致性偏误，本书采用了双向固定效应模型，加入行业固定效应控制不可测的企业特征因素，加入年份固定效应控制宏观经济因素的影响。具体模型如下：

$$roa_{it} = \beta_0 + \beta_1 efirm_{it} + \delta X_{it} + Year_{FE} + Ind_{FE} + \varepsilon_{it} \quad (4-4)$$

其中，i 表示企业，t 表示年份，核心解释变量为企业数字化指标 $efirm_{it}$，被解释变量为企业的总资产收益率 roa_{it}，同时将衡量企业绩效的另一重要指标——净资产收益率 roe_{it} 作为被解释变量进行式(4-4)回归。X_{it} 包含了所有的控制变量，$Year_{FE}$ 为年份固定效应，Ind_{FE} 为行业固定效应，ε_{it} 为随机扰动项，在公司层面进行聚类标准误处理。

第三节　实证结果分析

一、基准回归结果分析

表 4-3 汇报的基准回归结果显示，在控制不同层面的变量后，企业数字化建设指标的系数均为正，且在 1%的统计水平上显著，说明文化产业上市公司数字化建设程度的提高有助于提升企业绩效。从经济显著性上看，企业数字化建设指标每上升 1%，总资产收益率上升 0.0374%，净资产收益率上升 0.0528%。

表 4-3　企业数字化对企业绩效的影响

变量	(1)	(2)
	roa	***roe***
efirm	0.0374***	0.0528***
	(0.00727)	(0.0102)
size	0.000190	-0.00371
	(0.00267)	(0.00434)
lev	-0.0772***	0.0241
	(0.0133)	(0.0226)

续表

变量	(1)	(2)
	roa	*roe*
liq	-0.00129***	-0.00151**
	(0.000462)	(0.000661)
top	0.000468***	0.000665***
	(0.000106)	(0.000161)
govback	-0.0138***	-0.0181**
	(0.00491)	(0.00776)
dual	0.00143	0.00188
	(0.00443)	(0.00666)
firmage	0.000679**	0.000880*
	(0.000332)	(0.000482)
independent	0.0883**	0.122**
	(0.0417)	(0.0591)
ceoage	0.00283	0.00505
	(0.00269)	(0.00389)
$ceoage^2$	-3.04e-05	-5.05e-05
	(2.78e-05)	(4.03e-05)
overseas	0.00454	0.00566
	(0.00725)	(0.0101)
academic	-0.0149***	-0.0172***
	(0.00420)	(0.00648)
地区经济变量	是	是
观测数	804	804
R^2	0.218	0.148

注：***、**、* 分别表示系数在1%、5%、10%的统计水平上显著，括号内为稳健标准误，篇幅所限，未报告地区控制变量的系数和显著性，下表相同。

二、异质性分析

（一）高管学术经历的异质性影响

相对于传统工业企业，文化产业类企业具有一个显著特征，即相比资本、劳动等生产要素，管理者的创意和创新性对企业的长远发展具有更重要的影响（张曾芳和张龙平，2002①；Hesmondhalgh，2013②）。部分学者认为具有学术经历的高管会更加重视企业的创新活动，注重企业的数字化转型，进而有助于提升企业的创新水平和创新绩效（Francis 等，2015③；黄灿，2019④；阳镇，2022⑤）。也有学者认为具有学术经历的高管往往在逻辑思维和行事风格上更加谨慎和保守（周楷唐等，2017⑥），从而更加不愿承担企业数字化转型的风险，这与文化产业更加依赖创意、创新和广泛的受众认同感的现实可能是相悖的，因此，CEO 的学术经历可能并不会给文化产业类企业绩效带来正向影响。为此本书构造了 CEO 学术经历与核心解释变量的交互项 $efirm \times acade$，以探究数字化对文化产业上市公司绩效的影响是否会受到 CEO 个人特质的影响。

回归结果见表 4-4，交互项的系数在 5%的统计水平上显著为负，这表明在 CEO 具有学术经历的文化产业上市公司中，企业数字化对绩效的提升作用相对较弱，这印证了第二种观点。

---

① 张曾芳、张龙平：《论文化产业及其运作规律》，《中国社会科学》2002 年第 2 期。

② Hesmondhalgh D., The Cultural Industries, *Sage Publications*, 2013.

③ Francis B., Hasan I., Park J. C., Wu Q., "Gender Differences in Financial reporting Decision Making: Evidence from Accounting Conservatism", *Contemporary Accounting Research*, Vol. 32, No. 3, 2015.

④ 黄灿、年荣伟、蒋青嬗、郑鸿：《"文人下海"会促进企业创新吗?》，《财经研究》2019 年第 5 期。

⑤ 阳镇、陈劲、商慧辰：《何种经历推动数字化：高管学术经历与企业数字化转型》，《经济问题》2022 年第 10 期。

⑥ 周楷唐、麻志明、吴联生：《高管学术经历与公司债务融资成本》，《经济研究》2017 年第 7 期。

表 4-4　异质性分析 I：高管的学术经历

变量	(1)	(2)
	roe	***roa***
efirm	0.0647***	0.0460***
	(0.0113)	(0.00816)
efirm×acade	-0.0437**	-0.0318**
	(0.0185)	(0.0125)
size	-0.00425	-0.000206
	(0.00433)	(0.00266)
lev	0.0246	-0.0768***
	(0.0226)	(0.0133)
liq	-0.00148**	-0.00127***
	(0.000652)	(0.000454)
top	0.000671***	0.000472***
	(0.000162)	(0.000107)
govback	-0.0173**	-0.0132***
	(0.00780)	(0.00494)
dual	0.00251	0.00186
	(0.00655)	(0.00434)
firmage	0.000881*	0.000679**
	(0.000482)	(0.000332)
independent	0.105*	0.0771*
	(0.0576)	(0.0403)
ceoage	0.00507	0.00285
	(0.00386)	(0.00266)
$ceoage^2$	-5.00e-05	-3.01e-05
	(4.01e-05)	(2.75e-05)

续表

变量	(1)	(2)
	roe	**roa**
overseas	0.00489	0.00396
	(0.0101)	(0.00719)
academic	0.000814	-0.00177
	(0.0101)	(0.00630)
地区经济变量	是	是
观测数	804	804
R^2	0.154	0.225

（二）企业所有制性质的异质性影响

企业所有制形式可以从两方面影响数字化转型对企业绩效的作用效果：一方面，与民营企业相比，国有企业决策更加保守，更不易推动企业数字化转型，数字化对其绩效的提升作用也较微弱；另一方面，国有企业面临的融资约束更小，更易获得银行贷款和政府补贴，因此可能更有资金实力进行数字化转型，同时，在国家大力发展数字经济、推动产业数字化的背景下，国有企业更可能作出积极响应，率先转型，再加上国企更大的体量和更强的营利能力，其数字化转型可能使绩效产生飞跃式提升。为探究数字化对国有企业和民营企业营利能力的影响是否存在显著差异，本书在回归中加入了企业所有制性质与数字化指标的交互项 *efirm*×*govback*。

回归结果如表 4-5 所示，交互项对 *roa*、*roe* 的影响均在 5%的统计水平上负向显著，表明非国有文化产业上市公司的数字化对于企业绩效的提升幅度更大，印证了第一种观点。

表 4-5　异质性分析Ⅱ:企业所有制性质

变量	(1)	(2)
	roe	*roa*
efirm	0. 0633 ***	0. 0447 ***
	(0. 0129)	(0. 00919)
efirm×govback	-0. 0323 **	-0. 0229 **
	(0. 0148)	(0. 00999)
size	-0. 00361	0. 000257
	(0. 00430)	(0. 00265)
lev	0. 0211	-0. 0793 ***
	(0. 0224)	(0. 0133)
liq	-0. 00156 **	-0. 00133 ***
	(0. 000660)	(0. 000462)
top	0. 000705 ***	0. 000496 ***
	(0. 000160)	(0. 000105)
govback	-0. 00906	-0. 00741
	(0. 00946)	(0. 00586)
dual	0. 000791	0. 000657
	(0. 00666)	(0. 00441)
firmage	0. 000969 **	0. 000742 **
	(0. 000482)	(0. 000333)
independent	0. 117 **	0. 0844 **
	(0. 0578)	(0. 0406)
ceoage	0. 00573	0. 00331
	(0. 00385)	(0. 00265)
$ceoage^2$	-5. 62e-05	-3. 45e-05
	(4. 00e-05)	(2. 74e-05)

续表

变量	(1)	(2)
	roe	*roa*
overseas	0.00755	0.00588
	(0.0102)	(0.00731)
academic	-0.0167***	-0.0146***
	(0.00648)	(0.00421)
地区经济变量	是	是
观测数	804	804
R^2	0.152	0.223

三、机制探讨

对于数字化助力企业绩效提升的具体机制，本书通过梳理已有研究，提出了“成本论”和“创新论”两个假说，本部分将以实证方法验证上述两观点是否成立。为此，我们构建了以下中介变量检验模型：

$$mediator_{it} = \beta_1 efirm_{it} + \delta X_{it} + Year_{FE} + Ind_{FE} + \varepsilon_{it} \quad (4-5)$$

$$roa_{it} = \beta_2 efirm_{it} + \beta_3 mediator_{it} + \delta X_{it} + Year_{FE} + Ind_{FE} + \varepsilon_{it} \quad (4-6)$$

其中，控制变量同基准回归模型一致。如果基准模型核心解释变量的系数与式(4-6)中的中介变量的系数同时显著，则证明中介效应存在。

（一）对“成本论”的检验

为检验数字化是否通过降低企业成本提高企业营利能力，本书选用营业成本率 *cost*（营业总成本/营业总收入×100%）作为中介变量进行式(4-5)、式(4-6)回归，结果如表 4-6 所示，列(1)中数字化指标系数显著为负，表明文化产业上市公司的数字化建设程度每提高 1%，将引起企业的营业成本率降低 0.0982%，列(2)、列(3)中介变量营业成本率的系数显著为负，表明数字化确实有助于降低企业的营业成本率,从而提高企业绩效,“成本论”成立。

表 4-6　降低成本的中介效应

变量	(1)	(2)	(3)
	cost	***roa***	***roe***
efirm	-0.0982***	0.0306***	0.0429***
	(0.0265)	(0.00775)	(0.0109)
cost		-0.0698***	-0.103***
		(0.0110)	(0.0158)
其他控制变量	是	是	是
行业固定效应	是	是	是
年份固定效应	是	是	是
观测数	504	804	804
R^2	0.279	0.288	0.221

注:篇幅所限,表中未报告其他控制变量的系数和稳健性,下表相同。

(二) 对“创新论”的检验

为检验“创新论”是否成立,本书采用了研发投入与营业收入的比值(*R&D*)作为文化产业上市公司创新能力的代理变量,进行式(4-5)、式(4-6)回归,结果如表 4-7 所示,中介变量的系数均不显著,因此,本书未能证明数字化建设通过创新机制提升文化产业上市公司绩效的观点。

对于这一机制未能成立的原因,本书认为可能在于以下两点:一是数字化对创新的促进更多体现为商业模式的创新,而非研发创新。蒂斯(Teece,2007)①认为数字化过程中引进的数字技术能够促进商业模式创新,戚聿东和

① Teece D. J.,“Explicating Dynamic Capabilities: The Nature and Microfoundations of Enterprise Performance”,*Strategic Management Journal*, Vol. 28, No. 13, 2007.

肖旭(2020)①使用我国非高新技术制造业上市公司的年报信息研究证明,数字化通过商业模式创新促进了制造业企业绩效的提升。二是有别于传统工业企业,文化产业类企业的创新更多体现在文化创意上,但作为代理变量的研发投入并不能很好地刻画企业的文化创意能力,因此未能捕捉到这一机制。

表 4-7 创新的中介效应

变量	(1)	(2)	(3)
	R&D	***roa***	***roe***
efirm	6.271***	0.0380***	0.0531***
	(1.598)	(0.00764)	(0.0107)
R&D		-5.33e-06	-1.31e-06
		(1.69e-05)	(2.38e-05)
其他控制变量	是	是	是
行业固定效应	是	是	是
年份固定效应	是	是	是
观测数	504	804	804
R^2	0.325	0.217	0.146

第四节 稳健性检验

一、数字化建设指标的稳健性

为确保数字化词语选择的准确性以及词频法构建数字化建设指标对企业数字化转型的代表性,本书构建了另外两个数字化建设指标,一是公司年报的

① 戚聿东、肖旭:《数字经济时代的企业管理变革》,《管理世界》2020 年第 6 期。

管理层讨论与分析部分（有些年报中为"董事会报告"）的数字经济词频占比（*efirm*1），二是公司年报中数字经济词频占当年所有文化产业上市公司年报中数字经济词频总和的比重（*efirm*2），该指标参照其他文化产业上市公司，进行了行业间的横向对比，较好地刻画了该企业数字化建设对其绩效的相对影响。使用这两个指标作为核心解释变量进行式（4-4）回归，结果依然正向显著（见表4-8），说明本书构建的数字化建设指标较为稳健。

表4-8　替换解释变量的稳健性检验

变量	(1)	(2)	(3)	(4)
	roa	***roe***	***roa***	***roe***
*efirm*1	2.47e-05**	3.60e-05**		
	(1.04e-05)	(1.54e-05)		
*efirm*2			0.503***	0.732***
			(0.186)	(0.276)
size	0.00114	-0.00239	0.00133	-0.00211
	(0.00278)	(0.00445)	(0.00280)	(0.00448)
lev	-0.0816***	0.0181	-0.0828***	0.0164
	(0.0137)	(0.0230)	(0.0137)	(0.0230)
liq	-0.00128***	-0.00149**	-0.00137***	-0.00163**
	(0.000442)	(0.000636)	(0.000452)	(0.000648)
top	0.000393***	0.000559***	0.000374***	0.000532***
	(0.000108)	(0.000163)	(0.000109)	(0.000164)
govback	-0.0142***	-0.0187**	-0.0135***	-0.0177**
	(0.00497)	(0.00784)	(0.00495)	(0.00780)
dual	0.00251	0.00344	0.00169	0.00225
	(0.00465)	(0.00696)	(0.00463)	(0.00692)
firmage	0.000669**	0.000871*	0.000667**	0.000866*
	(0.000337)	(0.000489)	(0.000337)	(0.000490)

续表

变量	(1)	(2)	(3)	(4)
	roa	***roe***	***roa***	***roe***
independent	0.105**	0.147**	0.108**	0.150**
	(0.0461)	(0.0650)	(0.0463)	(0.0653)
ceoage	0.00217	0.00412	0.00192	0.00375
	(0.00299)	(0.00427)	(0.00300)	(0.00428)
$ceoage^2$	-2.47e-05	-4.25e-05	-2.19e-05	-3.85e-05
	(3.06e-05)	(4.39e-05)	(3.07e-05)	(4.40e-05)
overseas	0.00318	0.00372	0.00381	0.00465
	(0.00745)	(0.0104)	(0.00746)	(0.0104)
academic	-0.0134***	-0.0151**	-0.0133***	-0.0150**
	(0.00412)	(0.00634)	(0.00404)	(0.00624)
地区经济变量	是	是	是	是
观测数	804	804	804	804
R^2	0.181	0.112	0.182	0.113

二、内生性问题

无论是进行商业模式创新、管理模式的数字化升级，还是设备的数字化更新换代，都需要大量资金支持，因此，绩效较好的公司才具有数字化建设的能力，其管理层也更可能倾向于对企业进行数字化改造，从而提升企业数字化程度。为了解决反向因果带来的内生性问题，本书分别使用滞后一期和滞后两期的数字化建设指标重新估计基准回归模型，结果如表 4-9 所示，显然，基准回归的主要结论十分稳健。

表 4-9　滞后期的稳健性检验

变量	(1)	(2)	(3)	(4)
	roa	*roe*	*roa*	*roe*
efirm (*t*-1)	0. 0311 ***	0. 0450 ***		
	(0. 00721)	(0. 0103)		
efirm (*t*-2)			0. 0235 **	0. 0350 ***
			(0. 00949)	(0. 0126)
size	0. 0108 ***	0. 0126 ***	0. 0157 ***	0. 0207 ***
	(0. 00260)	(0. 00367)	(0. 00257)	(0. 00360)
lev	-0. 107 ***	-0. 0252	-0. 122 ***	-0. 0604 ***
	(0. 0137)	(0. 0214)	(0. 0141)	(0. 0213)
liq	-0. 00111 **	-0. 00128 *	-0. 00141 **	-0. 00171 **
	(0. 000558)	(0. 000749)	(0. 000629)	(0. 000826)
top	0. 000290 ***	0. 000373 **	0. 000235 **	0. 000307 *
	(0. 000111)	(0. 000163)	(0. 000112)	(0. 000168)
govback	-0. 0178 ***	-0. 0243 ***	-0. 0184 ***	-0. 0251 ***
	(0. 00492)	(0. 00718)	(0. 00517)	(0. 00757)
dual	0. 00353	0. 00422	-0. 00381	-0. 00568
	(0. 00450)	(0. 00666)	(0. 00465)	(0. 00688)
firmage	0. 000680 **	0. 000907 *	0. 000433	0. 000604
	(0. 000339)	(0. 000480)	(0. 000350)	(0. 000505)
independent	0. 112 ***	0. 165 ***	0. 0871 **	0. 133 **
	(0. 0421)	(0. 0579)	(0. 0440)	(0. 0609)
ceoage	0. 00824 ***	0. 0126 ***	0. 00608 *	0. 00966 **
	(0. 00275)	(0. 00395)	(0. 00341)	(0. 00486)
$ceoage^2$	-8. 44e-05 ***	-0. 000126 ***	-6. 07e-05 *	-9. 46e-05 *
	(2. 84e-05)	(4. 12e-05)	(3. 43e-05)	(4. 90e-05)
overseas	0. 0104	0. 0154	0. 00887	0. 0127
	(0. 00704)	(0. 00980)	(0. 00703)	(0. 00961)
academic	-0. 0190 ***	-0. 0225 ***	-0. 0175 ***	-0. 0216 ***
	(0. 00405)	(0. 00609)	(0. 00432)	(0. 00665)
地区经济变量	是	是	是	是

续表

变量	(1)	(2)	(3)	(4)
	roa	*roe*	*roa*	*roe*
观测数	614	614	479	479
R^2	0.284	0.207	0.344	0.255

数字化浪潮引起了文化产业的深刻变革，关于文化产业上市公司的数字化转型对企业绩效的影响，学术界还缺乏相关研究。本章在运用文本分析方法构建企业数字化指标的基础上，采用2010—2019年中国文化产业A股上市公司的数据进行实证检验发现，文化产业上市公司的数字化程度加深显著提升了企业绩效，说明目前在我国文化产业上市公司中并不存在"IT效率悖论"。异质性研究发现，在文化产业上市公司中，CEO没有学术经历的、非国有的企业数字化建设对绩效的提升作用更强。机制分析表明，降低企业营业成本率是文化产业上市公司数字化转型提升企业业绩的主要渠道，而创新机制未能得到有效验证，本书认为其原因可能在于，文化产业的创新更多体现在创意以及商业模式创新上，没有合适的代理变量能够对此进行较好刻画，因此未能捕捉到这一机制。本章内容为构建企业层面数字化指标提供了新的方法，为研究文化产业上市公司的数字化转型与其绩效间的关系提供了微观经验支持。

第五章　数字经济推动中国文化产品出口

区块链不是世界上最华丽的词汇，但是我坚信，它将是下一代互联网，并且给每一次贸易、每一个社会、每一个人带来光明前景。

——唐·泰普斯科特，数字经济之父

“十四五”规划纲要明确指出，要加快构建以国内大循环为主体、国内国际双循环相互促进的新发展格局；要坚定不移发展数字经济，建设数字中国。在大数据、云计算、区块链等数字技术突飞猛进的变革下，世界各国以前所未有的深度和广度加入到经济一体化进程中去，贸易自由化已成为不可逆的时代潮流。不同国家人民在网络空间的频繁交流无形中降低了双多边贸易壁垒，5G与市场结合使产品和要素的跨国流动速度进一步加快，贸易流程的数字化大幅削减了贸易成本，数字经济已成为贸易领域的关键增长点。尤其是在2020年新冠疫情暴发之后，世界市场受到剧烈冲击，国外需求骤降，跨境电商等数字化贸易新业态实现了逆势上扬，成为“稳外贸”的重要抓手。可见，在后疫情时代，数字经济将会对国际贸易产生越来越重要的影响。据此，本章试图聚焦文化产品贸易，探究数字经济对我国文化产品出口的作用效果及影响机制，为完善我国文化产业外循环体系提供理论支撑。

第一节　数字经济对文化产品贸易的影响分析

一、影响文化贸易的传统因素

文化贸易与传统货物贸易在产品特征方面有较大差异,因此学界基于文化产品的特殊属性对其影响因素进行了大量研究。从已有文献来看,研究主要从经济因素、地理因素、文化因素、制度因素、贸易条件等方面展开。因此,本章主要从这五个方面进行梳理。

（一）经济因素对文化贸易的影响

经济发展水平是文化贸易最重要的影响因素之一,其主要通过本地市场效应、规模效应和需求偏好相似理论促进文化贸易。

本地市场效应由克鲁格曼(Krugman,1983)①提出,即在规模报酬递增、存在贸易成本和产品差异的两国两部门模型中,拥有较大本地市场的国家将成为净出口国。根据本地市场效应,一国可以通过提振内需推动自身贸易发展并增强其贸易地位,是除传统的技术和禀赋差异之外的又一竞争领域。在文化贸易研究中,学界主要用国内生产总值、第三产业增加值代指市场规模,发现中国文化产品贸易存在本地市场效应,中国经济发展水平越高,文化产品输出能力就越强(曲如晓和杨修,2015②;王璐瑶和罗伟,2010③)。因此,应当大力发展文化产业、不断提高文化产品的国际竞争力。

---

① Krugman P.,"New Theories of Trade Among Industrial Countries",*The American Economic Review*,Vol. 73,No. 2,1983.

② 曲如晓、杨修:《本地市场效应、要素禀赋优势与中国文化产品贸易》,《经济与管理研究》2015 年第 5 期。

③ 王璐瑶、罗伟:《中国"文化赤字"的影响因素——基于引力模型和面板数据的实证分析》,《国际经济合作》2010 年第 5 期。

规模经济效应认为贸易对象国市场规模越大，越会增加对进口商品的需求，从而影响贸易额。弗洛因德和温霍尔德(Freund 和 Weinhold,2004)[①]最早发现贸易对象国 GDP 增长会显著影响国家的贸易增长。国内学者也主要用贸易对象国的 GDP 总量或人均收入水平衡量其经济规模，验证了贸易对象国的经济规模与一国文化贸易出口额显著正相关的结论(陈晓清和詹正茂，2008[②]；曲如晓和韩丽丽，2010[③]；潘家栋和肖文，2018[④])。

1961 年瑞典经济学家林德提出了需求偏好相似理论，他认为两国消费偏好越相似，需求结构就越接近，从而促进了国际贸易的发生，而影响一国需求结构的首要因素在于平均收入水平。张宏伟(2011)[⑤]对中国图书版权贸易的实证研究得出该理论符合我国图书版权贸易的现实。但霍步刚(2008)[⑥]发现贸易双方的收入水平差距对中国文化产品进出口总额的影响并不显著，中国文化产品的主要出口流向地是西方国家，故其认为中国文化贸易偏离了需求偏好相似理论。

(二) 地理因素对文化贸易的影响

地理因素通常包括两国地理距离、是否有共同边界、是否为内陆国等变量，从不同侧面衡量了贸易中的运输成本，但地理因素对文化产品贸易的影响

① Freund C. L., Weinhold D., "The Effect of the Internet on International Trade", *Journal of International Economics*, Vol. 62, No. 1, 2004.

② 陈晓清、詹正茂：《国际文化贸易影响因素的实证分析——以美国 1996—2006 年对外文化贸易双边数据样本为例》，《南京社会科学》2008 年第 4 期。

③ 曲如晓、韩丽丽：《中国文化商品贸易影响因素的实证研究》，《中国软科学》2010 年第 11 期。

④ 潘家栋、肖文：《互联网发展对我国出口贸易的影响研究》，《国际贸易问题》2018 年第 12 期。

⑤ 张宏伟：《中国图书版权贸易影响因素测度研究——基于需求偏好相似理论的扩展和应用》，《出版科学》2011 年第 2 期。

⑥ 霍步刚：《中国文化贸易偏离需求相似理论的实证检验》，《财经问题研究》2008 年第 7 期。

效果研究尚未得出一致结论。

已有文献主要围绕两方面展开分析：一是两国地理距离。部分研究表明地理距离会显著负向影响文化贸易（臧新等，2012①；曲如晓和杨修，2015②），但由于文化产品具有轻物质、重内容的特点，也有学者研究表明地理距离对文化贸易的影响并不显著（陈晓清和詹正茂，2008③；邵军等，2014④；黄玖立和周泽平，2015⑤）。二是两国是否毗邻或是否有共同边界。费尔伯迈尔和图巴尔（Felbermayr 和 Toubal，2010）⑥利用 1975—2003 年 22 个加入欧洲经济和社会委员会（ESC）的国家数据研究影响贸易的因素，发现两国毗邻使得两国的贸易额显著增加 41%，但也有研究认为两国是否毗邻并不会显著影响文化贸易（邵军等，2014⑦；田子方和杜琼，2019⑧）。

（三）文化因素对文化贸易的影响

文化因素是影响文化产品贸易的直接因素之一，贸易双方的文化差异会影响文化产品的需求，目前学界主要从文化因素的测度及其对文化贸易的影响效果两方面展开研究。

---

① 臧新、林竹、邵军：《文化亲近、经济发展与文化产品的出口——基于中国文化产品出口的实证研究》，《财贸经济》2012 年第 10 期。

② 曲如晓、杨修：《本地市场效应、要素禀赋优势与中国文化产品贸易》，《经济与管理研究》2015 年第 5 期。

③ 陈晓清、詹正茂：《国际文化贸易影响因素的实证分析——以美国 1996—2006 年对外文化贸易双边数据样本为例》，《南京社会科学》2008 年第 4 期。

④ 邵军、吴晓怡、刘修岩：《我国文化产品出口贸易联系持续期及影响因素分析》，《世界经济文汇》2014 年第 4 期。

⑤ 黄玖立、周泽平：《多维度距离下的中国文化产品贸易》，《产业经济研究》2015 年第 5 期。

⑥ Felbermayr G., Toubal F., "Cultural Proximity and Trade", *European Economic Review*, Vol. 54, No. 2, 2010.

⑦ 邵军、吴晓怡、刘修岩：《我国文化产品出口贸易联系持续期及影响因素分析》，《世界经济文汇》2014 年第 4 期。

⑧ 田子方、杜琼：《中国文化产品出口的二元边际分析》，《宏观经济研究》2019 年第 4 期。

1. 文化因素的测度

部分学者使用是否具有共同语言、是否具有殖民关系等单一指标刻画文化因素。王璐瑶和罗伟(2010)①、陈晓清和詹正茂(2008)②等均以两国是否使用共同语言衡量文化因素,认为两国使用共同语言会促进文化贸易。蒙英华等(2015)③用中国对外移民存量代指移民网络,发现移民网络能够减少国际贸易中的信息和执行成本,有利于提高中国企业文化产品的出口概率和出口强度。

相比单一指标,更多研究倾向于以多维指标衡量文化因素,部分研究将多个单一指标同时纳入解释变量,发现文化上的相似性可以促进文化产品出口,且会减弱文化距离和地理距离对贸易的负面影响(Disdier 等,2010④;赵有广,2009⑤)。同时,越来越多的研究试图基于 Hofstede 指数构建文化距离指标,综合衡量贸易双方在权力距离、不确定性规避、个人主义和集体主义、男性气质和女性气质、儒家精神动力等多个文化维度上的相似性。

2. 文化因素对文化贸易的影响效果

根据文化差异的大小,贸易中的文化因素通常可分为文化折扣与文化亲近。文化折扣由霍斯金斯和米卢斯(Hoskins 和 Mirus,1988)⑥提出,即在文化贸易中,一国的风格、信仰、机构以及行为模式无法被异地观众认同时,特定的文化节目会出现吸引力降低的现象。与之相反的是美国学者施特劳哈尔和约

---

① 王璐瑶、罗伟:《中国"文化赤字"的影响因素——基于引力模型和面板数据的实证分析》,《国际经济合作》2010 年第 5 期。

② 陈晓清、詹正茂:《国际文化贸易影响因素的实证分析——以美国 1996—2006 年对外文化贸易双边数据样本为例》,《南京社会科学》2008 年第 4 期。

③ 蒙英华、蔡宏波、黄建忠:《移民网络对中国企业出口绩效的影响研究》,《管理世界》2015 年第 10 期。

④ Disdier A. C., Tai S., Fontagné L., Mayer T., "Bilateral Trade of Cultural Goods", *Review of World Economics*, Vol. 145, No. 4, 2010.

⑤ 赵有广:《文化贸易中重叠需求因子的分析与设计》,《郑州大学学报(哲学社会科学版)》2009 年第 2 期。

⑥ Hoskins C., Mirus R., "Reasons for the US Dominance of the International Trade in Television Programmes, *Media, Culture & Society*, Vol. 10, No. 4, 1988.

瑟夫(Straubhaar 和 Joseph,1991)①提出的文化亲近,指贸易双方在语言、信仰等方面认同感较强。文化因素通常通过文化折扣或文化亲近效应影响文化贸易,大多数研究发现文化折扣对文化贸易有负面作用,文化折扣则有显著促进作用。

邵军和吴晓怡(2014)②使用 Hofstede 指数反映文化折扣,基于 2003—2011 年中国文化产品出口数据研究发现,文化折扣对文化贸易有显著的负向影响。臧新等(2012)③则用文化距离反面考察"文化亲近",利用 1996—2009 年中国核心文化产品出口数据,实证研究表明文化距离对核心文化产品出口有显著负面影响,其原因在于文化距离越大,双方的民族文化和习俗差异就越大,出口的文化产品就越少。刘杨等(2013)④、王云飞和景瑞琴(2017)⑤也得出了相似结论。

虽然多数研究表明文化距离过大会对文化贸易产生负面影响,但也有研究认为文化距离在一定程度上可以促进文化贸易,原因在于文化距离越大,进口国消费者对外来文化的好奇和兴趣也越强烈,从而促进文化贸易(Linders,2005⑥;曲如晓和韩丽丽,2010⑦;李世杰等,2017⑧;田子方和杜琼,

---

① Straubhaar, Joseph D., "Beyond Media Imperialism: Assymetrical Interdependence and Cultural Proximity", *Critical Studies in Media Communication*, Vol. 8, No. 1, 1991.

② 邵军、吴晓怡:《文化折扣、市场规模与中国文化产品出口》,《国际商务(对外经济贸易大学学报)》2014 年第 3 期。

③ 臧新、林竹、邵军:《文化亲近、经济发展与文化产品的出口——基于中国文化产品出口的实证研究》,《财贸经济》2012 年第 10 期。

④ 刘杨、曲如晓、曾燕萍:《哪些关键因素影响了文化产品贸易——来自 OECD 国家的经验证据》,《国际贸易问题》2013 年第 11 期。

⑤ 王云飞、景瑞琴:《文化距离会阻碍文化服务输出吗?——基于 2006—2012 年跨国数据的检验》,《国际商务研究》2017 年第 6 期。

⑥ Linders G., Slangen A., Groot H., Beugelsdijk S., "Cultural and Institutional Determinants of Bilateral Trade Flows", *Tinbergen institute Discussion Papers*, Vol. 74, No. 3, 2005.

⑦ 曲如晓、韩丽丽:《中国文化商品贸易影响因素的实证研究》,《中国软科学》2010 年第 11 期。

⑧ 李世杰、邓茂杰、刘殿国:《贸易引力、社会嵌入与文化产品出口——来自中国与"一带一路"沿线国家的经验分析》,《广东财经大学学报》2017 年第 4 期。

2019[①])。此外，有学者发现 Hofstede 指数的不同维度对不同文化产品种类的影响存在差异(蓝天和吕文琦，2018)[②]。

(四) 制度因素对文化贸易的影响

经济制度、政治制度、市场规制等制度因素可以影响他国商品的市场准入成本、交易成本等，关于制度因素影响效果的研究通常从制度质量和制度距离两方面展开。

学界普遍认为一国制度质量越高，越有利于文化产品贸易。曹麦和苗莉青(2013)[③]选用了四个与文化产品出口关系密切的指标测算制度质量——产权保护自由度、贸易自由度、货币自由度及政府廉洁程度，研究结果表明制度质量对文化产品出口具有显著影响。齐俊妍和任奕达(2020)[④]基于世界银行公布的全球治理指数，从政治稳定、政府效率、腐败控制、监管质量、法治水平和话语问责权六个维度衡量东道国的制度质量，证明东道国制度保障可显著促进中国对外直接投资。

也有部分学者从两国制度距离出发研究其对文化贸易的影响，多数研究表明制度距离对文化贸易有负面作用。黄玖立和周泽平(2015)[⑤]采用"世界分地区国家自由评级"数据构建制度距离指标，发现制度距离对于中国文化产品贸易具有显著负向影响，应进一步加大对外开放，缩小文化距离和制度距

① 田子方、杜琼：《中国文化产品出口的二元边际分析》，《宏观经济研究》2019 年第 4 期。

② 蓝天、吕文琦：《中国文化创意产品出口增长的二元边际及其影响因素研究》，《国际贸易问题》2018 年第 12 期。

③ 曹麦、苗莉青：《制度因素对中国文化产品出口的影响》，《生产力研究》2013 年第 1 期。

④ 齐俊妍、任奕达：《东道国数字经济发展水平与中国对外直接投资——基于"一带一路"沿线 43 国的考察》，《国际经贸探索》2020 年第 9 期。

⑤ 黄玖立、周泽平：《多维度距离下的中国文化产品贸易》，《产业经济研究》2015 年第 5 期。

离。韦永贵和李红(2016)①将世界银行发布的全球治理指数代入制度距离测算公式,同样证明制度距离扩大会显著降低中国文化产品出口额,因此,应当加强贸易双方的政治沟通,削弱制度距离的阻碍作用。

(五) 贸易条件对文化贸易的影响

贸易条件是指一国所面临的多方面的贸易环境,包括贸易政策、多边阻力等。

1. 文化贸易政策

一国的文化贸易政策对于文化贸易的影响,主要体现为贸易壁垒的大小。大多数研究通过贸易双方是否签订自贸协定或加入同一国际组织,指代两者是否存在贸易优惠政策。部分研究表明在同一自贸区(或区域组织)会减少文化贸易壁垒,从而促进文化贸易(陈晓清和詹正茂,2008②;蒙英华和黄宁,2012③);但也有文献研究发现贸易政策并不会显著影响文化贸易(王璐瑶和罗伟,2010④;臧新等,2012⑤)。

2. 多边阻力

多边阻力刻画的是一国与所有出口目的国贸易的平均成本,一般来讲,一国与其他国家的多边阻力越大,与特定国家的文化产品贸易就越频繁。

---

① 韦永贵、李红:《中国文化产品出口贸易的影响因素研究——基于文化、地理及制度三维距离的检验》,《现代财经(天津财经大学学报)》2016 年第 10 期。

② 陈晓清、詹正茂:《国际文化贸易影响因素的实证分析——以美国 1996—2006 年对外文化贸易双边数据样本为例》,《南京社会科学》2008 年第 4 期。

③ 蒙英华、黄宁:《中国文化贸易的决定因素——基于分类文化产品的面板数据考察》,《财贸研究》2012 年第 3 期。

④ 王璐瑶、罗伟:《中国"文化赤字"的影响因素——基于引力模型和面板数据的实证分析》,《国际经济合作》2010 年第 5 期。

⑤ 臧新、林竹、邵军:《文化亲近、经济发展与文化产品的出口——基于中国文化产品出口的实证研究》,《财贸经济》2012 年第 10 期。

曲如晓和杨修(2015)①研究表明中国与其他贸易伙伴国的贸易成本越高,多边阻力越大,越有助于对特定国家文化产品出口的集约边际的增长;田子方和杜琼(2019)②也得出了相同结论。但在扩展边际的增长方面,曲如晓等(2015)③研究表明多边阻力对扩展边际没有显著作用;而田子方和杜琼(2019)④则认为多边阻力对扩展边际有显著负向影响,其原因在于多边阻力无法影响进口国对出口国文化的认同感,从而无法沿扩展边际提高文化产品出口额。

二、数字经济与文化贸易

数字经济的发展对文化贸易的影响目前在学界尚未引起广泛的研究与讨论,大多数研究仍局限于数字经济对一般贸易的影响。因此本节主要着眼于数字经济对国际贸易的影响,并进一步梳理其影响机制。

(一)数字经济发展对国际贸易的影响

绝大多数研究表明,数字经济对国际贸易有正向促进作用。已有文献大多依托引力模型基于跨国宏观数据进行研究,国外对该领域的研究开展较早,近年来国内学者也在不断拓展研究深度。根据研究脉络和研究深度,数字经济对国际贸易的影响研究可划分为以下五个阶段。

一是初步探究出口国或出口目的国的互联网普及程度对国际贸易的影响。弗洛因德和温霍尔德(Freund 和 Weinhold,2004)⑤最早构建了互联网对

① 曲如晓、杨修:《本地市场效应、要素禀赋优势与中国文化产品贸易》,《经济与管理研究》2015 年第 5 期。

② 田子方、杜琼:《中国文化产品出口的二元边际分析》,《宏观经济研究》2019 年第 4 期。

③ 曲如晓、杨修、刘杨:《文化差异、贸易成本与中国文化产品出口》,《世界经济》2015 年第 9 期。

④ 田子方、杜琼:《中国文化产品出口的二元边际分析》,《宏观经济研究》2019 年第 4 期。

⑤ Freund C. L., Weinhold D., "The Effect of the Internet on International Trade", *Journal of International Economics*, Vol. 62, No. 1, 2004.

国际贸易影响的理论模型，认为互联网可以降低企业在国际市场上的进入成本，实证结果进一步显示，出口国的网址数量每增长10个百分点，可促进出口增长约0.2个百分点，且该促进作用在1997—1999年的显著性逐渐增加，但出口目的国的互联网发展对出口并没有显著影响。林（Lin，2015）用互联网使用率衡量互联网发展水平，发现本国和出口目的国互联网使用率的提高均能促进出口，但本国互联网使用率的提高对其出口的影响更为显著。弗洛因德和温霍尔德（Freund 和 Weinhold，2004）①认为其原因可能在于进口国互联网发展可能加剧出口国的市场竞争，产生了替代效应。但近期我国部分学者得出了不同的结论。范鑫（2020）②研究发现进口国数字经济的发展能够降低我国出口贸易成本，提高贸易效率。潘家栋和肖文（2018）③研究表明出口目的国互联网使用率对我国出口的促进作用更显著，他进一步将出口目的国划分为发达国家与发展中国家，发现我国的互联网使用率提高，对与发展中国家或地区的贸易额没有显著影响，其将原因归结为发展中国家互联网普及率较低，与我国互联网普及率的差距过大、难以匹配。

二是进一步探究数字经济发展对不同收入水平国家的影响差异。克拉克和沃尔森（Clarke 和 Wallsten，2006）④以一国互联网渗透率（即100个人里的互联网主机数拥有量）衡量其互联网发展情况，基于2003年98个国家的出口贸易数据实证研究发现，出口国互联网的接入对发展中国家和发达国家影响不同，接入互联网能够改善发展中国家的出口绩效，刺激其向富裕国家出口，

---

① Freund C. L., Weinhold D., "The Effect of the Internet on International Trade", *Journal of International Economics*, Vol. 62, No. 1, 2004.

② 范鑫：《数字经济发展、国际贸易效率与贸易不确定性》，《财贸经济》2020年第8期。

③ 潘家栋、肖文：《互联网发展对我国出口贸易的影响研究》，《国际贸易问题》2018年第12期。

④ Clarke G., Wallsten S. J., "Has the Internet Increased Trade? Developed and Developing Country Evidence", *Economic inquiry*, Vol. 44, No. 3, 2006.

但对发达国家没有此作用。梅杰斯(Meijers,2014)①选取各国人均互联网接入率(即一个人最近12个月接入互联网的频率)指代其互联网发展程度,以213个国家1990—2008年的进出口总额占GDP的比重作为研究对象,结果表明互联网使用对低收入国家对外贸易的积极影响较高收入国家更大。

三是研究数字经济对不同行业出口贸易的影响。早期研究基本局限于服务业、制造业等大类行业,弗洛因德和温霍尔德(Freund和Weinhold,2002)②研究表明一国网址数量的增加能显著促进服务业贸易。李(Lee,2012)③认为贸易双方互联网主机数增加能够形成信息技术网络,从而显著增加制造业和服务业贸易总量。近年来,部分研究开始着眼于特定细分行业研究数字技术的独特作用。王和李(Wang和Li,2017)④发现一国信息和通信技术水平提高对研发(R&D)密集型和任务复杂程度较高的产业的出口促进作用更大。比斯瓦斯和肯尼迪(Biswas和Kennedy,2016)⑤就互联网对农产品贸易的影响差异进行研究。

四是进一步关注不同国家互联网发展差距对双边贸易的影响。赫尔曼齐克和施密茨(Hellmanzik和Schmitz,2015)⑥用双边、双向网址链接数量来衡量文化距离和互联网发展情况,结果表明互联网发展差距越小,两国双边服务的

① Meijers H.,"Does the Internet Generate Economic Growth, International Trade, Or Both?", *International Economics and Economic Policy*, Vol. 11, No. 1-2, 2014.

② Freund C, Weinhold D., "The Internet and International Trade in Services", *American Economic Review*, Vol. 92, No. 2, 2002.

③ Lee J., "Network Effects on International Trade", *Economics Letters*, Vol. 116, No. 2, 2012.

④ Yao Wang, Jie Li, "Ict's Effect on Trade: Perspective of Comparative Advantage", *Economics Letters*, Vol. 155, 2017.

⑤ Biswas T., Kennedy P. L., "The Effect of the Internet on Bilateral Trade", *Southern Agricultural Economics Association*, Vol.10, No.2, 2016.

⑥ Hellmanzik C., Schmitz M., "Virtual Proximity and Audiovisual Services Trade", *European Economic Review*, Vol. 77, 2015.

贸易额越大。阿贝利安斯基和希尔伯特(Abeliansky 和 Hilbert,2016)①通过实证研究发现一国通信质量(人均宽带速度)的提升对发展中国家贸易的促进作用更强,而通信数量(人均数据订阅量)的增加则对发达国家贸易的促进作用更强,并对其原因作出解释,认为发展中国家虽然在通信数量方面不断追赶发达国家,缩小了数字鸿沟,但对前沿技术的掌握能力仍较差,在数据质量方面与发达国家仍存在较大差距,由此抑制了对外贸易,因此,缩小互联网发展差距有利于建立更稳定的联系。潘申彪和王剑斌(2018)②以中国与"一带一路"44 个共建国家的出口贸易为研究对象,发现互联网发展差距的缩小有利于克服贸易基础设施落后、地理距离较远等传统贸易障碍,提高中国与伙伴国家贸易投资便利度,显著提高两国贸易水平。

五是聚焦跨境电商平台等新型贸易形式促进出口的机制。跨境电商平台是一国数字经济发展在商业模式上的创新,岳云嵩和李兵(2018)③以 2000—2009 年"阿里巴巴"中国站付费会员大数据为基础,实证研究发现电子商务平台可以通过提高生产效率、提高交易匹配效率和降低出口门槛三条路径促进企业向更多发达国家、远距离国家的出口。鞠雪楠等(2020)④基于"敦煌网"的经验数据,发现跨境电商平台降低了贸易的固定成本和可变成本,拓展了贸易边界。

虽然绝大多数学者研究表明数字化程度的提高对国际贸易有显著正向影响,但也有部分学者认为数字化对国际贸易的影响具有两面性,在带来机遇的

---

① Abeliansky A. L., Hilbert M., "Digital Technology and International Trade: Is It the Quantity of Subscriptions or the Quality of Data Speed that Matters?", *Telecommunications Policy*, Vol. 41, No. 1, 2016.

② 潘申彪、王剑斌:《互联网发展差距对"一带一路"沿线主要国家出口贸易的影响研究》,《国际商务(对外经济贸易大学学报)》2018 年第 3 期。

③ 岳云嵩、李兵:《电子商务平台应用与中国制造业企业出口绩效——基于"阿里巴巴"大数据的经验研究》,《中国工业经济》2018 年第 8 期。

④ 鞠雪楠、赵宣凯、孙宝文:《跨境电商平台克服了哪些贸易成本?——来自"敦煌网"数据的经验证据》,《经济研究》2020 年第 2 期。

同时也带来了新的挑战。范鑫(2020)[①]研究发现进口国数字经济发展能够显著提高我国出口贸易效率,并且上述影响对于中低收入水平出口贸易国影响更加显著,但同时进口国数字经济的发展也会增加我国出口贸易的不确定性。数字经济发展对贸易产生负面影响的机制主要体现在三个方面:一是进口国数字经济发展提高了该国市场竞争的激烈程度,从而增加我国出口的不确定性;二是世界各国在跨境数据流通规则和政策上尚未形成规范统一的秩序,政策上存在不确定性;三是进口国数字经济发展在扩大市场开放水平的同时,更易受到世界经济波动的冲击。

(二) 数字经济对国际贸易的影响机制

已有文献通常从降低贸易成本的角度分析数字经济发展对国际贸易的影响机制。贸易成本由固定贸易成本和可变贸易成本构成,研究表明,数字经济的发展可以通过降低国际贸易中的固定成本和可变成本促进国际贸易增长(Freund 和 Weinhold,2004[②];施炳展,2016[③]),但具体的影响路径依然较为模糊。

1. 数字经济发展降低固定贸易成本

已有研究并未对固定贸易成本给予明确的定义。鲍德温和克鲁格曼(Baldwin 和 Krugman,1986)[④]认为固定成本指企业进入出口国市场和留在出口市场的成本。一般来讲,固定贸易成本主要受到行政干预、信息成本、非关

---

① 范鑫:《数字经济发展、国际贸易效率与贸易不确定性》,《财贸经济》2020 年第 8 期。

② Freund C. L., Weinhold D., "The Effect of the Internet on International Trade", *Journal of International Economics*, Vol. 62, No. 1, 2004.

③ 施炳展:《互联网与国际贸易——基于双边双向网址链接数据的经验分析》,《经济研究》2016 年第 5 期。

④ Baldwin R. E., Krugman P. R., "Persistent Trade Effects of Large Exchange Rate Shocks", *Social Science Electronic Publishing*, No. 104, 1986.

税壁垒等因素的影响(钱学锋,2008)①。数字经济发展降低固定贸易成本的路径主要有以下三条:

一是数字经济发展带来的信息搜寻成本降低减小了市场进入成本。新产品在进入新市场时,卖方企业能够通过互联网了解一国的消费需求、目标客户、销售渠道等,从而降低了搜寻调查成本(Freund 和 Weinhold,2004)②和销售宣传成本(岳云嵩和李兵,2018)③,有利于进入和留在买方市场。

二是信息通信技术的提高降低了双方交易成本,使进入市场的阻力减小。一方面,互联网的普及使交易时间和交易场所更加灵活,减少了中间环节,提升了交易速度,从而降低交易费用和贸易摩擦(李海舰等,2014)④。另一方面,信息和通信技术的广泛应用大大降低了某些在传统贸易条件下难以交易的产品的交易成本,从而拓展了可贸易产品的范围,如跨境在线咨询、金融服务等已成为服务贸易新的增长来源(范鑫,2020)⑤。

三是数字技术的利用有效降低了合同成本,有利于进出口双方形成长期信任合作关系,巩固已有市场。国际贸易中的合同成本主要体现为买方对卖方实施有效监督的成本(马述忠等,2019)⑥。在传统贸易中,由于交易双方距离较远,造成贸易双方信息不对称,监督合同履行的成本较大。而随着数字经济发展,特别是跨境电商平台信用体系的建立和完善,如店铺信用评分机制、相关信息披露机制、用户评分评论机制等促进了信息的充分共享,既保护了消费者权益,又

---

① 钱学锋:《企业异质性、贸易成本与中国出口增长的二元边际》,《管理世界》2008 年第 9 期。

② Freund C. L., Weinhold D., "The Effect of the Internet on International Trade", *Journal of International Economics*, Vol. 62, No. 1, 2004.

③ 岳云嵩、李兵:《电子商务平台应用与中国制造业企业出口绩效——基于"阿里巴巴"大数据的经验研究》,《中国工业经济》2018 年第 8 期。

④ 李海舰、田跃新、李文杰:《互联网思维与传统企业再造》,《中国工业经济》2014 年第 10 期。

⑤ 范鑫:《数字经济发展、国际贸易效率与贸易不确定性》,《财贸经济》2020 年第 8 期。

⑥ 马述忠、房超、张洪胜:《跨境电商能否突破地理距离的限制》,《财贸经济》2019 年第 8 期。

反向激励供给侧企业改进生产和服务,减少了产品的市场进入成本及交易中的逆向选择风险,从而大大降低了合同成本(Lendle 等,2016①;Lewis,2011②)。

2. 数字经济发展降低可变贸易成本

可变贸易成本主要包括传统的运输成本以及由文化、制度差异导致的可变成本(曲如晓和杨修,2015)③。数字经济的发展降低可变成本的途径包括:

一是跨境电商的发展使得国际贸易中的交通运输成本大幅下降,特别是电子化产品和服务大大弱化了运输成本的影响。在文化贸易中,数字技术与文化产业的结合,使越来越多的高附加值文化产品可以通过跨境电商出口,地理距离对国际贸易的阻碍作用越来越小。

二是数字经济的发展促进了信息共享,减少了由文化、制度距离导致的可变成本。互联网是消费者了解一国文化的重要窗口,搜索引擎、跨境电商等数字技术的发展使消费者可以更加便利全面地了解、搜集和验证产品信息,降低了信息搜寻成本和信息不对称,有利于消费者了解出口国文化和产品,减小文化折扣,提高交易匹配效率,从而推动国际贸易(施炳展,2016④;范鑫,2020⑤)。

三是数字技术的发展提供了更便捷的现代化沟通工具,高效的信息传递减少了沟通障碍和贸易摩擦,从而降低了可变成本。这一影响机制主要体现在三个方面:其一,互联网为进出口企业提供了"云沟通"的渠道,跨越了国际贸易中地理距离的阻碍,减少了谈判的财务成本(李兵和李柔,2017)⑥;其二,

---

① Lendle A., Olarreaga M., Schropp S., Pierre-Louis V., "There Goes Gravity: Ebay and the Death of Distance", *The Economic Journal*, Vol. 126, No. 591, 2016.

② Lewis G., "Asymmetric Information, Adverse Selection and online Disclosure: the Case of Ebay Motors", *American Economic Review*, 2011.

③ 曲如晓、杨修:《本地市场效应、要素禀赋优势与中国文化产品贸易》,《经济与管理研究》2015 年第 5 期。

④ 施炳展:《互联网与国际贸易——基于双边双向网址链接数据的经验分析》,《经济研究》2016 年第 5 期。

⑤ 范鑫:《数字经济发展、国际贸易效率与贸易不确定性》,《财贸经济》2020 年第 8 期。

⑥ 李兵、李柔:《互联网与企业出口:来自中国工业企业的微观经验证据》,《世界经济》2017 年第 7 期。

邮件、视频会议等方式使交易双方能够随时取得联系并进行有效沟通，降低了贸易双方的时间成本（潘家栋和肖文，2018）①；其三，数字技术的发展能够在国际贸易中提供多种语言服务支持，便于贸易双方通过电商平台实时交流，大大降低了语言沟通障碍（马述忠等，2019）②。

第二节　模型设定与数据

一、模型构建

为实证检验出口目的地数字经济发展对我国核心文化产品出口的影响效果，本书构建了如下计量模型：

$$\ln export_{it} = \beta_0 + \beta_1 \ln int_{it} + X_{it} + \eta_i + \lambda_t + \varepsilon_{it} \tag{5-1}$$

模型中，i 指出口目的地；t 为时间；$export_{it}$ 为 t 年我国向 i 地区出口的文化产品价值；int_{it} 为以互联网变量衡量的 i 地区在 t 年的数字经济发展程度，为模型的核心解释变量；X_{it} 包含了影响我国核心文化产品出口额的其他因素；η_i 和 λ_t 分别控制了无法观测的地区和时间固定效应，其中，各出口目的地所属地区信息来源于世界银行③；ε_{it} 为随机扰动项。

二、变量选取及数据来源

（一）被解释变量

本书根据联合国教科文组织对文化产品的分类及其与 HS96 编码的对照

① 潘家栋、肖文：《互联网发展对我国出口贸易的影响研究》，《国际贸易问题》2018 年第 12 期。

② 马述忠、房超、张洪胜：《跨境电商能否突破地理距离的限制》，《财贸经济》2019 年第 8 期。

③ 根据世界银行的分类标准，各出口目的地分属七大地区，分别为东亚与太平洋地区、南亚地区、欧洲与中亚地区、北美地区、拉丁美洲和加勒比海地区、撒哈拉以南非洲地区、中东与北非地区。

表,选取我国对各出口目的地的核心文化产品出口额的对数为被解释变量。

（二）解释变量

本书以出口目的地每百人中互联网使用人数,即互联网使用率的对数为核心解释变量,考察贸易伙伴国的数字经济发展对我国文化产品出口贸易的作用方向和幅度,同时控制了一系列影响出口的其他变量。其中,出口数据来源于联合国商品贸易统计数据库(UN Comtrade),涵盖了1996—2019年我国对219个国家和地区的核心文化产品出口额,出口目的地的互联网数据来源于世界银行。

（三）控制变量

1. 本国的数字经济发展程度

数字技术应用对双边贸易的影响不仅体现在需求端,供给端的数字化发展同样起到重要作用。因此,除出口目的地的数字经济发展程度外,模型中还控制了中国的互联网使用率,同样以对数形式引入回归,用以检验我国数字经济发展对文化产品出口额产生何种影响,该变量的原始数据同样来源于世界银行。

2. 经济变量

贸易双方的经济发展状况无疑会影响双边贸易额,根据已有研究,本书在模型中引入了2个经济变量:出口目的地的GDP和人口规模,既直接衡量了我国文化产品出口面临的市场规模,也间接控制了出口目的地的人均GDP,有效刻画了其消费能力。各变量均以对数形式参与回归,原始数据来源于世界银行。

3. 地理变量

产品和服务的跨国界流动势必受到地理因素的制约,因此,模型中引入了3个地理变量以衡量双边贸易的运输成本:一是贸易双方首都距离的绝对值,以对数形式引入回归;二是出口目的地是否与中国具有共同边界,即贸易双方是否毗邻;三是出口目的地是否为内陆国。数据来源为法国国际展望与信息研究中心(CEPII)数据库,其中,后两个指标均为虚拟变量。

4. 文化变量

不同于一般商品贸易,文化产品由于蕴含丰富的文化特色和意识形态色彩,其在国际间流动时具有一定的人文障碍,从而无形中增加了文化产品贸易的成本,故此,模型初步引入共同语言虚拟变量来衡量这部分成本。共同语言是指贸易双方是否有 9%及以上的人口掌握对方的官方语言,数据来源于法国国际展望与信息研究中心数据库。显然,与我国具有共同语言的国家或地区更便于同中国进行文化交流和融合,从而促进我国出口。

5. 贸易条件

双边贸易在很大程度上被出口目的地的贸易条件所制约,本书依据出口目的地是否属于经济合作与发展组织成员方,引入虚拟变量初步衡量伙伴国的贸易条件,数据来源于经济合作与发展组织官方网站。一般来说,经济合作与发展组织成员方具有较高的经济发展水平,以及较好的贸易开放度,且经济合作与发展组织致力于推动世界各国的经济合作,故当伙伴国隶属于经济合作与发展组织成员方时,预计将有利于我国出口。各变量的描述性统计如表 5-1 所示。

表 5-1 描述性统计

变量	含义	样本量	均值	标准差	最小值	最大值
ln*export*	中国对出口目的地核心文化产品出口额的对数	4502	13.65	3.364	0	22.71
ln*int*	出口目的地互联网使用率的对数	4366	2.676	1.444	0	4.615
ln*cint*	中国互联网使用率的对数	4502	2.734	1.318	0.0130	4.013
ln*gdp*	出口目的地 GDP 的对数	4247	23.92	2.304	17.28	30.70

续表

变量	含义	样本量	均值	标准差	最小值	最大值
ln*pop*	出口目的地人口的对数	4417	15.46	2.165	9.194	21.04
ln*dist*	贸易双方首都距离绝对值的对数	4351	8.993	0.542	6.696	9.868
contig	贸易双方是否相邻	4351	0.0830	0.276	0	1
landlocked	出口目的地是否位于内陆	4351	0.173	0.378	0	1
comlang	贸易双方是否具有共同语言	4351	0.0221	0.147	0	1
OECD	出口目的地是否加入经济合作与发展组织	4502	0.169	0.374	0	1

第三节　实证结果分析

一、基准回归结果

表5-2报告了本模型基准回归的结果，除出口目的地和本国的数字经济发展程度外，列(1)—列(4)依次引入了可能影响我国文化产品出口额的经济、地理、文化和贸易条件因素，各列均控制了地区和时间固定效应。

从各列的回归结果可以看出，出口目的地互联网使用率的系数均在1%的统计水平上显著为正，并在[0.244,0.256]的范围内波动，在控制了全部变量和固定效应后，该系数为0.256，说明在其他因素不变时，进口国的互联网使用率每提高1%，将会引起我国核心文化产品出口额提高0.256%，其可能的原因有以下两点：一是出口目的地的互联网使用范围扩大，信息获取能力提高，搜寻成本下降，越来越多的外国消费者可以通过网络了解中华文化，从而提高了其消费者对我国文化产品的需求量；二是互联网技术的运用有效降低了贸易过程中的沟通成本、交易成本和合同成本，一方面增加了“旧产品”“旧市场”的出口量，另一方面开拓了更多“新产品”“新市场”，使许多在传统贸易条件下难以跨国流动的文化产品进入出口行列，也与更多国家和地区建立了贸易伙伴关系，从而大幅提升了我国核心文化产品的出口量。

我国的数字经济发展对核心文化产品出口也表现出显著的促进作用，回归结果显示，中国互联网使用率的系数均显著为正，在控制了其他变量后，其系数为 0.380，即在其他因素保持不变的条件下，我国互联网使用率每上升1%，可引起我国核心文化产品出口额上升 0.380%，说明数字经济对文化产品出口的影响并非局限于需求端，我国互联网发展可以从供给端丰富出口产品的内涵和形式，开拓更多销售渠道，并有效推动我国文化输出，提高搜寻—匹配效率，多途径促进出口。值得注意的是，中国互联网使用率的系数普遍高于出口目的地，施炳展和游安南（2021）[①]将其原因归结为，在重商主义思想的影响下，各国更加注重贸易顺差，因此，与进口相比，数字技术发展也更倾向于推动出口。

从经济因素来看，出口目的地的 GDP 和人口规模的增加对中国核心文化产品的出口始终具有正向推动作用，说明文化产品贸易具有规模经济效应，即潜在需求量越大，越有利于我国文化产品的出口。同时，控制了出口目的地的 GDP 和人口规模相当于控制其人均 GDP，比较二者系数可知，出口目的地的人均 GDP 水平的提高也将显著增加我国文化产品出口额，这说明经济实力雄厚、消费能力较强的国家更有能力消费需求层次较高的文化产品，因此我国文化产品出口应重点瞄准经济水平较发达的国家和市场。

从地理因素来看，中国更倾向于向邻国出口文化产品，其原因在于，相邻国家与我国之间的地理障碍较小，且两国文化的相似度较高，我国进行文化输出时将面临更小的人文障碍，因此有利于促进我国文化产品出口。当出口目

① 施炳展、游安南：《数字化政府与国际贸易》，《财贸经济》2021 年第 7 期。

的地位于内陆时，则会产生显著的抑制作用，这可能是由于内陆国的开放度较低，与别国的文化交流受到限制，双边贸易也存在更多壁垒，从而阻碍了我国文化产品对其出口。从回归结果来看，两国地理距离的系数始终不显著，体现出了文化产品重“内容”、轻“物质”、可复制的特殊性，尤其是在数字经济条件下，其出口已不再被地理距离显著制约。

从文化因素来看，贸易双方具有共同语言可以显著促进文化产品的出口，说明进出口国间的语言障碍越小，进口国的消费者越容易理解出口国文化产品的文化“内核”。经济合作与发展组织致力于推动国家间的经济合作，因此，当进口国属于经济合作与发展组织成员方时，其通常具有更好的贸易条件，从而有利于双边贸易的开展，然而，回归结果显示，出口目的地是否加入经济合作与发展组织对我国文化产品的出口并无显著影响，其原因可能在于，贸易条件衡量的更多的是“物质”层面的状况，对“内容”导向的文化产品的出口则作用有限。

表 5-2　基准回归结果

变量	（1）	（2）	（3）	（4）
ln*int*	0.244***	0.250***	0.249***	0.256***
	（0.003）	（0.002）	（0.002）	（0.002）
ln*cint*	0.369***	0.372***	0.381***	0.380***
	（0.000）	（0.000）	（0.000）	（0.000）
ln*gdp*	0.975***	0.947***	0.916***	0.890***
	（0.000）	（0.000）	（0.000）	（0.000）
ln*pop*	0.257***	0.273***	0.300***	0.310***
	（0.009）	（0.007）	（0.003）	（0.002）
ln*dist*		0.149	0.282	0.268
		（0.547）	（0.256）	（0.274）

续表

变量	(1)	(2)	(3)	(4)
contig		1.359***	1.179**	1.232***
		(0.008)	(0.011)	(0.007)
landlocked		-1.318***	-1.271***	-1.284***
		(0.000)	(0.000)	(0.000)
comlang			1.872***	1.935***
			(0.000)	(0.000)
OECD				0.250
				(0.252)
地区固定效应	是	是	是	是
时间固定效应	是	是	是	是
观测数	4212	4097	4097	4097

注：***、**、*分别表示系数在1%、5%、10%的统计水平上显著，括号内为p值，下表相同。

二、稳健性检验

（一）替换核心自变量

上述基准回归结果初步证明，出口目的地数字经济的发展对我国核心文化产品的出口具有显著促进作用。为检验该结果的稳健性，本书试图以多样化指标替代互联网使用率，充分衡量出口目的地数字经济发展程度，观察其系数是否存在显著差异。

表5-3的前三列分别报告了以每百人中移动手机（ln*phone*）、移动宽带（ln*mobb*）和固定宽带（ln*fixb*）使用人数衡量出口目的地数字经济发展水平的回归结果，后两列同时控制了以移动和固定方式衡量的互联网接入率。可以发现，除列（5）外，移动手机和移动宽带普及率的系数均显著为正，而固定宽带普及率的变化则对我国文化产品的出口无显著影响，可见，在数字经济时

代，人们更倾向于通过移动方式接入网络，进而产生跨国消费。进一步观察发现，与互联网使用率相比，移动手机普及率对出口的促进作用从 0.256 上升为 0.447，移动宽带普及率则下降为 0.066，这在一定程度上说明，随着数字技术的发展，手机已成为人们的主要消费渠道，从而出口目的地的手机普及率是制约我国核心文化产品出口的主要因素。其他控制变量对因变量的影响方向及其显著性与基准回归结果基本一致，验证了结果的稳健性。

表 5-3　替换核心自变量

变量	（1）	（2）	（3）	（4）	（5）
ln*phone*	0.447***			0.457***	
	（0.000）			（0.000）	
ln*mobb*		0.066**			0.044
		（0.023）			（0.292）
ln*fixb*			-0.047	0.117	0.105
			（0.548）	（0.112）	（0.262）
ln*cint*	0.239***	0.714***	0.432***	0.111	0.716***
	（0.000）	（0.000）	（0.000）	（0.224）	（0.000）
ln*gdp*	0.691***	0.719***	0.973***	0.598***	0.695***
	（0.000）	（0.000）	（0.000）	（0.000）	（0.000）
ln*pop*	0.455***	0.410***	0.221**	0.544***	0.418***
	（0.000）	（0.000）	（0.039）	（0.000）	（0.000）
ln*dist*	0.255	0.121	0.213	0.250	0.096
	（0.266）	（0.690）	（0.431）	（0.312）	（0.676）
contig	1.183***	0.922**	1.178**	1.175**	0.948**
	（0.005）	（0.017）	（0.020）	（0.011）	（0.048）
landlocked	-1.395***	-1.557***	-1.400***	-1.462***	-1.532***
	（0.000）	（0.000）	（0.000）	（0.000）	（0.000）

续表

变量	(1)	(2)	(3)	(4)	(5)
comlang	2.090***	2.069***	1.915***	1.895***	1.943***
	(0.000)	(0.000)	(0.001)	(0.001)	(0.000)
OECD	0.561**	0.613***	0.201	0.512***	0.578**
	(0.011)	(0.006)	(0.225)	(0.004)	(0.030)
地区固定效应	是	是	是	是	是
时间固定效应	是	是	是	是	是
观测数	4113	1900	3137	3136	1875

（二）分类回归

为进一步探索出口目的地数字经济发展对我国核心文化产品出口结构的影响，本书根据联合国教科文组织的分类标准，将核心文化产品分解为五大类分别进行了回归，结果如表5-4所示，列(1)—列(5)的因变量分别为我国文化遗产类、出版物类、音乐和表演艺术类、视觉艺术类与视听媒介类文化产品出口额的对数。

表5-4 分类回归结果

变量	(1)	(2)	(3)	(4)	(5)
	ln*export*1	ln*export*2	ln*export*3	ln*export*4	ln*export*5
ln*int*	-0.161	0.484***	0.209	0.259***	-0.014
	(0.645)	(0.000)	(0.403)	(0.001)	(0.930)
ln*cint*	-0.814*	0.421***	-0.862***	0.363***	-1.699***
	(0.071)	(0.000)	(0.001)	(0.000)	(0.000)
ln*gdp*	1.125***	0.487***	0.807***	0.989***	0.997***
	(0.001)	(0.000)	(0.002)	(0.000)	(0.000)

续表

变量	(1)	(2)	(3)	(4)	(5)
	lnexport1	lnexport2	lnexport3	lnexport4	lnexport5
ln*pop*	-0.588*	0.673***	-0.042	0.180*	0.273
	(0.061)	(0.000)	(0.861)	(0.070)	(0.135)
ln*dist*	-0.336	0.141	-0.689	0.284	0.192
	(0.348)	(0.591)	(0.235)	(0.257)	(0.625)
contig	1.697**	0.892**	0.179	1.264**	0.717
	(0.010)	(0.028)	(0.856)	(0.015)	(0.171)
landlocked	-1.270	-1.102***	0.227	-1.473***	-1.112***
	(0.166)	(0.000)	(0.614)	(0.000)	(0.005)
comlang	1.061	3.163***	1.218	1.245***	2.887**
	(0.194)	(0.000)	(0.357)	(0.005)	(0.010)
OECD	0.286	0.848***	-0.732	0.119	0.730**
	(0.663)	(0.000)	(0.205)	(0.573)	(0.028)
地区固定效应	是	是	是	是	是
时间固定效应	是	是	是	是	是
观测数	538	3568	681	4033	2160

由回归结果可看出，出口目的地的互联网发展仅对我国出版物类和视觉艺术类产品的出口具有显著的促进作用，而对其他三类没有显著影响。其原因可能在于，进口国互联网使用率的增加有利于加深该国消费者对我国文化的了解程度及其认同感，而出版物类和绘画、雕塑等视觉艺术类产品具有较高的“文化含量”，因此这两类产品的出口额得到显著提升。对于音乐和表演艺术类与视听媒介类产品，根据联合国教科文组织的详细分类可知，二者主要包括录制媒介（如唱片、磁带、光盘）、游戏机、胶片等工业制品，可替代性较强，出口目的地的数字经济发展使其可以对多个国家的产品进行选择，从而挤占

我国相关文化产品的市场，文化传播的积极作用与竞争加剧的消极作用相互抵消，导致进口国的互联网使用率提高对这两类文化产品的出口没有显著影响。至于文化遗产类产品，一方面，其出口受到国家管控；另一方面，此类产品的价值主要在于收藏、展览等，数字化程度较低，从而对互联网的发展变化不敏感。

回归结果显示，我国互联网使用率的提高可以显著推动出版物类和视觉艺术类产品的出口，这说明供给端的数字化确实有利于降低这两类产品的成本、开拓更多市场，从而促进我国产品的出口。然而，我国数字经济的发展对其他三类产品的出口表现出显著抑制作用，这与预期较为不符，其原因可能在于，一国数字化程度的加深一般都伴随着该国经济发展水平和社会生产率的提高，此时其将倾向于生产和出口差异化程度较高的产品，而音乐和表演艺术类与视听媒介类产品的差异化程度相对较低，同质产品的竞争激烈，因此我国将减少二者的出口；文化遗产类产品虽然具有非常强烈的文化色彩，差异化程度非常高，但其系数仍然负向显著，这可能是由这类产品的特性所决定的，数字技术的发展和应用，使国家相关管理部门发掘并掌握了更多过去不透明的文化遗产信息，从而大大减少了文化遗产类产品的非法出口。从控制变量来看，出口目的地人口规模负向影响我国文化遗产类产品的出口，与预期不符，这可能是由该类产品样本量较少导致的，其他控制变量的作用效果均与基准回归一致。

（三）二元边际

根据已有文献，核心文化产品出口还可以从二元边际的角度分解为集约边际（intensive）和扩展边际（extensive），前者是指既有产品在原有市场上出口的增长，即“老产品+老市场”，以 t 年中国向 i 国出口的各类产品的平均出口额来衡量；后者则是指既有产品开辟新市场，以及出口产品种类的多样化，即“老产品+新市场”“新产品+老市场”“新产品+新市场”，以 t 年中国向 j 国出口的核心文化产品种类数来衡量。数据仍然来自联合国商品贸易统计数据库，产品的详细分类参考联合国教科文组织提供的核心文化产品与 HS96 六位数编码的对照表。

表 5-5 汇报了二元边际的回归结果，各变量的符号和显著性与基准回归结果基本一致，值得注意的是，对于集约边际，我国互联网使用率的系数显著高于出口目的地，这是因为老产品已经从需求端突破了老市场的文化、制度等藩篱，出口增长更多地来源于供给端的销售成本降低、销售渠道便利化，因此出口方的数字化发展对集约边际显示出更大的促进作用。对于扩展边际，出口目的地互联网使用率的系数高于中国，但二者差异并不大，说明在新产品和新市场的开辟中，供给端的文化输出和需求端的文化认同同样重要，只有双方数字经济共同发展，才能有效提高搜寻—匹配效率，从而促进扩展边际的增长。

表 5-5　二元边际

变量	(1)	(2)
	ln*intensive*	**ln*extensive***
ln*int*	0. 146**	0. 123***
	(0. 035)	(0. 000)
ln*cint*	0. 257***	0. 118***
	(0. 000)	(0. 001)
ln*gdp*	0. 645***	0. 211***
	(0. 000)	(0. 000)
ln*pop*	0. 248***	0. 080***
	(0. 003)	(0. 004)
ln*dist*	0. 192	0. 066
	(0. 313)	(0. 466)
contig	1. 058***	0. 172*
	(0. 006)	(0. 083)

续表

变量	(1)	(2)
	ln*intensive*	ln*extensive*
landlocked	-1.071***	-0.229***
	(0.000)	(0.000)
comlang	1.615***	0.369***
	(0.002)	(0.007)
OECD	0.310*	0.006
	(0.071)	(0.949)
地区固定效应	是	是
时间固定效应	是	是
观测数	4097	4097

三、异质性分析

从理论上看，贸易双方的距离越大，出口目的地的多边阻力越小，双边贸易将越受抑制，因此，有必要进一步探讨，对于不同距离和多边阻力的出口目的地，其数字经济发展对我国核心文化产品出口额的影响是否存在显著差异。据此，本书从经济距离、文化距离、制度距离、地理距离和多边阻力五个方面引入交互项，展开异质性分析。

表5-6的列(1)—列(5)分别报告了四维距离和多边阻力的异质性回归结果，其中，经济距离(*gapper*)以两国人均GDP差的绝对值衡量，并以对数形式参与回归；文化距离(*cd*)以Hofstede指数为基础，由欧式距离公式计算得来①；制

① 霍夫斯泰德(Hofstede，2001)提供了各国在权力距离、个人主义、阳刚气质、不确定性规避四个维度上的得分，文化距离的具体计算公式为：$cd_{ij} = \sqrt{\sum_{k=1}^{4}(P_{ik} - P_{jk})^2}$ 其中，i 指出口目的地，j 指中国，k 指四个文化维度，cd_{ij} 指贸易双方的文化距离，P_{ik} 和 P_{jk} 分别表示出口目的地和中国在各个文化维度上的得分。

度距离的测度则以世界银行发布的全球治理指数为基础，同样采用欧式距离公式计算而来①；多边阻力（*mres*）的构造则借鉴了诺威（Novy，2012）的方法②；*D_gapper* 为虚拟变量，以贸易双方经济距离的均值为限，当出口目的地与我国的经济距离大于均值时取 1，小于等于该均值时取 0；*D_dist*、*D_cd*、*D_inst*、*D_mres* 均为以相同方法构造的虚拟变量。

回归结果显示，经济距离对于我国核心文化产品出口具有显著促进作用，这是因为与我国经济距离较大的主要为高收入国家，具有较大的市场规模和消费能力。但其与核心自变量的交互项显著为负，说明虽然出口目的地互联网发展程度提高确实有利于推动我国文化产品出口，但当两国的经济距离过大时，其需求相似度将大幅降低，从而抑制数字经济的促进作用，证明林德斯（Linders）的需求偏好相似理论在数字经济时代仍然成立。地理距离的对数与核心自变量的交互项并不显著，在一定程度上说明数字技术的应用可以突破地理距离对出口的限制。

文化距离和制度距离的符号均与预期不符，距离的扩大反而促进了我国核心文化产品的出口。文化距离系数为正的原因主要有两点：一是文化比较优势论，即出口国在文化差异上具有比较优势，其带来的利润远超过文化距离所产生的成本（Linders 等，2005③）；二是文化互补论或文化新奇论，消费者对

---

① 世界银行发布的全球治理指数包含六个维度，分别为防治腐败、政府效率、政治稳定性和抵制暴力、监管质量、法律规则、声音和责任，可较好地衡量一个国家和地区的制度质量。

② 多边阻力的具体计算方法为：$mres_{it}=\left(\frac{E_{it}/Y_{it}}{Y_{it}/Y_{wt}}\right)^{\frac{1}{\sigma-1}}\times\phi_{it}$ 其中，i 指出口目的地，t 指时间，$mres_{it}$ 为出口目的地的多边阻力，E_{it} 指 i 地区 t 年的国内总销量，以总产出与总出口的差值表示，Y_{it} 为出口目的地在 t 年的总产出，Y_{wt} 为 t 年全世界的总产出，产出数据以各国及全世界的 GDP 来表示，数据来源为世界银行，出口数据来源于联合国商品贸易统计数据库。沿袭安德森和文库珀（Anderson 和 Wincoop，2003）、诺威（Novy，2012）的做法，将 σ 的值设定为 8。ϕ_{it} 表示出口目的地国内贸易的经济成本，由美国传统基金会（The Heritage Foundation）发布的经济自由度指数衡量。

③ Linders G.，Slangen A.，Groot H.，Beugelsdijk S.，"Cultural and institutional Determinants of Bilateral Trade Flows"，*Tinbergen institute Discussion Papers*，Vol. 74，No. 3，2005.

于“异文化”具有好奇心和探知欲，一定的文化差异反而会激发其消费欲望（季羡林，2011①）。兰克赫伊岑等（Lankhuizen 等，2011）②则对制度距离的促进作用作出了解释：两国发生经济往来的方式有外商直接投资（FDI）和开展双边贸易两种，当双方的制度距离较大时，外商面临的营商环境与本国差异较大，具有负外部性的个人寻租空间较大，因此外商倾向于以进出口贸易替代直接投资，从而推动了我国文化产品出口。尽管如此，两者与核心自变量的交互项的系数均显著为负，说明当出口目的地与我国的文化距离过大时，国外消费者对我国文化的认同感过低，文化新奇的促进作用不足以抵消成本上升的抑制作用，从而降低了进口国互联网高速发展对我国文化产品出口的积极作用。两国的制度距离过大时，出口目的地的政府效率、法律规则、监管质量等社会治理层面的因素与我国存在较大差异，无论是外商直接投资，还是商品出口，其面临的投资环境均较为恶劣，对出口目的地来说，最优选择可能是减少贸易往来，同样削弱了其数字经济发展对我国文化产品的出口促进作用。

表 5-6 的列（5）报告了多边阻力的异质性回归结果。出口目的地的多边贸易阻力越大，与其他国家间的贸易条件越差，从而更倾向于与特定国家开展双边贸易，因此多边阻力对于我国核心文化产品出口具有正向推动作用，其与核心自变量的交互项仍然显著为正，说明多边阻力可以与互联网发展产生协同作用，对于多边阻力更高的出口目的地，其数字经济发展将更有力地推动我国文化产品出口。

---

① 季羡林：《季羡林谈文化》，人民日报出版社 2011 年版。

② Lankhuizen M., de Groot H. L., Linders G. J. M., “The Trade-off Between Foreign Direct Investments and Exports: The Role of Multiple Dimensions of Distance”, *The World Economy*, Vol. 34, No. 8, 2011.

表 5-6　异质性

变量	(1)	(2)	(3)	(4)	(5)
ln*int*	0.217**	0.236***	0.136***	0.277***	0.376***
	(0.010)	(0.000)	(0.001)	(0.000)	(0.000)
ln*int*×*D_gapper*	-0.165***				
	(0.000)				
ln*gapper*	0.217***				
	(0.000)				
ln*int*×*D_dist*		0.040			
		(0.164)			
ln*int*×*D_cd*			-0.179***		
			(0.000)		
cd			0.199**		
			(0.028)		
ln*int*×*D_inst*				-0.061**	
				(0.016)	
inst				0.179***	
				(0.000)	
ln*int*×*D_mres*					0.052*
					(0.058)
mres					0.006***
					(0.000)
其他控制变量	是	是	是	是	是
地区固定效应	是	是	是	是	是
时间固定效应	是	是	是	是	是
观测数	4097	4097	2159	3593	2403

注:篇幅所限,未报告控制变量的系数和稳健性,下表相同。

四、内生性处理

模型出现内生性问题的一个重要原因是，核心自变量与因变量存在反向因果关系，即不仅出口目的地的数字经济发展可以推动我国文化产品的出口，我国文化产品出口的增加也可能通过倒逼机制，提高伙伴国的互联网使用率。为处理这一问题，本书选择滞后一期的进口国互联网使用率的对数（ln*int*_1）作为核心解释变量的工具变量，进行了两阶段最小二乘估计（2SLS）和弱工具变量检验①。由于本期贸易额基本不会影响上期互联网使用率，即不存在反向因果，因此，可以有效解决内生性问题，表 5-7 的回归结果再一次证明了基准回归的稳健性。

表 5-7　内生性处理

变量	（1）	（2）
	一阶段回归结果	二阶段回归结果
	ln*int*	ln*export*
ln*int*_1	0. 878***	
	（0. 000）	
ln*int*		0. 205***
		（0. 000）
其他控制变量	是	是
地区固定效应	是	是
时间固定效应	是	是
观测数	3834	3834

① 篇幅所限，本书未报告弱工具变量检验结果。

第四节　机制检验

已有研究多从降低成本的角度解释互联网发展促进国际贸易增长的机制,但由于贸易领域的成本构成复杂,测度难度较大,明确衡量成本的数据较少,因此,多数机制讨论仅局限于理论层面的探讨,本书借鉴鞠雪楠等(2020)①、施炳展和游安南(2021)②、曲如晓和杨修(2015)③的研究,从固定贸易成本和可变贸易成本两个角度实证检验了互联网发挥作用的机制。

一、固定贸易成本

固定贸易成本衡量了产品为进入并留在某个市场,受到行政干预、非关税贸易壁垒等因素影响而产生的成本,为刻画这部分成本,并保证结果稳健,本书选取了 5 个国家层面的变量,与核心自变量进行交互,通过调节效应模型检验互联网发展是否可以降低固定贸易成本。

表 5-8 汇报了回归结果,其中,*D_gdp* 为虚拟变量,当出口目的地 GDP 高于所有国家的均值时取 1,反之取 0;*inc* 衡量了出口目的地的收入水平,根据世界银行四个等级的划分——低收入、中低收入、中高收入和高收入——分别赋值为 1—4;*comlang*、*OECD* 分别表示出口目的地是否与中国具有共同语言、是否加入经济合作与发展组织;*D_tf* 衡量了出口目的地的贸易自由度,大于各国均值时取 1,数据来源于美国传统基金会发布的经济自由度指数。前两个变量显示了一个国家或地区的消费能力和市场规模,当消费规模较大时,贸易中用于广告、营销等的固定成本分摊在每一单位产品上就会较小;后三个变量

① 鞠雪楠、赵宣凯、孙宝文:《跨境电商平台克服了哪些贸易成本?——来自“敦煌网”数据的经验证据》,《经济研究》2020 年第 2 期。

② 施炳展、游安南:《数字化政府与国际贸易》,《财贸经济》2021 年第 7 期。

③ 曲如晓、杨修:《本地市场效应、要素禀赋优势与中国文化产品贸易》,《经济与管理研究》2015 年第 5 期。

取1时出口目的地与中国的非关税贸易壁垒较低,从而固定贸易成本较低。

根据预期,固定贸易成本越低,越有利于中国出口,但表5-8中各交互项均显著为负,即固定贸易成本越低的国家或地区,其数字经济发展对我国文化产品出口的促进作用越小,这在一定程度上说明,数字技术的发展确实有助于降低固定贸易成本,从而我国向固定贸易成本较高国家的出口将实现更大增长。

表5-8 机制检验—固定贸易成本

变量	(1)	(2)	(3)	(4)	(5)
ln*int*	0.237***	0.672***	0.249***	0.231***	0.253***
	(0.004)	(0.000)	(0.003)	(0.005)	(0.002)
ln*int*×*D_gdp*	−0.121***				
	(0.000)				
ln*int*×*inc*		−0.170***			
		(0.000)			
ln*int*×*comlang*			−0.464***		
			(0.003)		
ln*int*×*OECD*				−0.345***	
				(0.000)	
ln*int*×*D_tf*					−0.058*
					(0.071)
其他控制变量	是	是	是	是	是
地区固定效应	是	是	是	是	是
时间固定效应	是	是	是	是	是
观测数	4097	4078	4097	4097	3451

二、可变贸易成本

相比固定贸易成本,各国际组织对可变贸易成本进行了较多测度,本书选取了 4 个指标刻画了这部分成本：一是汇率(*re*)，指一单位外币兑换人民币的比值，由世界银行报告的官方汇率计算所得，衡量了贸易双方的相对价格水平；二是关税(*tariff*)，以世界银行报告的各国进口的所有产品加权平均适用税率表示；三是以美元计的出口目的地的进口单证合规成本(*docusd*)；四是以小时计的出口目的地的进口单证合规时间(*dochr*)。

表 5-9 的回归结果中，*D_re*、*D_tariff*、*D_docusd*、*D_dochr* 均为根据以上各变量均值设定的虚拟变量。根据各变量定义可知，当汇率较高时，中国的物价水平相对较低，出口的可变贸易成本也较低，有利于我国出口；当关税较高、单证合规成本较大、时间较长时，则意味着可变贸易成本较高，我国文化产品出口受到抑制。表 5-9 中各交互项的符号均与预期相反，恰恰印证了互联网发展降低可变贸易成本的机制，从而可变贸易成本较高的出口目的地，其数字经济发展可以带来我国出口额更大幅度的增长。

表 5-9　机制检验—可变贸易成本

变量	(1)	(2)	(3)	(4)
ln*int*	0.221***	0.235***	0.227**	0.244***
	(0.000)	(0.000)	(0.012)	(0.006)
ln*int*×*D_re*	-0.054*			
	(0.086)			
ln*int*×*D_tariff*		0.044**		
		(0.026)		
ln*int*×*D_docusd*			0.085**	
			(0.030)	
ln*int*×*D_dochr*				0.057**
				(0.027)
其他控制变量	是	是	是	是
地区固定效应	是	是	是	是

续表

变量	(1)	(2)	(3)	(4)
时间固定效应	是	是	是	是
观测数	3656	3063	1034	1034

第五节　数字鸿沟对中国文化产品出口的影响分析

本章已从理论和实证两方面证明,中国和出口目的地的数字经济发展均会显著促进我国文化产品出口。那么,进一步思考,进出口双方的数字经济发展差距——数字鸿沟,是否会对我国文化产品出口产生重要影响?如果是,其作用方向如何?本节将从数字鸿沟的内涵和测度出发,对相关理论研究进行梳理,并从实证角度对以上问题作出回答。

一、数字鸿沟的内涵和测度

(一)数字鸿沟的内涵

信息与通信技术产生之初,学界主要关注"连接"对不同人群或国家带来的发展机会的不同,"数字鸿沟"的概念应运而生。随着信息和通信技术在世界范围内的飞速发展,数字鸿沟的内涵也在不断拓展。

从时间上来看,数字鸿沟内涵的演变总体可以划分为三个阶段:第一,接入差异。数字技术的接入差异是数字鸿沟最基本的内涵,侧重信息通信技术在连接上的差异,这一定义主要产生于数字经济发展早期,以政府和国际组织官方定义为主。美国电信和信息管理局(1999)认为,数字鸿沟本质上是技术方面的差异,是指新兴信息技术(电话、电脑、互联网)的使用者与不使用者之间存在鸿沟。第二,使用差异。使用差异是指不同国家、地区、群体中信息富有者与信息贫困者之间在掌握和应用数字信息技术方面的不平等或差距,这一差距主要是由互联网用户的经济社会背景不同及其在使用目的、技能和行为上的差异带来的(Corrocher 和 Ordanini,2002)①。2001 年,经济合作与发展组织将数字鸿沟定义为“不同社会经济水平的个人、家庭、企业和地区获取信息通讯技术和利用互联网进行各种不同活动的机会的差距”。迪马吉奥和哈尔吉泰(Dimaggio 和 Hargittai,2001)②研究发现受教育程度高、收入水平更高的用户更多地应用互联网获取经济资讯、技能等,从中获取更多经济收益,而受教育水平低、社会地位低的用户则倾向于使用互联网娱乐。第三,影响差异。这一阶段的数字鸿沟更多地被称为“数字不平等”,侧重考虑信息技术的接入和使用所产生的运用差异及社会影响(邱泽奇等,2016③;陈梦根和周元任,2022④)。莫斯伯格等(Mossberger 等,2003)⑤用“虚拟不平等”指代数字不平等,意为社会不平等在数字空间中复刻或延伸,即信息技术接入和使用的不平等会复现,甚至加重现实世界中技能、经济机遇和政治参与等方面的不平等。

从信息通信技术的应用主体来看,数字鸿沟的内涵还可以从宏观、中观和微观三个层面上来理解。宏观层面,数字鸿沟是指信息通信技术在国家、地理区域层面上的普及差异(胡鞍钢和周绍杰,2002)⑥。中观层面,数字鸿沟通常是指数字技术接入和使用的地区、城乡差异,这将进一步导致不同地区从数字

---

① Corrocher A.,Ordanini A.,“Measuring the Digital Divide: A Framework for the Analysis of Cross-Country Differences”,*Journal of Information Technology*,Vol. 17,No. 1,2002.

② Dimaggio P.,Hargittai E.,“From the ‘Digital Divide’ to ‘Digital inequality’: Studying Internet Use As Penetration Increases”,*Current Opinion in Obstetrics & Gynecology*,2001.

③ 邱泽奇、张樹沁、刘世定、许英康:《从数字鸿沟到红利差异——互联网资本的视角》,《中国社会科学》2016 年第 10 期。

④ 陈梦根、周元任:《数字不平等研究新进展》,《经济学动态》2022 年第 4 期。

⑤ Mossberger K.,tolbert C. J.,Stansbury M.,“Virtual Inequality: Beyond the Digital Divide”,*Online Information Review*,Vol. 28,No. 4,2003.

⑥ 胡鞍钢、周绍杰:《新的全球贫富差距:日益扩大的“数字鸿沟”》,《中国社会科学》2002 年第 3 期。

红利中获益的不均衡(邱泽奇等,2016)①。微观层面,数字鸿沟也广泛存在于不同群体、家庭之间,如性别、年龄、受教育程度、家庭收入等个人属性带来的不同群体间的数字鸿沟(尹志超等,2021)②。

综上,政府机构、国际组织和学界等均在不同时期给出了“数字鸿沟”的定义。前期侧重关注不同群体信息和通信技术的“连接”差异,后期则开始关注信息和通信技术的用户差异及应用差异。其中,政府机构和国际组织侧重提供权威定义和数据,学界则进一步探讨了“数字不平等”的深层原因及社会影响(Dijk 和 Hacker,2003③;邱泽奇等,2016④;鲁元平和王军鹏,2020⑤)。

(二) 数字鸿沟的测度

数字鸿沟的测度是定量研究数字鸿沟的基础,部分学者对其指标选取和测算方法进行了说明。

从基础指标来看,数字鸿沟可以选取单一指标指代数字化发展水平,也可以选取多个指标构建衡量数字化发展水平的多维指标体系,如国际电信联盟发布的信息化发展指数(IDI)和《中国互联网发展报告》中提出的中国互联网发展指数。常见的基础指标主要包括固定电话普及率、移动电话普及率、互联网普及率、互联网主机数量等(Freund 和 Weinhold,2002⑥;Choi,2010⑦;黄群

① 邱泽奇、张樹沁、刘世定、许英康:《从数字鸿沟到红利差异——互联网资本的视角》,《中国社会科学》2016 年第 10 期。

② 尹志超、蒋佳伶、严雨:《数字鸿沟影响家庭收入吗》,《财贸经济》2021 年第 9 期。

③ Dijk J. V., Hacker K., “The Digital Divide As a Complex and Dynamic Phenomenon”, *The Information Society*, Vol. 19, No. 4, 2003.

④ 邱泽奇、张樹沁、刘世定、许英康:《从数字鸿沟到红利差异——互联网资本的视角》,《中国社会科学》2016 年第 10 期。

⑤ 鲁元平、王军鹏:《数字鸿沟还是信息福利——互联网使用对居民主观福利的影响》,《经济学动态》2020 年第 2 期。

⑥ Freund C., Weinhold D., “The Internet and International Trade in Services”, *American Economic Review*, Vol. 92, No. 2, 2002.

⑦ Choi C., “The Effect of the Internet on Service Trade”, *Economics Letters*, Vol. 109, No. 2, 2010.

慧等,2019①;左鹏飞等,2020②)。

常见的测算方法主要有绝对差距法、相对差距法、时间差距法。绝对差距法是指以不同地区或群体互联网普及率(或其他指标)的绝对差距衡量双方的数字鸿沟。相对差距法是以倍数、比值等方法计算不同地区或群体互联网普及率(或其他指标)的数字鸿沟。时间差距法则是以两个地区互联网普及率(或其他指标)达到特定水平时的时间差距来间接表示数字鸿沟。

二、数字鸿沟对中国文化产品出口影响的理论分析

一种观点认为,数字鸿沟扩大会阻碍两国贸易。这类研究主要从成本和技术两个角度对数字鸿沟的阻碍效应进行理论分析。从成本角度来看,数字鸿沟越大,意味着两国的信息联通性越差,两国贸易的固定成本和可变成本越高,不利于市场进入。从技术角度来看,两国存在技术壁垒可能会减小贸易流量:一方面,技术先进国家的产品技术含量较高,而相对落后国家对先进产品的需求量却较少;另一方面,技术落后的国家主要进行初级加工制造,难以满足先进国家产品制造要求。因此,技术距离过大不利于两国贸易开展(罗来军等,2014)③。

另一种观点认为,两国数字鸿沟扩大能够促进两国贸易。信息通信技术的发展水平是一国科技实力的反映,也是发展数字经济的基础。数字经济发展差距越大,说明两国技术差距越大,而技术距离是技术溢出的前提条件,为技术落后的国家模仿和吸收先进技术提供了机会,在此过程中也推动了双边贸易。具体而言,数字鸿沟对贸易流量的促进效应主要有三个方面:一是两国

---

① 黄群慧、余泳泽、张松林:《互联网发展与制造业生产率提升:内在机制与中国经验》,《中国工业经济》2019 年第 8 期。

② 左鹏飞、姜奇平、陈静:《互联网发展、城镇化与我国产业结构转型升级》,《数量经济技术经济研究》2020 年第 7 期。

③ 罗来军、罗雨泽、刘畅、Saileshsingh Gunessee:《基于引力模型重新推导的双边国际贸易检验》,《世界经济》2014 年第 12 期。

的技术距离促进高技术产品的贸易流动，技术先进国通常会增加高技术产品的出口，落后国则会增加进口，从而增加两国贸易流量。二是两国存在技术距离时，技术落后的国家可以通过吸收技术溢出提升技术水平，改善生产可能性边界，增强供给能力和生产效率（方慧和赵甜，2017）①，进而促进该国出口。三是两国技术距离主要通过相对生产率差异促进贸易（Edwards 和 Golub，2004②；Costinot 等，2012③），这一路径是基于李嘉图的比较优势理论提出的，技术水平较高的国家出口高附加值、高技术产品；技术落后的国家由于相对工资水平和产品附加值较低，从而价格较低，在初级产品、加工产品的出口中具有比较优势。因此，技术距离可能有利于双方发挥比较优势，从而扩大两国贸易。

综上，当前研究主要从成本和技术两个角度分析数字鸿沟对国际贸易的影响，但其内在机制较为复杂，尚未得出一致结论。据此，本书试图提供经验证据，检验数字鸿沟对我国文化产品出口的作用方向。

三、数字鸿沟对中国文化产品出口影响的实证分析

基于以上分析，本节选取绝对差距法构建数字鸿沟指标，即以中国与出口目的地的互联网普及率的绝对差值表示双方数字鸿沟，以其替代本章基准回归模型中的核心自变量，通过实证方法分析数字鸿沟对我国文化产品出口的作用效果。

表 5-10 列（1）汇报了回归结果。数字鸿沟的系数均在 1%的统计水平下显著为正，说明在其他条件不变时，出口目的地与我国的互联网普及率差距扩

① 方慧、赵甜：《中国企业对“一带一路”国家国际化经营方式研究——基于国家距离视角的考察》，《管理世界》2017 年第 7 期。

② Edwards L., Golub S. S., “South Africa’s International Cost Competitiveness and Exports in Manufacturing”, *World Development*, Vol. 32, No. 8, 2004.

③ Costinot A., Donaldson D., Komunjer I., “What Goods Do Countries Trade? A Quantitative Exploration of Ricardo’s Ideas”, *Review of Economic Studies*, Vol. 79, No. 2, 2012.

大 1%,将引起我国文化产品出口额上升 0.198%。由于数字鸿沟的存在有两种可能,一是出口目的地数字经济发展程度高于我国,二是我国高于伙伴国,为进一步检验两种情况下数字鸿沟的扩大对我国文化产品出口的影响有无显著差异,列(2)、列(3)将样本分为两类,*H_*ln*digigap* 表示数字经济发展程度较高的国家与我国的数字鸿沟,*L_*ln*digigap* 则是我国与数字化程度较低国家间的数字鸿沟。

可见,只有 *H_*ln*digigap* 的系数是正向显著的,其原因可能在于两点:一方面,一国数字化发展程度与经济发展高度相关,我国在与较为发达的经济体贸易过程中,通过学习伙伴国的先进技术与管理经验,可以大幅提高我国文化企业的生产力,从而增强我国产品在国际市场上的供给能力和竞争力;另一方面,由于工业制品在我国文化产品出口中占很大比重,而我国工业生产能力与发达国家间仍然存在一定差距,外贸模式表现为引进发达国家高精尖技术、对其出口工业加工品和制成品,与发达国家的产业结构存在互补,因此能够在出口贸易中发挥比较优势和互补效应。

表 5-10　数字鸿沟对我国文化产品出口的影响

变量	(1)	(2)	(3)
ln*digigap*	0.198***		
	(0.000)		
*H_*ln*digigap*		0.067***	
		(0.008)	
*L_*ln*digigap*			-0.006
			(0.900)
ln*gdp*	0.914***	1.155***	0.599***
	(0.000)	(0.000)	(0.000)
ln*pop*	0.266***	0.067	0.379***
	(0.005)	(0.379)	(0.003)

续表

变量	(1)	(2)	(3)
ln*dist*	0.204	0.051	0.041
	(0.430)	(0.888)	(0.937)
contig	1.208**	1.323**	1.412***
	(0.011)	(0.016)	(0.007)
landlocked	−1.381***	−0.705**	−1.611***
	(0.000)	(0.033)	(0.000)
comlang	1.979***	1.812***	
	(0.000)	(0.006)	
OECD	0.281	0.291**	0.173
	(0.171)	(0.034)	(0.605)
观测数	4097	2169	1928
地区固定效应	是	是	是
时间固定效应	是	是	是

第六节　政策建议

本章的政策含义在于以下四点：

首先，相关部门要进一步明确我国文化产品出口的目标市场和潜在市场。第一，数字经济发展程度更高的国家和地区更容易了解中华文化，这些国家应该是我国未来的主要出口市场；第二，经济规模更大、消费能力更高、地理条件更开放的国家和地区仍然是我国的重要贸易伙伴；第三，适当的文化和制度差异可以激发国外消费者的消费欲望，因此应该深入挖掘与我国具有一定文化距离、制度距离的潜在市场。

其次，引导和支持厂商生产更多差异化、个性化的文化产品。从文化产品的详细分类来看,部分产品的工业化程度较高,可替代性较强,随着世界各国工业化进程的加快和我国成本优势的下降,这些产品的国际竞争越来越激烈,此时,我国出口标的应该更多地聚焦于差异化更高的文化产品。

再次,推动双边、多边经济合作,并加强与世界先进文化、制度的交流和融合,充分发挥数字经济发展对出口的促进作用。另外,要持续吸收先进国家的技术优势,提升我国在全球价值链分工中的地位,加快贸易结构转型升级,防止出口结构固化,减少国外市场对我国经济的冲击。

最后,要增加研发投入,激发我国自主创新活力,攻克核心技术难题,打破技术垄断,实现我国数字经济长足发展,在此基础上,促进文化产业数字化。一方面,推动数字技术与中华文化相结合,更便捷地传播中国声音,讲好中国故事,加强文化输出,刺激我国文化产品的国外需求;另一方面,推动数字技术与文化产品相结合,开拓多样化销售渠道,降低贸易成本和产品价格,充分挖掘既有市场的消费潜力。

文化产业作为我国战略性产业,在满足国内消费需求的同时,必须深入挖掘其出口潜力,完善文化产业外循环体系。本书以国别层面的中国核心文化产品出口数据为基础,探究了数字经济对我国文化产品出口的影响及机制。结果表明,出口目的地和本国的数字经济的发展程度对我国文化产品出口额均具有显著正向影响,并且在消费者接入互联网的多种渠道中,移动电话使用率的提高是推动出口的主要因素。从不同种类来看,出口目的地数字经济的发展主要促进了文化含量较高、可替代性较低的出版物类和视觉艺术类文化产品的出口,对其他种类则没有显著影响;从二元边际角度来看,集约边际的增长主要源于中国数字经济的发展,而扩展边际的增长则需要进出口双方数字经济的协同发展。另外,当贸易双方的经济、文化、制度距离或进口方的多边阻力过大时,出口目的地数字经济的促进作用将受到抑制。从影响机制来看，出口目的地数字经济的发展促进我国核心文化产品出口，归根结底是通过降低贸易成本的渠道实现的。此外，我国与数字化程度较高国家间的数字鸿沟将促进本国的文化产品出口，但贸易过程中要防止出口固化。

第六章　数字经济驱动下文化产业发展战略

历史上从来没有这样一个机会，使经济和文化等层面回归到某种符合现实和人类理性的和谐。

——詹姆斯·斯科特，美国人类学家

近年来，数字技术与文化产业的融合不断加速，推动了文化产业的数字化升级，并催生出各种文化产业新业态。然而在实践中，文化产业“数字化”的内涵在一定程度上被简化为传统文化产业的“信息化”，忽略了文化产业数字化还具备运用数字技术进行价值链重塑、文化企业管理流程数字化、消费者体验数字化等多层次的内涵。文化产品作为一种兼具社会效益和经济效益的特殊商品，文化产业也体现出了文化形态和经济形态的双重属性，这也决定了文化产业发展实践的特殊性：要统筹兼顾，不能顾此失彼。因此，在数字经济时代，想要更好地发展文化产业，不仅需要因地制宜，深入了解当地文化产业的发展模式和发展阶段，更需要平衡好政府和市场的关系，制定正确的文化产业战略。

第一节 文化产业中政府与市场的关系

一、政府干预文化产业的必要性

在经济发展的过程中,学界对政府与市场两种机制的作用的讨论从未停止。以亚当·斯密为代表的古典学派认为,市场机制是调节经济运行最有效的手段,政府应充当"守夜人",处理市场无法做好,而又于社会有益的事情。凯恩斯学派认为政府应管理和干预宏观经济,克服市场无效率等市场失灵现象。奥尔森则进一步在《权力与繁荣》一书中论述了"强化市场型政府"的必要性,认为政府不仅要克服市场失灵,还要成为更加有效的政府,增进市场功能以保障市场运行。党的十八届三中全会提出,经济体制改革是全面深化改革的重点,核心问题是处理好政府和市场的关系。文化产业体制改革是经济体制改革的重要组成部分,其面临的核心问题依然是协同政府与市场的关系。

文化产品存在社会效益和经济效益的双重属性。在市场经济条件下,文化企业不仅可以根据市场需求进行文化生产,来满足大众对文化产品的需求,还可以提升企业的生产效率,同时也可以促进社会文化资源的优化配置。但是,文化产品作为一种特殊的商品,除了具有经济属性外,还具有社会、精神、意识形态等属性,在单一的市场作用下,文化生产的社会效益会被忽视。这就需要政府从制度着手,设计合理有效的产业政策来引导文化产业的健康有序发展。

二、政府干预文化产业的不同观点

(一) 政府干预论

政府干预论指的是政府需要对文化产业进行干预。但这一观点可能出现政府实施的产业政策过于僵化,从而导致产业政策的有效性减弱的问题。

鲍德曼和哈格里夫斯(Boardman 和 Hargreaves-Heap,1999)①认为由于网络外部性的存在,政府需要限制体育赛事的转播权限。本哈默(Benhamou,2015)②在对电子书市场的考察中指出,电子书市场不应该任由市场随心所欲。程(Cheng,2006)③认为为纠正文化市场的分配不当,政府需要对文化主体的文化活动进行干预,政府适当的补贴不仅可以刺激消费者对文化服务的需求和新的文化产品的创造,而且可以增强文化氛围和文化资本的积累,从而恢复有效的跨期分配。奥马兹金(Otmazgin,2011)④以日韩为例讨论文化产业与国家政策之间的关系,他认为这些政策主要倾向于支持少数大企业发展文化产业所需的基础设施的建设,缺乏对从事各种文化商品化和生产的小公司的刺激,使得制度过于僵化,无法适应文化产业的活力与文化市场的不稳定。

(二) 精准干预论

由于粗放的政府干预会降低产业政策有效性,一些学者进一步对文化细分产品或细分市场进行区分,研究政府在不同文化产品市场中进行干预的强度及其对应效果,得出政府干预与否以及政府应该干预哪些细分产品或市场要视情况而定的结论。

罗杰斯和普拉格(Rengers 和 Plug,2001)⑤将荷兰视觉艺术市场分为"私人市场"和"公共市场",私人市场的代表是所有个人、公司、商业画廊和艺术

① Boardman A. E., Hargreaves - Heap S. P., "Network Externalities and Government Restrictions on Satellite Broadcasting of Key Sporting Events", *Journal of Cultural Economics*, Vol. 23, 1999.

② Benhamou F., "Fair Use and Fair Competition for Digitized Cultural Goods: The Case of eBooks", *Journal of Cultural Economics*, Vol. 39, 2015.

③ Cheng S. W., "Cultural Goods Creation, Cultural Capital Formation, Provision of Cultural Services and Cultural Atmosphere Accumulation", *Journal of Cultural Economics*, Vol. 30, 2006.

④ Otmazgin N., "A tail that Wags the Dog? Cultural Industry and Cultural Policy in Japan and South Korea", *Journal of Comparative Policy Analysis: Research and Practice*, Vol. 13, No. 3, 2011.

⑤ Rengers M., Plug, E., "Private or Public?", *Journal of Cultural Economics*, Vol. 25, 2001.

部门的非政府机构的总需求，公共市场包括所有旨在促进艺术生产和为艺术家提供收入的政府措施，他的研究结果表明，政府干预挤出了部分私人主动性，且对艺术家的资助会使得其在两个市场上呈现“赢者通吃”的倾向。程民选和刘嘉（2011）[①]区分了有形文化与无形文化，他们认为对于无形文化不能放任市场机制作用，需要政府直接干预，而有形文化领域中政府与市场关系的处理，应当根据产品的竞争性程度和排他性程度的不同予以区别对待。周（Chou，2012）[②]以北京798艺术区为例研究政府的创意文化发展策略。他认为政府的干预虽然使文化产业集聚发挥了更大的经济作用，但其并不利于创意文化的有机发展。

第二节　文化产业发展模式

谢名家（2002）[③]认为发展文化产业是社会发展的必然趋势。要发展文化产业就必须制定相应的文化产业政策。由于不同国家自身初始条件以及发展水平存在很大差异，政府与市场在文化产业中扮演的角色也不一样，因此每个国家所实行的文化产业政策也是不一样的。

由于初始条件、资源条件与政策路径不同，西方发达国家文化产业出现了不同的发展模式。雷光华（2004）[④]将西方文化产业的发展模式分为四种模式：竞争—保护模式、产业综合模式、集约化经营模式和特色推动模式。而傅

① 程民选、刘嘉：《文化领域中政府与市场的关系探析——基于无形文化与有形文化划分的视角》，《当代经济研究》2011年第12期。

② Chou T. L.，"Creative Space，Cultural Industry Clusters，and Participation of the State in Beijing"，*Eurasian Geography and Economics*，Vol. 53，No. 2，2012.

③ 谢名家：《文化产业的时代审视》，人民出版社2002年版。

④ 雷光华：《西方国家文化产业发展模式与发展趋向探析》，《湘潭大学学报（哲学社会科学版）》2004年第2期。

才武和宋丹娜(2004)①则根据西方国家历史、社会、政治、文化与国内外经济环境差异将西方文化产业的发展模式分为美国模式(消费导向模式)、法国模式(行政导向模式)、德国模式(社会市场模式)。而文化商品在一定程度上体现了文化生产的公共性。所以国家要依据国情制定一定的保护政策——约束性的政策措施。在文化产业的整体框架中,不管是起作用的方式和程度不同,还是政策力度和资源配置作用上存在的差异,都是政府与市场在其中共同发挥作用。根据文化产业发展过程中政府与市场的关系,即政府或市场在推进文化产业发展过程中作用的大小,可将世界主要的发达国家的文化产业发展模式分为:以英国和美国为代表的市场经济主导模式、以韩国和日本为代表的政府引导模式,以及以德国和法国为代表的混合(多元)发展模式。

在同种产业发展模式下,各国基于自身资源禀赋和外部发展环境的不同,都制定出了适合本国发展的文化产业发展政策。在市场导向模式中,美国市场导向和霸权特点明显,英国文化产业发展过程中同时有政府推动和全民参与;在政府导向模式中,韩国更强调人才培养与特色产业发展,日本则更加重视战略规划和海外市场推广;在混合导向模式中,德国重视市场与政府力量的平衡,实行“对内开放,对外保护”的双轨制,法国则依赖自身文化资源优势实现了长远发展。

第三节　文化产业政策发展历程

改革开放以后,文化产业逐渐成为我国经济社会发展的新引擎。自文化及相关产业增加值进入统计口径以来,2004 年我国文化及相关产业增加值为

① 傅才武、宋丹娜:《我国文化体制的缘起、演进和改革对策》,《江汉大学学报》2004 年第 2 期。

3440 亿元,随后逐年上升,至 2022 年,我国文化及相关产业增加值达到 53782 亿元,为 2004 年的 15 倍。文化及相关产业增加值占 GDP 的比重也连年攀升,从 2004 年的 2.13%增长至 2022 年的 4.46%,自 2016 年以后,我国文化及相关产业增加值一直保持在 4%以上。①

范周和杨裔(2018)②认为,我国文化产业的发展历程共经历了萌芽期(1978—1991 年)、初步形成期(1992—2001 年)、快速扩张期(2002—2011 年)、全面提升期(2012 年至今)四个阶段。改革开放以后,随着我国经济体制的转变,文化市场逐渐兴起,政府在文化产业发展中的职能逐渐转变,这反映在呈现不同阶段特征的文化产业政策当中。

纵览我国文化产业及相关政策的发展,可以发现,文化产业历经不断成长、壮大,已逐步成为我国国民经济的支柱性产业,发展目标也转变为打造以需求为导向的文化产业新业态。新时代,文化产业更是在与科技的融合中快速发展,数字文化产业逐步成为文化产业高质量发展的重要动力(范玉刚,2019)③。通过对既往文献的梳理和总结,本书以 2002 年、2017 年为节点将改革开放以后中央综合性文化产业政策分为三个阶段(见图 6-1),以探索在直接干预性文化产业政策的推动下我国文化产业的发展历程。

(一)第一阶段(1978—2002 年):为文化市场兴起创造条件,培育文化产业

改革开放初期,经济的发展与人民文化消费需求的增加使得文化市场兴起,而文化市场的兴起也产生了许多之前未面临的问题,从而催生了一系列与文化建设相关的政策,政策主要导向是允许经营性文化活动的同时为文化发

① 数据来自《中国文化及相关产业统计年鉴》。

② 范周、杨裔:《改革开放四十年中国文化产业发展历程与成就》,《山东大学学报(哲学社会科学版)》2018 年第 4 期。

③ 范玉刚:《新时代数字文化产业的发展趋势、问题与未来瞩望》,《中原文化研究》2019 年第 1 期。

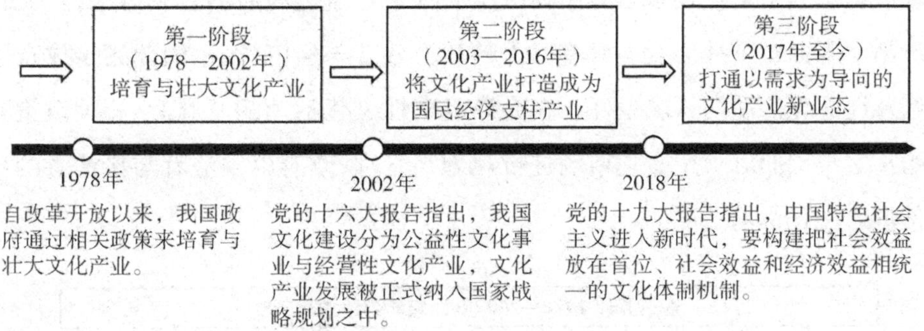

图 6-1　改革开放以来我国文化产业发展阶段和目标

资料来源:笔者根据政府文件汇总整理。

展提供较为宽松的市场环境与适度监管,政府职能从“办文化”向“管文化”转变。

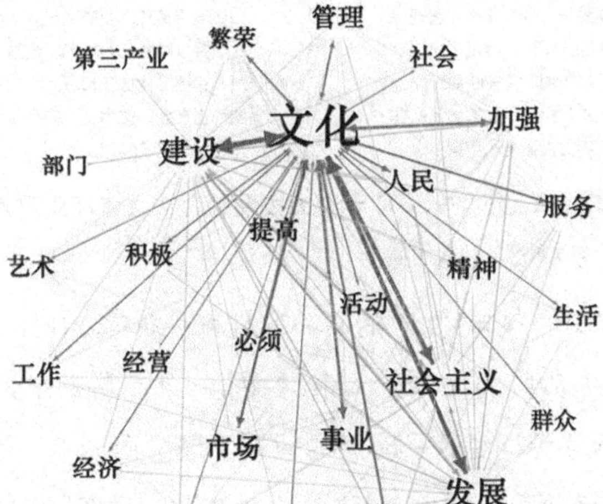

图 6-2　1978—2002 年中央综合性文化产业政策文本关键词网络图

资料来源:笔者根据政府文件汇总整理。

如图 6-2 所示,1978—2002 年的中央综合性文化产业政策文本中,围绕“文化”一词,“管理”“市场”“经营”等词高频出现。可以看出,改革开放后,政府认识到了文化娱乐是人民物质生活水平日益提高后的客观需求，且文化产品与服务对于社会发展具有巨大的社会效益与经济效益，因此逐步放宽了经营性文化活动的开展条件。在允许经营性文化活动的开展后，相关政策开始从宏观层面对整个文化市场进行规划与管理，政府以立法者与执法者的身份进入文化市场。

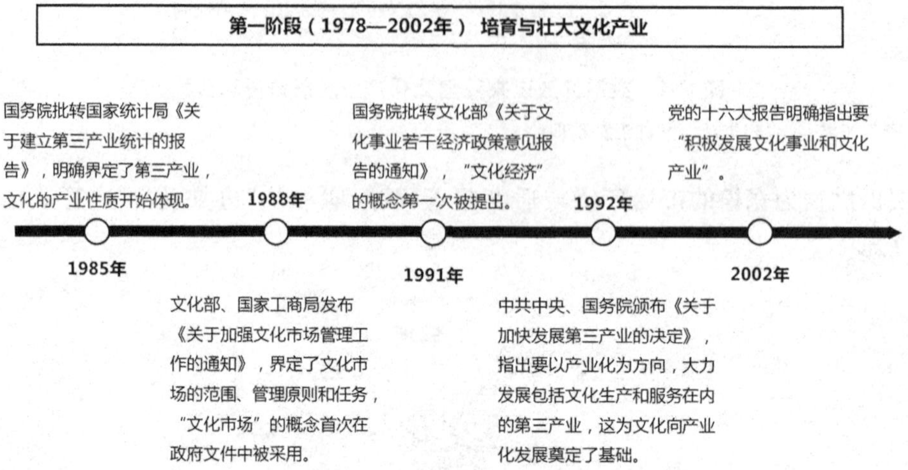

图 6-3　1978—2002 年中央主要综合性文化产业政策

资料来源：笔者根据政府文件汇总整理。

随着文化市场的兴起，文化的商品属性开始体现，但其“产业”身份并未得到确定。在这一阶段的政策文本中，“文化产业”并未作为关键词出现，而“第三产业”“事业”等词是这一时期的政策主题。由图 6-3 中我国这一时期的主要文化产业政策可以看出，1978—2002 年政府政策导向以发展公益性文化事业为主，文化虽有向产业化发展的趋势，但政府对其发展规划主要包含在第三产业政策中。直至 2002 年，党的十六大报告明确提出要“积极发展文化事业和文化产业”。至此，文化产业才从文化事业与第三产业当中剥离出来，“文化产业”的概念被明确提出，“文化产业发展”被正式列入国民经济发展的顶层设计之中。

（二）第二阶段(2003—2016 年)：制度松绑，推动文化产业成为支柱性产业

2002 年以后，随着我国经济体制改革的稳步推进，文化体制改革工作也系统展开，2003 年我国文化体制改革试点工作启动，政府进一步对文化市场进行制度松绑，开始将文化产业上升至战略性高度。如图 6-4 所示，2003—2016 年，围绕“文化”一词，“文化产业”“企业”等词开始成为中央综合性文化产业政策文本的主题词；此外，除“管理”外，政策文本中多用“推动”“支持”“鼓励”等词描述政府行为。在这一阶段，政府进一步退出文化市场，大力推进文化产业体制改革，通过文化单位转企改制、引入多渠道资本进入对文化产业发展进行制度松绑，利用市场竞争激发文化市场活力。

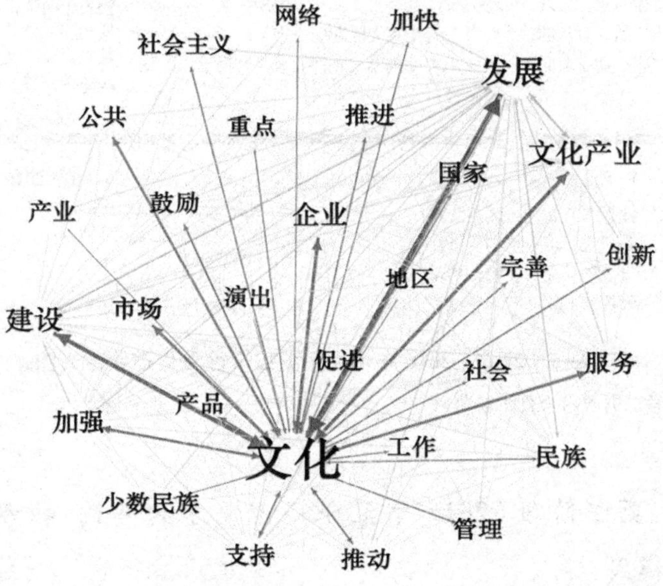

图 6-4　2003—2016 年中央综合性文化产业政策文本关键词网络图

资料来源：笔者根据政府文件汇总整理。

发展文化产业的紧迫性与重要性愈发凸显。由图 6-5 可以看出，自 2009

年国务院办公厅发布《文化产业振兴规划》,我国政府开始利用产业政策推动文化产业向国民经济战略性产业靠拢。2016 年《中华人民共和国国民经济和社会发展第十三个五年规划纲要》正式发布,提出要推动文化产业成为国民经济支柱性产业的战略目标。2003—2016 年,政府通过产业政策推行培育骨干企业、扶持中小企业、促进产业集聚、优化产业布局等有力措施推动文化产业快速发展,使其发挥了巨大的经济效益(见图 6-5)。在此期间,我国文化及相关产业增加值占 GDP 的比重也实现了大的飞跃,从 2009 年的 2.52%上升至 2016 年的 4.12%。

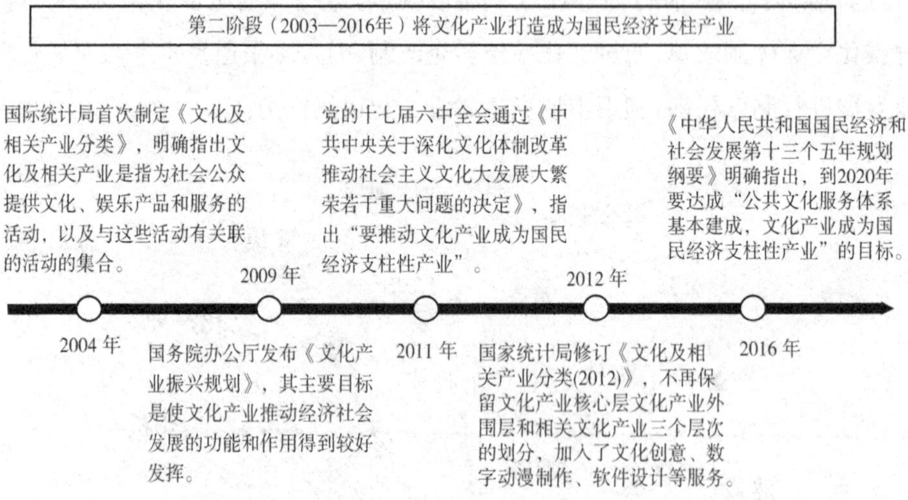

图 6-5　2003—2016 年中央主要综合性文化产业政策图

资料来源:笔者根据政府文件汇总整理。

(三) 第三阶段(2017 年至今):以需求为导向,推动“文化+”融合发展模式

这一阶段,“消费”成为我国中央综合性文化产业政策文本中新的关键词(见图 6-6)。作为产业链的最终环节,文化消费是文化内容生产的最终目的,同时也是促进文化产业升级、培育文化产业新业态的重要途径。

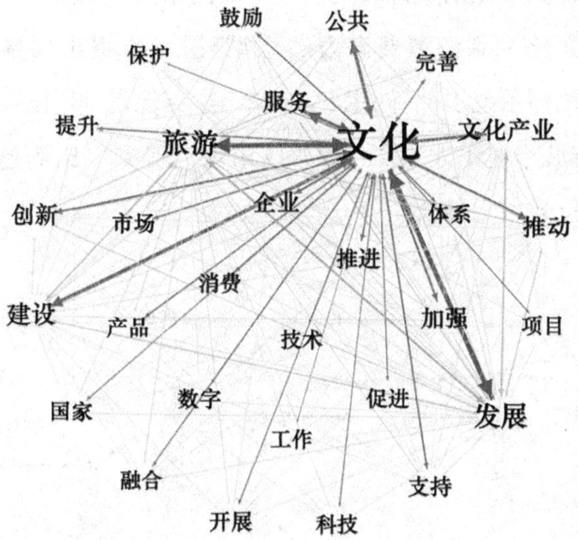

图 6-6 2017 年至今中央综合性文化产业政策文本关键词网络图

资料来源:笔者根据政府文件汇总整理。

我国具有庞大的国内市场,文化消费潜力深厚,但目前我国的本土文化消费潜力并未被充分挖掘(魏鹏举和晓雪,2021)①,文化消费存在巨大缺口(范周和周洁,2016)②。如图 6-7 所示,2013 年以来,我国人民人均文化娱乐消费支出虽大体呈增长趋势,但其占消费支出比重自 2016 年开始下降。另外,随着文化消费市场垂直化、圈层化、分众化,现阶段文化产品创新和市场有待进一步细分,如我国老年文化消费市场并未被真正打开(范周,2021)③。因此,培育壮大文化和旅游消费新模式、促进文化和旅游消费高质量发展、助力形成强大国内市场成为新时代以来我国文化产业政策的主要目标之一。如国务院早在 2015 年发布的《关于积极发挥新消费引领作用加快培育形成新供给新动力的指导意见》中便提出,动漫游戏、创意设计、网络文化、数字内容等新

① 魏鹏举、晓雪:《从文化、历史与社会发展的角度看文旅融合》,《中国出版传媒商报》2021 年 3 月 5 日。

② 范周、周洁:《正确理解文化领域供给侧结构性改革》,《东岳论丛》2016 年第 10 期。

③ 范周:《文化建设需要回应“时代之问”》,《社会科学报》2021 年第 6 期。

兴文化产业及传统文化消费升级是消费升级的重点领域和方向。2019 年《关于进一步激发文化和旅游消费潜力的意见》进一步提出要推进文化消费试点、示范工作，发挥示范引领作用，到 2022 年，要建设 30 个示范城市、100 个试点城市，示范城市居民人均文化娱乐支出占消费支出比例超过 6%，旅游收入增速保持两位数以上增长。

图 6-7　2013—2019 年居民人均文化娱乐消费支出情况

资料来源：《中国文化及相关产业统计年鉴（2023）》。

随着生活水平的不断提高，人们的文化消费理念也发生了较大转变，个性化、体验感成为人们文化消费的追求目标，如何满足人们愈发多元、个性的文化消费需求成为培育文化消费新业态的重要议题。图 6-8 是 2017 年以来中央发布的主要文化产业政策，表明我国政府正从基础设施、市场环境、要素支撑、中小微文化企业培育、打造具有影响力的产业集群、建设有示范带动作用的数字文化产业项目等方面逐步探索实施文化产业数字化战略。

文化产业新业态的培育以文化与科技融合为根本动力（王林生，2021）①，以数字经济的发展为基础（花建，2021）②。2017 年以来，中央综合性文化产

① 王林生：《"十四五"时期文化新业态发展的战略语境、历史机遇与行动路线》，《行政管理改革》2021 年第 8 期。

② 花建：《在线新经济与中国文化产业新业态：主要特点、国际借鉴和重点任务》，《同济大学学报（社会科学版）》2021 年第 3 期。

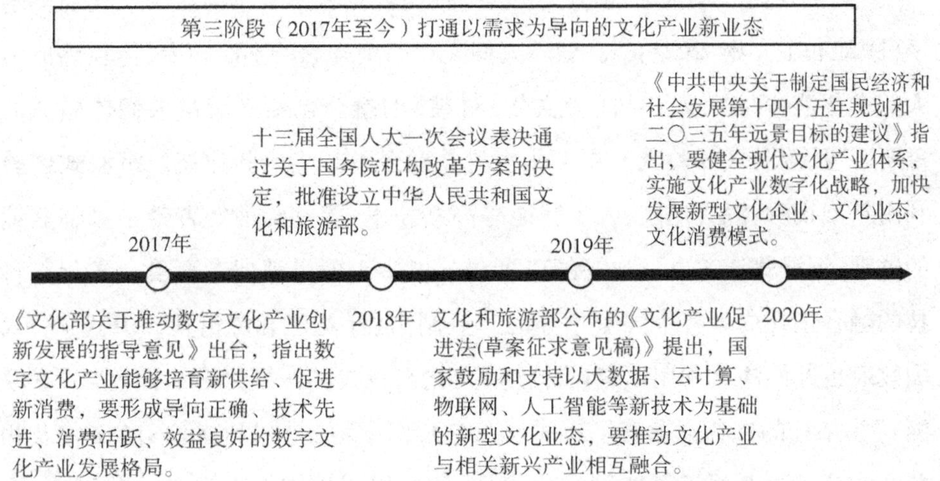

图 6-8　2017 年至今中央主要综合性文化产业政策

资料来源：笔者根据政府文件汇总整理。

业政策文本中，围绕“文化”一词，“旅游”“科技”“数字”“融合”等词高频出现，由此可以看出，鼓励与引导“文化+”融合创新模式的发展成为我国挖掘文化消费潜力、培育文化产业新业态的重要举措，而“文化+旅游”“文化+科技”“文化+互联网”新业态的成功培育和发展很好地佐证了这一观点。

“文化+旅游”新业态蓬勃发展。“文化”与“旅游”在图 6-6 中高频次共同出现，反映出文化产业与旅游资源结合所产生的新模式——文化旅游。2009 年文化部、国家旅游局《关于促进文化与旅游结合发展的指导意见》中提出“文化是旅游的灵魂，旅游是文化的重要载体”，要促进文化和旅游协调发展。2018 年中华人民共和国文化和旅游部的设立，解决了文化部门与旅游部门行政职能的融合问题，进一步推动了文化产业与旅游产业的融合。文化旅游改变以往旅游的单一模式，延长旅游产业链，使游客从“过路客”变为“过夜客”，且更能吸引国内游客（刘瑞明等，2020）①，刺激本土文化消费。

① 刘瑞明、毛宇、亢延锟：《制度松绑、市场活力激发与旅游经济发展——来自中国文化体制改革的证据》，《经济研究》2020 年第 1 期。

"文化+科技"新业态蓬勃发展。科技创新能够显著拉动居民文化消费水平(顾江和王文姬,2021)①。随着人们文化消费理念的不断转变,体验感成为人们文化消费时的重点目标,"文化+科技"的融合创新是满足人们体验感的重要手段,沉浸式体验就是在文化与科技融合下产生的新业态。沉浸式体验利用新型视听、混合现实、人工智能等高新技术,能够给消费者带来身临其境的感观,沉浸式演艺、沉浸式展览、沉浸式电影等深受消费者喜爱。文化与科技的融合正在成为各个国家争夺的产业制高点(花建和陈清荷,2019)②。我国政府也开始注重利用顶层设计推动文化与科技的深度融合。随着以"互联网+"为依托的文化新业态不断涌现,2018 年国家统计局再次修订《文化及相关产业分类》,新增了互联网文化娱乐平台、娱乐用智能无人飞行器制造、可穿戴智能文化设备制造和其他智能文化消费设备制造等行业小类。2019 年科技部、中央宣传部等多部门联合发布了《关于促进文化和科技深度融合的指导意见》,指出要加强文化共性关键技术研发、提高文化装备技术水平、完善文化科技创新体系建设,实现文化与科技深度融合。

"文化+互联网"业态展现出旺盛的生命力。文化产业为何在当代才成为能带来丰厚经济效益的大规模产业?江小涓(2018)③认为网络和数字技术提供了以"点击率"为基础的商业盈利模式,使大量自娱自乐的创作可以转化为商业创意,具备了市场价值以及足够激励。如今,数字化对文化产业发展的价值意义更加明显,是新兴文化产业与文化消费的重要载体(范周,2020)④,也

---

① 顾江、王文姬:《科技创新、文化产业集聚对城镇居民文化消费的影响机制及效应》,《深圳大学学报(人文社会科学版)》2021 年第 4 期。

② 花建、陈清荷:《沉浸式体验:文化与科技融合的新业态》,《上海财经大学学报》2019 年第 5 期。

③ 江小涓:《网络空间服务业:效率、约束及发展前景——以体育和文化产业为例》,《经济研究》2018 年第 4 期。

④ 范周:《数字经济变革中的文化产业创新与发展》,《深圳大学学报(人文社会科学版)》2020 年第 1 期。

是现代文化产业体系建设的基础（顾江等，2021）①。2024 年上半年，文化新业态特征较为明显的 16 个行业小类实现营业收入 27024 亿元，比上年同期增长 11.2%，快于全部规模以上文化企业 3.7 个百分点。文化新业态行业对全部规模以上文化企业营业收入增长的贡献率为 60.5%。其中，娱乐用智能无人飞行器制造、互联网搜索服务、多媒体游戏动漫和数字出版软件开发、互联网广告服务、数字出版、互联网文化娱乐平台等 6 个行业小类营业收入同比实现两位数增长。②

第四节　数字经济时代我国文化产业发展建议

一是紧抓数字技术优势，丰富数字文化产品种类与形态。文化产业是典型的网络空间服务业，受到时间的刚性约束。例如，消费者无法同一时间内观看两部电影等。这使得产业内竞争激烈，造成消费者“只选最好”和供给者“赢者通吃”（江小涓，2018）③。因此，激烈的竞争与急功近利的短期诉求导致文化产品呈现泛娱乐化、同质化。与此同时，中国在成为世界互联网强国的过程中积累了独特的优势，其中最为突出的就是全球首屈一指的用户市场规模和强大的应用创新能力。在此背景下，一方面，数字技术的应用能够突破物理、时间与空间限制，使更多文化内容得以呈现，让“文化+”与“互联网+”成为文化产业高质量发展的新引擎，以加强对新型数字文化产品内容、形态的开发，不断开拓国际新兴市场，从内容上打造文化产品新优势。另一方面，数字经济有助于优化生产过程中的分工合作，将创作、生产、营销等阶段的人力、物

① 顾江、陈鑫、郭新茹、张苏缘：《“十四五”时期健全现代文化产业体系的逻辑框架与战略路径》，《管理世界》2021 年第 3 期。

② 参见：http://www.stats.gov.cn/sj/sjjd/202407/t20240730_1955884.html。

③ 江小涓：《网络空间服务业：效率、约束及发展前景——以体育和文化产业为例》，《经济研究》2018 年第 4 期。

力整合在一起,节约生产成本,促进全产业链竞争力和现代化水平提升,实现文化产品类型的多样化。此外,在当今数字经济与文化产业融合日益紧密的情况下,需要警惕数字技术在经济利益驱动下成为资本无序扩张的助推器,从而背离数据为文化价值助力、流量为优质内容服务的初衷。

二是弥合数字鸿沟,加快文化产业空间均衡布局。在网络强国和数字中国发展战略的时代背景下,文化内容由社会全体成员共同创造、分享,不可能属于少数群体。数字技术通过强连接、强平台、强数据、强智能极大地驱动了文化产业的空间均衡发展。值得关注的是,很多收入水平和电信服务市场开放程度较高的地区已实现了互联网的普遍接入,但是农村地区或欠发达地区受制于自身经济发展水平,短期内很难自主实现这一目标。根据中国互联网络信息中心数据(CNNIC,2024),截至 2023 年 12 月,我国非网民规模为 3.17 亿人,其中农村地区非网民占比为 51.8%。①

为解决地区间的数字鸿沟问题,一方面,政府应该推动电信服务市场化,通过市场竞争降低价格,进而降低接入门槛;另一方面,政府应该从政策层面适当向落后地区加以倾斜,通过政策补贴改善地区内部的数字鸿沟问题。在此基础上,数字经济赋能文化产业高质量发展的作用效果在区域间存在显著差异。政府相关部门要充分考虑各地文化产业在发展过程中资源禀赋、功能定位和经济基础的差异,引导其利用科技创新培育比较竞争优势,推动区域间形成资源共享、技术互补和业态融合的均衡发展格局。

三是完善数字平台建设,健全文化市场管理体制。互联网易于突破空间障碍和文化、语言差异、打破隔阂,促进不同文明交流互鉴,推动了中华优秀传统文化的海外传播。从市场环境来看,传统文化市场主要包括演艺市场、影视市场、图书杂志市场、游戏市场以及其他文化娱乐市场等。数字平台是连接文化产品贸易供需双方的重要渠道,依据需求方的需求偏好使文化产品出口企

---

① 《中国互联网络发展状况统计报告》,见 https://www.cnnic.net.cn/n4/2024/0322/c88-10964.html。

业进行定制化生产，是平台信息精准传导的价值体现。数字平台将成为主流的文化市场的存在形式。由于文化商品具有易复制、易共享、易流通等特点，在缺乏知识产权保护和有效的市场监管的情况下，文化创意容易被受众提前知晓，从而阻碍我国文化产业的发展。数字经济驱动下文化市场体现出平台化、数字化、共享化等特征，数字平台建设会进一步降低市场的不对称性和不完备性，提高文化市场的搜寻匹配效率。此外，文化商品与传统的知识产权相比，数字时代的知识产权具有更加突出的无形性特点与淡化的地域特征，导致复制传播成本低，容易发生跨国界的侵权案件。文化产业政策的出台和有效的产权保护可以为文化商品的生产和研发提供规范的市场环境。

四是面向未来布局，描绘文化与经济新蓝图。本书对于数字经济驱动下中国文化产业发展的路径与机制研究按“技术逻辑—需求端—供给端—流通端—对策建议”展开分析，其内在的底层逻辑是文化与数字技术的深度融合。值得关注的是，在我国数字经济蓬勃发展的背景下，文化产业发展面临文化与技术“双向赋能”不足的问题，即传统文化企业对于新技术高速发展反应迟钝，技术赋能不足；新兴文化产业在创意激增的同时并未进一步推动大数据的传输、交互和应用。在此背景下，一方面，应以“试点”为突破，构建开放共享的大数据文化资源共享平台，形成“点对点、结对子、连成片”的文化交流空间格局，为供给者和消费者提供便捷的文化资源获取和共享渠道；另一方面，减弱或打破“信息茧房”，通过文化创意和科技创新主动打破文化壁垒，完善包容开放的文化体系，提升数字文化产品的文化认同感和国际传播力。

建设社会主义文化强国是我国发展的必然要求。文化产品具有经济效益和社会效益的双重属性，需要政府的力量推动文化产业的持续健康发展。随着数字技术深入应用到各个领域，文化产业也重新焕发出了新的生机与活力，但与此同时,文化产业在数字经济时代的发展也遇到了新的难题。本章的政策建议在于:一是紧抓数字技术优势,丰富数字文化产品种类与形态;二是弥合数字鸿沟,加快文化产业空间均衡布局;三是完善数字平台建设,健全文化市场管理体制;四是面向未来布局,描绘文化与经济新蓝图。

参考文献

[1] 蔡武:《新中国六十年对外文化工作发展历程》,《中国文化报》2009 年 7 月 29 日。

[2] 曹麦、苗莉青:《制度因素对中国文化产品出口的影响》,《生产力研究》2013 年第 1 期。

[3] 曾红颖:《我国基本公共服务均等化标准体系及转移支付效果评价》,《经济研究》2012 年第 6 期。

[4] 曾莉、李佳源:《公共服务绩效主客观评价的契合性研究——来自 H 市基层警察服务的实证分析》,《公共行政评论》2013 年第 2 期。

[5] 曾庆生、周波、张程、陈信元:《年报语调与内部人交易:“表里如一”还是“口是心非”?》,《管理世界》2018 年第 9 期。

[6] 陈梦根、周元任:《数字不平等研究新进展》,《经济学动态》2022 年第 4 期。

[7] 陈娴颖、郑裕茵:《疫情之下数字文化产业结构性困境的突破路径》,《艺术评论》2020 年第 5 期。

[8] 陈晓清、詹正茂:《国际文化贸易影响因素的实证分析——以美国 1996—2006 年对外文化贸易双边数据样本为例》,《南京社会科学》2008 年第 4 期。

[9] 陈宇翔、李怡:《数字文化产业发展的“双重使命”: 逻辑、挑战与路径》,《南京社会科学》2021 年第 5 期。

[10] 程立茹:《互联网经济下企业价值网络创新研究》,《中国工业经济》2013 年第 9 期。

[11] 程民选、刘嘉:《文化领域中政府与市场的关系探析——基于无形文化与有

形文化划分的视角》,《当代经济研究》2011 年第 12 期。

[12] 单羽:《“工业 4.0”核心技术在文化产业中的应用》,《东莞理工学院学报》2017 年第 2 期。

[13] 范柏乃、金洁:《公共服务供给对公共服务感知绩效的影响机理——政府形象的中介作用与公众参与的调节效应》,《管理世界》2016 年第 10 期。

[14] 范鑫:《数字经济发展、国际贸易效率与贸易不确定性》,《财贸经济》2020 年第 8 期。

[15] 范玉刚:《新时代数字文化产业的发展趋势、问题与未来瞩望》,《中原文化研究》2019 年第 1 期。

[16] 范周、王若晞:《转型升级 文化消费如何发力》,《民族艺术研究》2016 年第 3 期。

[17] 范周、杨裔:《改革开放四十年中国文化产业发展历程与成就》,《山东大学学报(哲学社会科学版)》2018 年第 4 期。

[18] 范周、周洁:《正确理解文化领域供给侧结构性改革》,《东岳论丛》2016 年第 10 期。

[19] 范周:《数字经济变革中的文化产业创新与发展》,《深圳大学学报(人文社会科学版)》2020 年第 1 期。

[20] 范周:《文化建设需要回应“时代之问”》,《社会科学报》2021 年第 6 期。

[21] 方福前、邢炜:《居民消费与电商市场规模的 U 型关系研究》,《财贸经济》2015 年第 11 期。

[22] 方慧、赵甜:《中国企业对“一带一路”国家国际化经营方式研究——基于国家距离视角的考察》,《管理世界》2017 年第 7 期。

[23] 傅才武、宋丹娜:《我国文化体制的缘起、演进和改革对策》,《江汉大学学报》2004 年第 2 期。

[24] 傅才武:《数字信息技术、文化产业发展与政府作用——以〈文化产业促进法(草案送审稿)〉为中心的考察》,《中国治理评论》2020 年第 2 期。

[25] 高琳:《分权与民生: 财政自主权影响公共服务满意度的经验研究》,《经济研究》2012 年第 7 期。

[26] 高腾飞、陈刚、陈颖:《数字服务化视角下的企业管理变革:内在逻辑、动力基础与实践路径》,《贵州社会科学》2022 年第 2 期。

[27] 顾江、车树林、贺达:《金融错配对文化产业全要素生产率的影响研究: 理论与实证》,《江苏社会科学》2018 年第 1 期。

[28] 顾江、车树林:《资源错配、产业集聚与中国文化产业发展——基于供给侧改革视角》,《福建论坛(人文社会科学版)》2017 年第 2 期。

[29] 顾江、陈鑫、郭新茹、张苏缘:《"十四五"时期健全现代文化产业体系的逻辑框架与战略路径》,《管理世界》2021 年第 3 期。

[30] 顾江、王文姬:《科技创新、文化产业集聚对城镇居民文化消费的影响机制及效应》,《深圳大学学报(人文社会科学版)》2021 年第 4 期。

[31] 郭峰、胡军:《地区金融扩张的竞争效应和溢出效应——基于空间面板模型的分析》,《经济学报》2016 年第 2 期。

[32] 郭海、李永慧:《数字经济背景下政府与平台的合作监管模式研究》,《中国行政管理》2019 年第 10 期。

[33] 郭晗、廉玉妍:《数字经济与中国未来经济新动能培育》,《西北大学学报(哲学社会科学版)》2020 年第 1 期。

[34] 郭新茹、陈天宇:《长三角文化市场区域合作与一体化路径研究》,《江苏社会科学》2020 年第 2 期。

[35] 韩东林、吴瑞、夏传伟:《数字技术应用对中国文化产业发展的冲击效应研究》,《中国科技论坛》2019 年第 12 期。

[36] 韩家平:《数字时代的交易模式与信用体系》,《首都师范大学学报(社会科学版)》2020 年第 4 期。

[37] 韩若冰:《数字技术推动下的文化创意产业生态化发展及其向度研究》,《山东大学学报(哲学社会科学版)》2020 年第 2 期。

[38] 何帆、刘红霞:《数字经济视角下实体企业数字化变革的业绩提升效应评估》,《改革》2019 年第 4 期。

[39] 何宗樾、宋旭光:《数字经济促进就业的机理与启示——疫情发生之后的思考》,《经济学家》2020 年第 5 期。

[40] 贺达、顾江:《中国文化产业政策的有效性: 政策类型与区域差异的交互视角》,《江海学刊》2019 年第 1 期。

[41] 胡鞍钢、周绍杰:《新的全球贫富差距: 日益扩大的"数字鸿沟"》,《中国社会科学》2002 年第 3 期。

[42] 胡乃武、田子方:《我国文化消费及其区域差异》,《经济问题》2015 年第 7 期。

[43] 胡乃武:《三次产业演进规律与我国产业结构变动趋势》,《经济纵横》2017 年第 6 期。

[44] 胡潇:《资本介入文化生产的耦合效应》,《中国社会科学》2015 年第 6 期。

[45] 花建、陈清荷:《沉浸式体验:文化与科技融合的新业态》,《上海财经大学学报》2019 年第 5 期。

[46] 花建:《在线新经济与中国文化产业新业态:主要特点、国际借鉴和重点任务》,《同济大学学报(社会科学版)》2021 年第 3 期。

[47] 黄玖立、周泽平:《多维度距离下的中国文化产品贸易》,《产业经济研究》2015 年第 5 期。

[48] 黄群慧、余泳泽、张松林:《互联网发展与制造业生产率提升:内在机制与中国经验》,《中国工业经济》2019 年第 8 期。

[49] 黄永林:《数字文化产业发展的多维关系与时代特征》,《人民论坛 · 学术前沿》2020 年第 17 期。

[50] 霍步刚:《中国文化贸易偏离需求相似理论的实证检验》,《财经问题研究》2008 年第 7 期。

[51] 纪佳玲:《社会信息化环境下数字文化产品的知识产权保护研究》,《图书馆学刊》2018 年第 2 期。

[52] 季羡林:《季羡林谈文化》,人民日报出版社 2011 年版。

[53] 江小涓、罗立彬:《网络时代的服务全球化——新引擎、加速度和大国竞争力》,《中国社会科学》2019 年第 2 期。

[54] 江小涓:《高度联通社会中的资源重组与服务业增长》,《经济研究》2017 年第 3 期。

[55] 江小涓:《数字时代的技术与文化》,《中国社会科学》2021 年第 8 期。

[56] 江小涓:《网络空间服务业: 效率、约束及发展前景——以体育和文化产业为例》,《经济研究》2018 年第 4 期。

[57] 焦瑾璞:《移动支付推动普惠金融发展的应用分析》,《首席财务官》2015 年第 Z1 期。

[58] 焦瑾璞:《移动支付推动普惠金融发展的应用分析与政策建议》,《中国流通经济》2014 年第 7 期。

[59] 解学芳、雷文宣:《"智能+"时代的现代文化产业体系:挑战与重塑》,《深圳大学学报(人文社会科学版)》2021 年第 4 期。

[60] 鞠雪楠、赵宣凯、孙宝文:《跨境电商平台克服了哪些贸易成本?——来自"敦煌网"数据的经验证据》,《经济研究》2020 年第 2 期。

[61] 孔文豪、吴佳宜、黄思颖:《数字鸿沟与相对剥夺感:微观证据与影响机制》,

《电子政务》2021 年第 1 期。

[62] 蓝天、吕文琦:《中国文化创意产品出口增长的二元边际及其影响因素研究》,《国际贸易问题》2018 年第 12 期。

[63] 乐祥海、陈晓红:《中国文化产业技术效率度量研究: 2000—2011 年》,《中国软科学》2013 年第 1 期。

[64] 雷光华:《西方国家文化产业发展模式与发展趋向探析》,《湘潭大学学报(哲学社会科学版)》2004 年第 2 期。

[65] 李兵、李柔:《互联网与企业出口: 来自中国工业企业的微观经验证据》,《世界经济》2017 年第 7 期。

[66] 李海:《文化产业知识产权保护的现状与改进对策探索》,《文化创新比较研究》2019 年第 29 期。

[67] 李海舰、田跃新、李文杰:《互联网思维与传统企业再造》,《中国工业经济》2014 年第 10 期。

[68] 李辉、梁丹丹:《企业数字化转型的机制、路径与对策》,《贵州社会科学》2020 年第 10 期。

[69] 李世杰、邓茂杰、刘殿国:《贸易引力、社会嵌入与文化产品出口——来自中国与"一带一路"沿线国家的经验分析》,《广东财经大学学报》2017 年第 4 期。

[70] 李涛、方明、伏霖、金星晔:《客观相对收入与主观经济地位:基于集体主义视角的经验证据》,《经济研究》2019 年第 12 期。

[71] 李涛、黄纯纯、何兴强、周开国:《什么影响了居民的社会信任水平? ——来自广东省的经验证据》,《经济研究》2008 年第 1 期。

[72] 李涛、张文韬:《人格特征与股票投资》,《经济研究》2015 年第 6 期。

[73] 李晓标、解程姬:《文化资本对旅游经济增长的结构性影响》,《管理世界》2018 年第 11 期。

[74] 李晓钟、黄蓉:《工业 4.0 背景下我国纺织产业竞争力提升研究——基于纺织产业与电子信息产业融合视角》,《中国软科学》2018 年第 2 期。

[75] 李新安:《文化资源向文化创意产业转化的支撑因子分析》,《经济经纬》2010 年第 4 期。

[76] 刘湖、张家平:《互联网对农村居民消费结构的影响与区域差异》,《财经科学》2016 年第 4 期。

[77] 刘军强、熊谋林、苏阳:《经济增长时期的国民幸福感——基于 CGSS 数据的追踪研究》,《中国社会科学》2012 年第 12 期。

[78] 刘瑞明、毛宇、亢延锟:《制度松绑、市场活力激发与旅游经济发展——来自中国文化体制改革的证据》,《经济研究》2020 年第 1 期。

[79] 刘淑春、闫津臣、张思雪、林汉川:《企业管理数字化变革能提升投入产出效率吗》,《管理世界》2021 年第 5 期。

[80] 刘杨、曲如晓、曾燕萍:《哪些关键因素影响了文化产品贸易——来自 OECD 国家的经验证据》,《国际贸易问题》2013 年第 11 期。

[81] 刘震、杨勇:《互联网使用与家庭文旅消费——兼论互联网普及下居民消费升级的可行性》,《旅游学刊》2022 年第 2 期。

[82] 鲁元平、王军鹏:《数字鸿沟还是信息福利——互联网使用对居民主观福利的影响》,《经济学动态》2020 年第 2 期。

[83] 陆惠君:《人口老龄化与人力资本提升对居民消费升级的对冲效应》,《商业经济研究》2021 年第 21 期。

[84] 罗党论、刘晓龙:《政治关系、进入壁垒与企业绩效——来自中国民营上市公司的经验证据》,《管理世界》2009 年第 5 期。

[85] 罗来军、罗雨泽、刘畅、Saileshsingh Gunessee:《基于引力模型重新推导的双边国际贸易检验》,《世界经济》2014 年第 12 期。

[86] 马光荣、杨恩艳:《社会网络、非正规金融与创业》,《经济研究》2011 年第 3 期。

[87] 马亮:《公众参与的政府绩效评估是否奏效:基于中国部分城市的多层分析》,《经济社会体制比较》2018 年第 3 期。

[88] 马冉:《贸易自由化背景下我国文化产业政策法规的发展与改革》,法律出版社 2021 年版。

[89] 马士远:《"互联网+"时代文化产业发展新向度》,《管理世界》2018 年第 2 期。

[90] 马述忠、房超、张洪胜:《跨境电商能否突破地理距离的限制》,《财贸经济》2019 年第 8 期。

[91] 马小勇、白永秀:《中国农户的收入风险应对机制与消费波动:来自陕西的经验证据》,《经济学(季刊)》2009 年第 4 期。

[92] 毛牧然、乔磊、陈凡:《完善知识产权保护　促进网络文化产业发展》,《东北大学学报(社会科学版)》2014 年第 1 期。

[93] 蒙英华、蔡宏波、黄建忠:《移民网络对中国企业出口绩效的影响研究》,《管理世界》2015 年第 10 期。

[94] 蒙英华、黄宁:《中国文化贸易的决定因素——基于分类文化产品的面板数据考察》,《财贸研究》2012 年第 3 期。

[95] 孟庆斌、杨俊华、鲁冰:《管理层讨论与分析披露的信息含量与股价崩盘风险——基于文本向量化方法的研究》,《中国工业经济》2017 年第 12 期。

[96] 聂辉华、阮睿、沈吉:《企业不确定性感知、投资决策和金融资产配置》,《世界经济》2020 年第 6 期。

[97] 潘家栋、肖文:《互联网发展对我国出口贸易的影响研究》,《国际贸易问题》2018 年第 12 期。

[98] 潘申彪、王剑斌:《互联网发展差距对"一带一路"沿线主要国家出口贸易的影响研究》,《国际商务(对外经济贸易大学学报)》2018 年第 3 期。

[99] 蒲艳萍、王皓:《借贷约束与家庭消费——来自 CFPS2018 的证据》,《消费经济》2021 年第 2 期。

[100] 戚聿东、肖旭:《数字经济时代的企业管理变革》,《管理世界》2020 年第 6 期。

[101] 齐俊妍、任奕达:《东道国数字经济发展水平与中国对外直接投资——基于"一带一路"沿线 43 国的考察》,《国际经贸探索》2020 年第 9 期。

[102] 钱学锋、熊平:《中国出口增长的二元边际及其因素决定》,《经济研究》2010 年第 1 期。

[103] 乔申颖:《数字"云"能否化作文化春雨》,《经济日报》2011 年 11 月 1 日。

[104] 丘心颖、郑小翠、邓可斌:《分析师能有效发挥专业解读信息的作用吗?——基于汉字年报复杂性指标的研究》,《经济学(季刊)》2016 年第 4 期。

[105] 邱泽奇、张樹沁、刘世定、许英康:《从数字鸿沟到红利差异——互联网资本的视角》,《中国社会科学》2016 年第 10 期。

[106] 曲如晓、韩丽丽:《中国文化商品贸易影响因素的实证研究》,《中国软科学》2010 年第 11 期。

[107] 曲如晓、杨修:《本地市场效应、要素禀赋优势与中国文化产品贸易》,《经济与管理研究》2015 年第 5 期。

[108] 邵军、吴晓怡、刘修岩:《我国文化产品出口贸易联系持续期及影响因素分析》,《世界经济文汇》2014 年第 4 期。

[109] 邵军、吴晓怡:《文化折扣、市场规模与中国文化产品出口》,《国际商务(对外经济贸易大学学报)》2014 年第 3 期。

[110] 施炳展、李建桐:《互联网是否促进了分工:来自中国制造业企业的证据》,

《管理世界》2020 年第 4 期。

[111] 施炳展、游安南:《数字化政府与国际贸易》,《财贸经济》2021 年第 7 期。

[112] 施炳展:《互联网与国际贸易——基于双边双向网址链接数据的经验分析》,《经济研究》2016 年第 5 期。

[113] 施炳展:《文化认同与国际贸易》,《世界经济》2016 年第 5 期。

[114] 史宇鹏、李新荣:《公共资源与社会信任: 以义务教育为例》,《经济研究》2016 年第 5 期。

[115] 孙宝文、欧阳日辉、李涛:《把握数字经济的技术经济特征》,《光明日报》2021 年 12 月 14 日。

[116] 孙浦阳、张靖佳、姜小雨:《电子商务、搜寻成本与消费价格变化》,《经济研究》2017 年第 7 期。

[117] 孙玉荣:《互联网文化产业发展与知识产权保护》,《北京联合大学学报(人文社会科学版)》2016 年第 2 期。

[118] 唐宜红、俞峰、林发勤、张梦婷:《中国高铁、贸易成本与企业出口研究》,《经济研究》2019 年第 7 期。

[119] 田子方、杜琼:《中国文化产品出口的二元边际分析》,《宏观经济研究》2019 年第 4 期。

[120] 王节祥、高金莎、盛亚、陈弘泽:《知识付费平台跨边网络效应衰减机制与治理》,《中国工业经济》2020 年第 6 期。

[121] 王可、李连燕:《"互联网+"对中国制造业发展影响的实证研究》,《数量经济技术经济研究》2018 年第 6 期。

[122] 王克敏、王华杰、李栋栋、戴杏云:《年报文本信息复杂性与管理者自利——来自中国上市公司的证据》,《管理世界》2018 年第 12 期。

[123] 王林生:《"十四五"时期文化新业态发展的战略语境、历史机遇与行动路线》,《行政管理改革》2021 年第 8 期。

[124] 王璐瑶、罗伟:《中国"文化赤字"的影响因素——基于引力模型和面板数据的实证分析》,《国际经济合作》2010 年第 5 期。

[125] 王湘红、陈坚:《社会比较和相对收入对农民工家庭消费的影响——基于 RUMiC 数据的分析》,《金融研究》2016 年第 12 期。

[126] 王小鲁、樊纲、余静文:《中国分省份市场化指数报告(2016)》,社会科学文献出版社 2017 年版。

[127] 王勇、冯骅:《平台经济的双重监管: 私人监管与公共监管》,《经济学家》

2017 年第 11 期。

[128] 王云飞、景瑞琴:《文化距离会阻碍文化服务输出吗? ——基于 2006—2012 年跨国数据的检验》,《国际商务研究》2017 年第 6 期。

[129] 王长松、何雨、杨矞:《中国文化产业政策演进研究(2002—2016)》,《南京社会科学》2018 年第 7 期。

[130] 韦永贵、李红:《中国文化产品出口贸易的影响因素研究——基于文化、地理及制度三维距离的检验》,《现代财经(天津财经大学学报)》2016 年第 10 期。

[131] 卫志民、于松浩:《我国文化产业政策的演进特征及其内在逻辑——基于政策文本的量化研究》,《福建论坛(人文社会科学版)》2019 年第 8 期。

[132] 魏鹏举、晓雪:《从文化、历史与社会发展的角度看文旅融合》,《中国出版传媒商报》2021 年 3 月 5 日。

[133] 魏鹏举:《从增长缓滞看中国文化产业发展势能转换》,《山东大学学报(哲学社会科学版)》2017 年第 4 期。

[134] 魏鹏举:《多元资本对于中国现代文化市场体系的建构》,《清华大学学报(哲学社会科学版)》2019 年第 2 期。

[135] 魏鹏举:《数字经济与中国文化产业高质量发展的辨析》,《福建论坛(人文社会科学版)》2021 年第 11 期。

[136] 魏鹏举:《文化产业高质量发展的守正创新之道》,《人民论坛》2021 年第 11 期。

[137] 魏鹏举:《中国文化产业高质量发展的战略使命与产业内涵》,《深圳大学学报(人文社会科学版)》2020 年第 5 期。

[138] 温忠麟、叶宝娟:《中介效应分析:方法和模型发展》,《心理科学进展》2014 年第 5 期。

[139] 温忠麟、张雷、侯杰泰、刘红云:《中介效应检验程序及其应用》,《心理学报》2004 年第 5 期。

[140] 吴非、胡慧芷、林慧妍、任晓怡:《企业数字化转型与资本市场表现——来自股票流动性的经验证据》,《管理世界》2021 年第 7 期。

[141] 徐鹏程:《文化产业与金融供给侧改革》,《管理世界》2016 年第 8 期。

[142] 徐清源、单志广、马潮江:《国内外数字经济测度指标体系研究综述》,《调研世界》2018 年第 11 期。

[143] 徐雨微:《国际贸易中数字化文化产品分类问题探析》,《法制博览》2015 年第 21 期。

[144] 徐忠华、王庆云、谢雨蓉:《基于多元回归模型的中国文化产业链演化影响因素研究》,《宏观经济研究》2019 年第 5 期。

[145] 许和连、郑川:《文化差异对我国核心文化产品贸易的影响研究——基于扩展后的引力模型分析》,《国际商务(对外经济贸易大学学报)》2014 年第 4 期。

[146] 许年行、谢蓉蓉、吴世农:《中国式家族企业管理: 治理模式、领导模式与公司绩效》,《经济研究》2019 年第 12 期。

[147] 薛丽:《"互联网+旅游"背景下旅游业新型监管模式研究》,《中国行政管理》2018 年第 5 期。

[148] 薛薇:《农村金融功能效率时空演进与区域分布——基于中国 1992—2013 年 31 个省市的经验验证》,《农村经济》2016 年第 5 期。

[149] 鄢葵:《创意经济语境下的韩国创新平台》,上海人民出版社 2017 年版。

[150] 杨传张、祁述裕:《我国互联网文化产业监管制度的现状、问题及建议》,《福建论坛(人文社会科学版)》2019 年第 2 期。

[151] 杨德明、刘泳文:《"互联网+"为什么加出了业绩》,《中国工业经济》2018 年第 5 期。

[152] 杨祖义:《文化产业效率及其影响因素研究——基于 DEA-Malmquist 指数法和 Sys-GMM 法》,《宏观经济研究》2016 年第 6 期。

[153] 易行健、张波、杨汝岱、杨碧云:《家庭社会网络与农户储蓄行为: 基于中国农村的实证研究》,《管理世界》2012 年第 5 期。

[154] 易行健、周利:《数字普惠金融发展是否显著影响了居民消费——来自中国家庭的微观证据》,《金融研究》2018 年第 11 期。

[155] 尹志超、蒋佳伶、严雨:《数字鸿沟影响家庭收入吗》,《财贸经济》2021 年第 9 期。

[156] 游家兴、吴静:《沉默的螺旋: 媒体情绪与资产误定价》,《经济研究》2012 年第 7 期。

[157] 于梦晨:《数字化文化产品国际贸易中的关税问题分析》,《现代营销(下旬刊)》2017 年第 11 期。

[158] 袁淳、肖土盛、耿春晓、盛誉:《数字化转型与企业分工:专业化还是纵向一体化》,《中国工业经济》2021 年第 9 期。

[159] 岳云嵩、李兵:《电子商务平台应用与中国制造业企业出口绩效——基于"阿里巴巴"大数据的经验研究》,《中国工业经济》2018 年第 8 期。

[160] 臧雷振、劳昕、孟天广:《互联网使用与政治行为——研究观点、分析路径及

中国实证》,《政治学研究》2013 年第 2 期。

[161] 臧新、林竹、邵军:《文化亲近、经济发展与文化产品的出口——基于中国文化产品出口的实证研究》,《财贸经济》2012 年第 10 期。

[162] 詹晓宁、欧阳永福:《数字经济下全球投资的新趋势与中国利用外资的新战略》,《管理世界》2018 年第 3 期。

[163] 张波、曲小刚、舒小林:《移动互联技术对文化创意产业的影响》,《当代经济管理》2016 年第 2 期。

[164] 张曾芳、张龙平:《论文化产业及其运作规律》,《中国社会科学》2002 年第 2 期。

[165] 张宏伟:《中国图书版权贸易影响因素测度研究——基于需求偏好相似理论的扩展和应用》,《出版科学》2011 年第 2 期。

[166] 张洪胜、潘钢健:《跨境电子商务与双边贸易成本:基于跨境电商政策的经验研究》,《经济研究》2021 年第 9 期。

[167] 张立波:《区块链赋能数字文化产业的价值理路与治理模式》,《学术论坛》2021 年第 4 期。

[168] 张龙鹏、汤志伟、曾志敏:《技术与民生:在线政务服务影响公共服务满意度的经验研究》,《中国行政管理》2020 年第 2 期。

[169] 张爽、陆铭、章元:《社会资本的作用随市场化进程减弱还是加强?——来自中国农村贫困的实证研究》,《经济学(季刊)》2007 年第 2 期。

[170] 张伟、吴晶琦:《数字文化产业新业态及发展趋势》,《深圳大学学报(人文社会科学版)》2022 年第 1 期。

[171] 张晓:《抓住特征与趋势 推动数字经济快速发展》,《中国经贸导刊》2017 年第 19 期。

[172] 张勋、杨桐、汪晨、万广华:《数字金融发展与居民消费增长:理论与中国实践》,《管理世界》2020 年第 11 期。

[173] 张翼:《当前中国中产阶层的政治态度》,《中国社会科学》2008 年第 2 期。

[174] 章迪平:《基于灰色关联分析的文化产业发展影响因素研究——以浙江省为例》,《浙江工商大学学报》2013 年第 3 期。

[175] 赵春明、文磊:《数字经济助推服务贸易的逻辑与政策建议》,《开放导报》2021 年第 6 期。

[176] 赵涛、张智、梁上坤:《数字经济、创业活跃度与高质量发展——来自中国城市的经验证据》,《管理世界》2020 年第 10 期。

[177] 赵学琳、李政锴:《21 世纪以来我国文化产业政策的演变与前瞻——基于文化产业政策文本的量化分析》,《学术交流》2021 年第 12 期。

[178] 赵雪薇、丁宁、孙世豪:《数字金融发展促进居民消费升级了吗? ——来自中国家庭的微观证据》,《兰州财经大学学报》2021 年第 5 期。

[179] 赵彦云、余毅、马文涛:《中国文化产业竞争力评价和分析》,《中国人民大学学报》2006 年第 4 期。

[180] 赵有广:《文化贸易中重叠需求因子的分析与设计》,《郑州大学学报(哲学社会科学版)》2009 年第 2 期。

[181] 赵振:《"互联网+"跨界经营: 创造性破坏视角》,《中国工业经济》2015 年第 10 期。

[182] 郑小碧:《"+互联网"、"互联网+"与经济发展:超边际一般均衡分析》,《经济学动态》2017 年第 6 期。

[183] 周广肃、樊纲:《互联网使用与家庭创业选择——来自 CFPS 数据的验证》,《经济评论》2018 年第 5 期。

[184] 周广肃、梁琪:《互联网使用、市场摩擦与家庭风险金融资产投资》,《金融研究》2018 年第 1 期。

[185] 周楷唐、麻志明、吴联生:《高管学术经历与公司债务融资成本》,《经济研究》2017 年第 7 期。

[186] 周烁、张文韬:《互联网使用的主观福利效应分析》,《经济研究》2021 年第 9 期。

[187] 周志忍:《公共悖论及其理论阐释》,《政治学研究》1999 年第 2 期。

[188] 祝仲坤、冷晨昕:《互联网与农村消费——来自中国社会状况综合调查的证据》,《经济科学》2017 年第 6 期。

[189] 左鹏飞、姜奇平 、陈静:《互联网发展、城镇化与我国产业结构转型升级》,《数量经济技术经济研究》2020 年第 7 期。

[190] Abeliansky A. L., Hilbert M., "Digital Technology and International Trade: Is It the Quantity of Subscriptions or the Quality of Data Speed that Matters?", *Telecommunications Policy*, Vol. 41, No. 1, 2016.

[191] Acemoglu D., Restrepo P., "Automation and New Tasks: How Technology Displaces and Reinstates Labor", *Journal of Economic Perspectives*, Vol. 33, No. 2, 2019.

[192] Administration T. I., *Defining the Digital Divide: a Report on the Telecommunications and Information Technology Gap in America*, U. S. Department of Commerce, National

Telecommunications and Information Administration, U. S. Government Printing Office distributor, 1999.

[193] Afuah A., "Redefining Firm Boundaries in the Face of the Internet: Are Firms Really Shrinking", *Academy of Management Review*, Vol. 28, No. 1, 2003.

[194] Agarwal N., Athey S., Yang D., "Skewed Bidding in Pay-per-Action Auctions for Online Advertising", *American Economic Review*, Vol. 99, No. 2, 2009.

[195] Alderighi M., Lorenzini E., "Cultural Goods, Cultivation of Taste, Satisfaction and Increasing Marginal Utility During Vacations", *Journal of Cultural Economics*, Vol. 36, No. 1, 2012.

[196] Alderson A. S., Junisbai A., Heacock I., "Social Status and Cultural Consumption in the United States", *Poetics*, Vol. 35, No. 2-3, 2007.

[197] Alesina A., Angeletos G. M., "Fairness and Redistribution", *American Economic Review*, Vol. 95, No. 4, 2005.

[198] Amore M. D., Miller D., Le Breton-Miller I., Corbetta G., "For Love and Money: Marital Leadership in Family Firms", *Journal of Corporate Finance*, Vol. 46, 2017.

[199] Anderson J. E., Wincoop E. V., "Trade Costs", *Journal of Economic Literature*, Vol. 42, No. 3, 2004.

[200] Ando A., Modigliani F., "The 'Life Cycle' Hypothesis of Saving: Aggregate Implications and Tests", *American Economic Review*, Vol. 53, No. 1, 1963.

[201] Aron J., Duca J. V., Muellbauer J., et al., "Credit, Housing Collateral, and Consumption: Evidence from Japan, the UK and the US", *Review of Income and Wealth*, Vol. 58, No. 3, 2012.

[202] Ateca-Amestoy V., Serrano-Del-Rosal R., Vera-Toscano E., "The Leisure Experience", *Journal of Socio Economics*, Vol. 37, No. 1, 2008.

[203] Babin B. J., Darden W. R., Griffin M., "Work and/or Fun: Measuring Hedonic and Utilitarian Shopping Value", *Journal of Consumer Research*, Vol. 20, No. 4, 1994.

[204] Baker S. R., Bloom N., Davis S. J., "Measuring Economic Policy Uncertainty", *The Quarterly Journal of Economics*, Vol. 131, No. 4, 2016.

[205] Baldwin R. E., Krugman P. R., "Persistent Trade Effects of Large Exchange Rate Shocks", *Social Science Electronic Publishing*, No. 104, 1986.

[206] Baumol W. J., "Macroeconomics of Unbalanced Growth: The Anatomy of Urban Crisis", *American Economic Review*, Vol. 57, No. 3, 1967.

[207] Baumol W. J., Bowen W. G., "On the Performing Arts: The Anatomy of Their Economic Problems", *The American Economic Review*, Vol. 55, No. 1-2, 1965.

[208] Bearden W., Teel J., "Selected Determinants of Consumer Satisfaction and Complaint Reports", *Journal of Marketing Research*, Vol. 20, No. 1, 1983.

[209] Benhamou F., "Fair Use and Fair Competition for Digitized Cultural Goods: The Case of eBooks", *Journal of Cultural Economics*, Vol. 39, 2015.

[210] Berger J., Iyengar R., "Communication Channels and Word of Mouth: How the Medium Shapes the Message", *Journal of Consumer Research*, Vol. 40, No. 3, 2013.

[211] Bertschek I., Cerquera D., Klein G. J., "More Bits - More Bucks? Measuring the Impact of Broadband Internet on Firm Performance", *Information Economics & Policy*, Vol. 25, No. 3, 2013.

[212] Bettman, James R., "An Information Processing Theory of Consumer Choice", *Addison-Wesley*, 1979.

[213] Bian Y., "Bringing Strong Ties Back in: Indirect Ties, Network Bridges, and Job Searches in China", *American Sociological Review*, 1997.

[214] Bille T., Schulze G. G., "Culture in Urban and Regional Development", *Handbook of the Economics of Art and Culture*, Vol. 1, 2006.

[215] Biswas T., Kennedy P. L., "The Effect of the Internet on Bilateral Trade", *Southern Agricultural Economics Association*, Vol.10, No.2, 2016.

[216] Bloom D. E., Canning D., Fink G., "Implications of Population Ageing for Economic Growth", *Oxford Review of Economic Policy*, Vol. 26, No. 4, 2010.

[217] Boardman A. E., Hargreaves - Heap S. P., "Network Externalities and Government Restrictions on Satellite Broadcasting of Key Sporting Events", *Journal of Cultural Economics*, Vol. 23, 1999.

[218] Brander J., Krugman P., "A 'Reciprocal Dumping' Model of International Trade", *Journal of International Economics*, Vol. 15, No. 3-4, 1983.

[219] Bridges E., Florsheim R., "Hedonic and Utilitarian Shopping Goals: The Online Experience", *Journal of Business Research*, Vol. 61, No. 4, 2008.

[220] Brown T., "Coercion Versus Choice: Citizen Evaluations of Public Service Quality Across Methods of Consumption", *Public Administration Review*, Vol. 67, No. 3, 2007.

[221] Brynjolfsson E., Hitt L. M., "Beyond Computation: Information Technology, Organizational Transformation and Business Performance", *Journal of Economic Perspectives*,

Vol. 14, No. 4, 2000.

[222] Brynjolfsson E., Smith M. D., "Frictionless Commerce? A Comparison of Internet and Conventional Retailers", *Management Science*, Vol. 46, No. 4, 2000.

[223] Buhl H.U., Roglinger M., Moser F., Heidemann J., "Big Data", *Business & Information Systems Engineering*, Vol. 5, No. 2, 2013.

[224] Campbell J. Y., Mankiw N. G., "The Response of Consumption to Income: a Cross-Country investigation", *European Economic Review*, Vol. 35, No. 4, 1991.

[225] Carlin B. I., Dorobantu F., Viswanathan S., "Public Trust, the Law, and Financial investment", *Journal of Financial Economics*, Vol. 92, No. 3, 2009.

[226] Carson R. T., Mitchell R. C., Conaway M. B., "Economic Benefits to Foreigners Visiting Morocco Accruing from the Rehabilitation of the Fes Medina", *Valuing Cultural Heritage*, 2002.

[227] Chan T. W., Goldthorpe J. H., "Social Stratification and Cultural Consumption: The Visual Arts in England", *Poetics*, Vol. 35, No. 2-3, 2007.

[228] Chen Z., Jiang S., Lu M., et al., "How Do Heterogeneous Social Interactions Affect the Peer Effect in Rural-Urban Migration?: Empirical Evidence from China", *Global Coe Hi-Stat Discussion Paper Series*, 2008.

[229] Cheng S. W., "Cultural Goods Creation, Cultural Capital Formation, Provision of Cultural Services and Cultural Atmosphere Accumulation", *Journal of Cultural Economics*, Vol. 30, 2006.

[230] Choi C., "The Effect of the Internet on Service Trade", *Economics Letters*, Vol. 109, No. 2, 2010.

[231] Chou T. L., "Creative Space, Cultural Industry Clusters, and Participation of the State in Beijing", *Eurasian Geography and Economics*, Vol. 53, No. 2, 2012.

[232] Clarke G. R. G., Qiang C. Z., Xu L. C., "The Internet As a General-Purpose Technology: Firm-Level Evidence from Around the World", *Economics Letters*, Vol. 135, No. Oct, 2015.

[233] Clarke G., Wallsten S. J., "Has the Internet Increased Trade? Developed and Developing Country Evidence", *Economic inquiry*, Vol. 44, No. 3, 2006.

[234] Clemons E. K., Row M. C., "Information Technology and Industrial Cooperation: the Changing Economics of Coordination and Ownership", *Journal of Management Information Systems*, Vol. 9, No. 2, 1992.

[235] Colin Hoskins,"Reasons for the US Dominance of the International Trade in Television Programmes",*Media, Culture & Society*,Vol. 10,No. 4,1988.

[236] Comor E.,"Household Consumption on the Internet: Income, Time, and institutional Contradictions",*Journal of Economic Issues*,Vol. 34,No. 1,2000.

[237] Cornfield M.,"Adding in the Net: Making Citizenship Count in the Digital Age",*The Civic Web: Online Politics and Democratic Values*,2003.

[238] Costinot A.,Donaldson D.,Komunjer I.,"What Goods Do Countries Trade? A Quantitative Exploration of Ricardo's Ideas",*Review of Economic Studies*, Vol. 79, No. 2,2012.

[239] Crane D.,"Cultural Globalization and the Dominance of the American Film Industry: Cultural Policies, National Film Industries, and Transnational Film",*International Journal of Cultural Policy*,Vol. 20,No. 4,2014.

[240] Culnan M. J.,Armstrong P. K.,Hitt L. M.,"Information Technology and Firm Boundaries",*Information Systems Research*,Vol. 10,No. 2,1999.

[241] Czernich N.,Falck O.,Kretschmer T.,"Broadband Infrastructure and Economic Growth",*The Economic Journal*,Vol. 121,No. 552,2011.

[242] Dabholkar P. A.,"How to Improve Perceived Service Quality by Increasing Customer Participation",*Springer International Publishing*,2015.

[243] Daunorienė A.,Drakšaitė A.,Snieška V.,Valodkienė G.,"Evaluating Sustainability of Sharing Economy Business Models",*Procedia-Social and Behavioral Sciences*, Vol. 213,2015.

[244] Davis A. K.,Ge W.,Matsumoto D.,Zhang J. L.,"The Effect of Manager-Specific Optimism on the Tone of Earnings Conference Calls",*Review of Accounting Studies*, Vol. 20,No. 2,2015.

[245] Davis R. A.,"A Cognitive-Behavioral Model of Pathological Internet Use", *Computers in Human Behavior*,Vol. 17,No. 2,2001.

[246] Demchenko Y., De Laat C., Membrey P.,"Defining Architecture Components of the Big Data Ecosystem",*International Conference on Collaboration Technologies & Systems Ieee*,2014.

[247] Dijk J. V.,Hacker K.,"The Digital Divide as a Complex and Dynamic Phenomenon",*The Information Society*,Vol. 19,No. 4,2003.

[248] Dimaggio P.,Hargittai E.,"From the 'Digital Divide' to 'Digital Inequality':

Studying Internet use as Penetration Increases", *Current Opinion in Obstetrics & Gynecology*, 2001.

[249] Diniz S. C., Machado A. F., "Analysis of the Consumption of Artistic-Cultural Goods and Services in Brazil", *Journal of Cultural Economics*, Vol. 35, No. 1, 2011.

[250] Disdier A. C., Tai S., Fontagné L., Mayer T., "Bilateral Trade of Cultural Goods", *Review of World Economics*, Vol. 145, No. 4, 2010.

[251] Duesenberry J. S., *Income, Saving and the Theory of Consumer Behavior*, Harvard University Press, Cambridge, 1949.

[252] Dutta N., Roy S., "The Changing Face of Culture: Gauging the Impact of a Free Media", *European Journal of Law and Economics*, Vol. 36, No. 1, 2013.

[253] Edwards L., Golub S. S., "South Africa's International Cost Competitiveness and Exports in Manufacturing", *World Development*, Vol. 32, No. 8, 2004.

[254] Fairlie R. W., "The Personal Computer and Entrepreneurship", *Management Science*, Vol. 52, No. 2, 2006.

[255] Faqin L., "Estimating the Effect of the Internet on International Trade", *The Journal of International Trade & Economic Development*, Vol. 24, No. 3, 2015.

[256] Felbermayr G., toubal F., "Cultural Proximity and Trade", *European Economic Review*, Vol. 54, No. 2, 2010.

[257] Feldman R., Govindaraj S., Livnat J., Segal B., "Management's Tone Change, Post Earnings Announcement Drift and Accruals", *Review of Accounting Studies*, Vol. 15, No. 4, 2010.

[258] Feng L., "Annual Report Readability, Current Earnings, and Earnings Persistence", *Journal of Accounting and Economics*, Vol. 45, No. 2-3, 2008.

[259] Feng L., "The Information Content of Forward-Looking Statements in Corporate Filings-A Naive Ba Yes ian Machine Learning Approach", *Journal of Accounting Research*, Vol. 48, No. 5, 2010.

[260] Francis B., Hasan I., Park J. C., Wu Q., "Gender Differences in Financial Reporting Decision Making: Evidence from Accounting Conservatism", *Contemporary Accounting Research*, Vol. 32, No. 3, 2015.

[261] Francis G., "Hereditary Genius", *An inquiry into Its Laws and Consequences*, London Julian Friedmann, 1987.

[262] Frederick S., "Cognitive Reflection and Decision Making", *Journal of Economic*

Perspectives, Vol. 19, No. 4, 2005.

[263] Freund C., Weinhold D., "The Internet and International Trade in Services", *American Economic Review*, Vol. 92, No. 2, 2002.

[264] Freund C. L., Weinhold D., "The Effect of the Internet on International Trade", *Journal of International Economics*, Vol. 62, No. 1, 2004.

[265] Friedman M., *A Theory of the Consumption Functions*, Princeton: Princeton University Press, 1957.

[266] Gainous J., Wagner K. M., *Tweeting to Power: The Social Media Revolution in American Politics*, Oxford University Press, 2013.

[267] Gans, H. J., *Popular Culture and High Culture: An Analysis and Evaluation of Taste*, New York: Basic Books, 1999.

[268] García - Sánchez, Isabel - María, Cuadrado - Ballesteros B, Frías - Aceituno, José-Valeriano, "Does Media Freedom Improve Government Effectiveness? A Comparative Cross-Country Analysis", *European Journal of Law and Economics*, Vol. 42, No. 3, 2016.

[269] Ginsburgh V. A., Throsby D., "Handbook of the Economics of Art and Culture", *Elsevier Science Ltd*, 2006.

[270] Ginsburgh V. A., Throsby D., "Handbook of the Economics of Art and Culture", *North Holland*, 2006.

[271] Goldfarb A., Tucker C., "Digital Economics", *Journal of Economic Literature*, Vol. 57, No. 1, 2019.

[272] Graham C., Nikolova M., "Does Access to Information Technology Make People Happier? insights from Well-Being Surveys from Around the World", *Journal of Socio-Economics*, Vol. 44, No. 10, 2013.

[273] Hassan T. A., Hollander S., Lent L. V., Tahoun A., "Firm-Level Political Risk: Measurement and Effects", *The Quarterly Journal of Economics*, Vol. 134, No. 4, 2019.

[274] Haynes M., Thompson S., "Price, Price Dispersion and Number of Sellers At a Low Entry Cost Shopbot", *International Journal of Industrial Organization*, Vol. 26, No. 2, 2008.

[275] Healy K., "Digital Technology and Cultural Goods", *Journal of Political Philosophy*, 2002.

[276] Hellmanzik C., Schmitz M., "Virtual Proximity and Audiovisual Services Trade", *European Economic Review*, Vol. 77, 2015.

[277] Hesmondhalgh D., *The Cultural Industries*, Sage Publications, 2013.

[278] Higson C., Rivers O., Deboo M., " Creative Financing", *Business Strategy Review*, Vol. 18, No. 4, 2007.

[279] Hinsch C., Sheldon K. M., " The Impact of Frequent Social Internet Consumption: Increased Procrastination and Lower Life Satisfaction", *Journal of Consumer Behaviour*, Vol. 12, No. 6, 2013.

[280] Hoffman D. L., Novak T. P., Peralta M., "Building Consumer Trust Online", *Communications of the Acm*, Vol. 42, No. 4, 1999.

[281] Hoskins C., Mirus R., "Reasons for the US Dominance of the International Trade in Television Programmes", *Media, Culture & Society*, Vol. 10, No. 4, 1988.

[282] Inglehart R., *Christian Welzel Modernization, Cultural Change, and Democracy the Human Development Sequence*, Cambridge University Press, 2005.

[283] James O., "Evaluating the Expectations Disconfirmation and Expectations Anchoring Approaches to Citizen Satisfaction with Local Public Services", *Journal of Public Administration Research and Theory*, Vol. 19, No. 1, 2009.

[284] Johnston H. R., Vitale M. R., "Creating Competitive Advantage with Interorganizational Information Systems", *Mis Quarterly*, Vol. 12, No. 2, 1988.

[285] Kaufmann A., Lehner P., Tödtling F., " Effects of the Internet on the Spatial Structure of innovation Networks", *Information Economics and Policy*, Vol. 15, No. 3, 2003.

[286] Krugman P., "New Theories of Trade Among Industrial Countries", *The American Economic Review*, Vol. 73, No. 2, 1983.

[287] Kwon S. H., Kim J., "The Cultural Industry Policies of the Korean Government and the Korean Wave", *International Journal of Cultural Policy*, Vol. 20, No. 4, 2014.

[288] Lankhuizen M., de Groot H. L., Linders G. J. M., "The Trade-off Between Foreign Direct Investments and Exports: The Role of Multiple Dimensions of Distance", *The World Economy*, Vol. 34, No. 8, 2011.

[289] Lazzaro E., Frateschi C., "Couples' Arts Participation: Assessing Individual and Joint Time Use", *Journal of Cultural Economics*, Vol. 41, No. 1, 2017.

[290] Lee J., "Network Effects on International Trade", *Economics Letters*, Vol. 116, No. 2, 2012.

[291] Lendle A., Olarreaga M., Schropp S., Pierre-Louis V., "There Goes Gravity: Ebay and the Death of Distance", *The Economic Journal*, Vol. 126, No. 591, 2016.

[292] Lendle A., Vézina P. L., "Pierre-Louis. Internet Technology and the Extensive Margin of Trade: Evidence from eBay in Emerging Economies", *Review of Development Economics*, Vol. 19, No. 2, 2015.

[293] Lewis B. D., Pattinasarany D., "Determining Citizen Satisfaction with Local Public Education in indonesia: The Significance of Actual Service Quality and Governance Conditions", *Growth & Change*, Vol. 40, No. 1, 2010.

[294] Lewis G., "Asymmetric Information, Adverse Selection and online Disclosure: the Case of Ebay Motors", *American Economic Review*, 2011.

[295] Li H., Zhang J., Zhang J., "Effects of Longevity and Dependency Rates on Saving and Growth: Evidence from a Panel of Cross Countries", *Journal of Development Economics*, Vol. 84, No. 1, 2007.

[296] Li S. M., Chung T. M., "Internet Function and Internet Addictive Behavior", *Computers in Human Behavior*, Vol. 22, No. 6, 2006.

[297] Linders G., Slangen A., Groot H., Beugelsdijk S., "Cultural and institutional Determinants of Bilateral Trade Flows", *Tinbergen Institute Discussion Papers*, Vol. 74, No. 3, 2005.

[298] Loughran T., Mcdonald B., "Measuring Readability in Finance Disclosures", *The Journal of Finance*, Vol. 69, No. 4, 2014.

[299] Loughran T., Mcdonald B., "When Is a Liability Not a Liability? Textual Analysis, Dictionaries, and 10-Ks", *The Journal of Finance*, Vol. 66, No. 1, 2011.

[300] Maddison D., Mourato S., "Valuing Different Road Options For Stonehenge", *Conservation & Management of Archaeological Sites*, Vol. 4, No. 4, 1999.

[301] Maor M., Sulitzeanu-Kenan R., "Responsive Change: Agency Output Response to Reputational Threats", *Journal of Public Administration Research and Theory*, Vol. 26, No. 1, 2016.

[302] Mathwick C., Rigdon E., "Play, Flow, and the online Search Experience", *Journal of Consumer Research*, Vol. 31, No. 2, 2004.

[303] Maystre N., Olivier J., Thoenig M., Verdier, T., "Product-based cultural change: Is the village global?", *Journal of International Economics*, Vol. 92, No. 2, 2014.

[304] Meijers H., "Does the Internet Generate Economic Growth, International Trade, Or Both?", *International Economics and Economic Policy*, Vol. 11, No. 1-2, 2014.

[305] Michael L. Katz, Carl Shapiro, "Network Externalities, Competition, and Com-

patibility", *The American Economic Review*, Vol. 75, No. 3, 1985.

[306] Montoro-Pons J. D., Cuadrado-Garcia M., "Live and Prerecorded Popular Music Consumption", *Journal of Cultural Economics*, Vol. 35, No. 1, 2011.

[307] Mossberger K., Tolbert C. J., Stansbury M., "Virtual inequality: Beyond the Digital Divide", *Online Information Review*, Vol. 28, No. 4, 2003.

[308] Nicoletta Corrocher, andrea Ordanini, "Measuring the Digital Divide: A Framework For the Analysis of Cross-Country Differences", *Journal of Information Technology*, Vol. 17, No. 1, 2002.

[309] Oliver R., *Satisfaction: A Behavioral Perspective on the Consumer*, New York: Mcgraw-Hill, 1997.

[310] Olivier, J., Mathias T., Verdier, T., "Globalization and the Dynamics of Cultural Identity", *Journal of International Economics*, Vol. 76, 2008.

[311] Otmazgin N., "A Tail that Wags the Dog? Cultural Industry and Cultural Policy in Japan and South Korea", *Journal of Comparative Policy Analysis: Research and Practice*, Vol. 13, No. 3, 2011.

[312] Parks R. B., "Linking Objective and Subjective Measures of Performance", *Public Administration Review*, Vol. 44, No. 2, 1984.

[313] Pénard T., Poussing N., Suire R., "Does the Internet Make People Happier?", *The Journal of Socio-Economics*, Vol. 46, 2013.

[314] Porter M.E., "Michael; Ilustraciones Gibbs", *Strategy and the Internet*, 2001.

[315] Putnam R. D., *Making Democracy Work: Civic Traditions in Modern Italy*, Princeton University Press, 1992.

[316] Rauch, J.E., Scoppa, V., "Neckties in the Tropics: A Model of International Trade and Cultural Diversity", *Canadian Journal of Economics*, Vol. 42, No. 3, 2015.

[317] Rengers M., Plug, E., "Private or Public?", *Journal of Cultural Economics*, Vol. 25, 2001.

[318] Rohlfs J., "A Theory of Interdependent Demand for a Communications Service", *The Bell Journal of Economics and Management Science*, Vol. 5, No. 1, 1974.

[319] Röller L. H., Waverman L., "Telecommunications Infrastructure and Economic Development: A Simultaneous Approach", *American Economic Review*, Vol. 91, No. 4, 2001.

[320] Rosen S., "The Economics of Superstars", *American Scholar*, Vol. 52, No. 4, 1983.

[321] Sabatini F., Sarracino F., "Online Networks and Subjective Well-Being", *Kyklos*, Vol. 70, No. 3, 2017.

[322] Schulze G. G., "International Trade in Art", *Journal of Cultural Economics*, Vol. 23, No. 1, 1999.

[323] Schwer R. K., Daneshvary R., "Willingness to Pay For Public Television and the Advent of 'Look-Alike' Cable Television Channels: A Case Study", *Journal of Media Economics*, Vol. 8, No. 3, 1995.

[324] Shiu E. C. C., Dawson J. A., "Comparing the Impacts of Internet Technology and National Culture on online Usage and Purchase from a Four-Country Perspective", *Journal of Retailing and Consumer Services*, Vol. 11, No. 6, 2004.

[325] Simonton, Dean K., "Artistic Creativity and Interpersonal Relationships Across and within Generations", *Journal of Personality & Social Psychology*, Vol. 46, No. 6, 1984.

[326] Simonton, Dean K., "Emergence and Realization of Genius: The Lives and Works of 120 Classical Composers", *Journal of Personality & Social Psychology*, Vol. 61, No. 5, 1991.

[327] Sood S., Drèze X., "Brand Extensions of Experiential Goods: Movie Sequel Evaluations", *Journal of Consumer Research*, Vol. 33, No. 3, 2006.

[328] Spiezia V., "Are Ict Users More Innovative?: An Analysis of Ict-Enabled innovation in Oecd Firms", *Oecd Journal Economic Studies*, No. 1, 2011.

[329] Stigler G. J., "The Economics of Information", *Journal of Political Economy*, Vol. 69, No. 3, 1961.

[330] Straubhaar, Joseph D., "Beyond Media Imperialism: Assymetrical Interdependence and Cultural Proximity", *Critical Studies in Media Communication*, Vol. 8, No. 1, 1991.

[331] Tang W., Parrish W. L., *Chinese Urban Life Under Reform: The Changing Social Contract*, New York: Cambridge University Press, 2000.

[332] Teece D. J., "Explicating Dynamic Capabilities: The Nature and Microfoundations of Enterprise Performance", *Strategic Management Journal*, Vol. 28, No. 13, 2007.

[333] Tetlock P. C., Saar-Tsechansky M., Macskassy S., "More than Words: Quantifying Language to Measure Firms' Fundamentals", *The Journal of Finance*, Vol. 63, No. 3, 2008.

[334] Throsby D., "Cultural Capital", *Journal of Cultural Economics*, No. 23, 1999.

[335] Throsby D.,"Determining the Value of Cultural Goods: How Much (Or How Little) Does Contingent Valuation Tell Us?", *Journal of Cultural Economics*, Vol. 27, No. 3-4, 2003.

[336] Throsby D.,"The Production and Consumption of the Arts: A View of Cultural Economics", *Journal of Economic Literature*, Vol. 32, No. 1, 1994.

[337] Throsby D., Withthers G., "What Price Culture?", *Journal of Cultural Economics*, Vol. 9, No. 2, 1985.

[338] Throsby D., Zednik A.,"The Economic and Cultural Value of Paintings: Some Empirical Evidence", *Handbook of the Economics of Art & Culture*, Vol. 2, 2014.

[339] Tobin I., Wonhyuk C., Greg P. and Jungho P.,"Internet, Trust in Government, and Citizen Compliance", *Journal of Public Administration Research and Theory*, Vol. 24, No. 3, 2014.

[340] Verhagen T., Van Dolen W.,"The Influence of online Store Beliefs on Consumer online Impulse Buying: A Model and Empirical Application", *Information & Management*, Vol. 48, No. 8, 2011.

[341] Victor A., Ginsburgh and Throsby D., *Handbook of the economics of Art and Culture*, Elsevier North Holland, 2006.

[342] Watts D. J., Dodds P. S.,"Influentials, Networks, and Public Opinion Formation", *Journal of Consumer Research*, Vol. 34, No. 4, 2007.

[343] Weeds H.,"Superstars and the Long Tail: The Impact of Technology on Market Structure in Media Industries", *Information Economics and Policy*, Vol. 24, No. 1, 2012.

[344] Wolfe A.,"Human Accomplishment: The Pursuit of Excellence in the Arts and Sciences, 800 Bc to 1950", *Common Knowledge*, Vol. 11, No. 2, 2004.

[345] Yang Y.,"Is Transparency a Double-Edged Sword in Citizen Satisfaction with Public Service? Evidence from China's Public Healthcare", *Journal of Service Theory and Practice*, 2018.

[346] Yao Wang, Jie Li,"Ict's Effect on Trade: Perspective of Comparative Advantage", *Economics Letters*, Vol. 155, 2017.

[347] Yaohui Z.,"The Role of Migrant Networks in Labor Migration: The Case of China", *Contemporary Economic Policy*, Vol. 21, No. 4, 2003.

[348] Yusuf S., Nabeshima K., "Creative Industries in East Asia", *Cities*, Vol. 22, No. 2, 2005.

[349] Zhang X., Li G., "Does Guanxi Matter to Nonfarm Employment?", *Journal of Comparative Economics*, Vol. 31, No. 2, 2003.

[350] Zhao Y., "The Role of Migrant Networks in Labor Migration: The Case of China, *Contemporary Economic Policy*, Vol. 21, No. 4, 2003.

[351] Zhu Y., Tang J., Zheng Y., "Rural Public Services Satisfaction and Its Determinants in Underdeveloped Areas: Based on a Survey of 1478 Households in Northwest of China", *Chinese Journal of Population Science*, No. 2, 2010.

[352] Zieba M., "Tourism Flows and the Demand for Regional and City Theatres in Austria", *Journal of Cultural Economics*, Vol. 40, No. 2, 2016.

后　记

2023年6月2日，习近平总书记在文化传承发展座谈会上发表的重要讲话指出："在五千多年中华文明深厚基础上开辟和发展中国特色社会主义，把马克思主义基本原理同中国具体实际、同中华优秀传统文化相结合是必由之路。这是我们在探索中国特色社会主义道路中得出的规律性认识……是我们取得成功的最大法宝。"①近年来，文化与经济的研究重新得到国际学界的重视，越来越多的学者开始关注文化内涵中的价值观、信念和偏好对市场主体的理论影响，这也是我们未来将进一步关注的重大话题。

从经济发展实践来看，文化研究根植于中国经济发展的生动实践。中国经济过去几十年的高速发展取得了举世瞩目的成就，而实体经济企业在其中起到了至关重要的作用，使中国获得了"世界工厂"的美誉。一方面，2023年中国工业增加值占国内生产总值的比重达到了38.3%，是名副其实的国家支柱产业；另一方面，传统的实体经济运行模式在近年来遇到了越来越多的难题。粗放的产业发展模式使得我国实体经济企业不但没有在全球价值链中产生自己的"经济租"，反而深陷"低端锁定"。作为一个发展中大国，中国的快速发展必然在很多领域引入新的竞争，但竞争并不意味着对抗或脱钩，相反还

① 习近平：《在文化传承发展座谈会上的讲话》，人民出版社2023年版，第5页。

可能在更高的层面、更宽的领域开展更深入的合作。如何理解合作与竞争的关系？如何在国际经济交往中处理好合作与竞争关系？如何将合作与竞争关系理论应用于人类命运共同体的构建中？这些显然是中国特色的文化建构应当回答的问题，也是目前研究成果的延伸和拓展。

在本书付梓之际，我要感谢一直引导、教育我的老师们。“化育延芳，教泽永铭。”除了敬佩他们严谨的治学态度和求实创新的学术精神外，我也被他们对学术的执着追求和谦虚包容的处世态度所感染。老师们传授给我的经济学知识和人生道理成为宝贵的精神财富，影响着我的人生轨迹。这也是我对“教育家精神”的理解和深切体会。我也要感谢学生们：张晓琦、王舒、付家秀、吴珂、熊一鉴、刘帅、王雅钰等，他们为本项研究完成了极为出色的科研助理工作。我还要感谢我的家人们，一直以来给予我无私的关怀与支持。

本书是北京高校卓越青年科学家计划项目（BJJWZYJH01201910034034）、国家社科基金重大项目（22&ZD070）、国家社科基金青年项目（19CJL038）等课题的研究成果，也是中央财经大学中央高校基本科研业务费专项资金资助和教学方法研究项目资助的成果。感谢上述项目对本书出版的大力支持。

责任编辑：李甜甜
封面设计：胡欣欣

图书在版编目(CIP)数据

数字经济驱动下中国文化产业发展的路径与机制研究 / 田子方著. -- 北京 ：人民出版社，2025. 1. -- ISBN 978-7-01-026927-6

Ⅰ. G124

中国国家版本馆 CIP 数据核字第 202497HN89 号

数字经济驱动下中国文化产业发展的路径与机制研究

SHUZI JINGJI QUDONG XIA ZHONGGUO WENHUA CHANYE FAZHAN DE LUJING YU JIZHI YANJIU

田子方　著

人民出版社 出版发行

（100706　北京市东城区隆福寺街 99 号）

北京九州迅驰传媒文化有限公司印刷　新华书店经销

2025 年 1 月第 1 版　2025 年 1 月北京第 1 次印刷

开本:710 毫米×1000 毫米 1/16　印张:14. 5

字数:200 千字

ISBN 978-7-01-026927-6　定价:58. 00 元

邮购地址 100706　北京市东城区隆福寺街 99 号

人民东方图书销售中心　电话 (010)65250042　65289539